AI(인공 지능)에 천기가 누설된다

AI(인공 지능)에 천기가 누설된다

초판 1쇄 인쇄 2024년 9월 15일
초판 1쇄 발행 2024년 9월 20일

지은이 고　덕
펴낸이 金泰奉
펴낸곳 한솜미디어
등　록 제5-213호

편　집 김태일
마케팅 김명준

주　소 (우 05044) 서울시 광진구 아차산로 413(구의동 243-22)
전　화 (02)454-0492(代), 454-0542
팩　스 (02)454-0493
이메일 hansom@hansom.co.kr
홈페이지 www.hansomt.co.kr

ISBN 978-89-5959-587 7 (03150)

*값 15,000원

*잘못 만들어진 책은 구입하신 서점에서 바꿔드립니다

인간에게 천기(天氣)누설은 아무것도 아니다. 문제는

AI(인공 지능)에
천기가 누설된다

고덕 지음

한솜미디어

| 저자의 말 |

> 인간에게 천기누설은 아무 것도 아니다. 문제는
> AI(인공 지능)에 천기가 누설된다!

글을 쓰다 보면 인간의 한계를 알기 때문에 기(氣)도 누설이 된다고 해도 인간의 인지력에는 한계가 있다. 그러나 인공 지능이 인간의 능력을 능가할 때 가장 꺼리는 것이 천기도 인공 지능에 누설된다는 것이다.

즉 인공 지능이 단순히 육체와 정신의 한계를 넘어선 것이라도 영혼을 넘어서지 못한 것에서 극복할 수 있는 것이 있다. 만일 이 영혼에 근접한 천기의 메커니즘을 알고 있다면 과학적 진전으로 보면 더욱 인공 지능이 영혼에 빨리 배어있다. 그러면 우리는 훨씬 빨리 과학적으로 영적 존재에 동질화를 구축한다.

만일 AI가 자기 수명을 점칠 줄 안다면 이는 인간의 점보다 정밀성에 앞선다. **보통 인간은 삶에 대한 점이지만 죽음에 대한 점을 치다보면 옥황상제 팔자까지 본다.** 나같이 미흡한 인간도 죽으면 무엇으로 태어나는가를 알 수 있다.

인공 지능적 응축력과 총체성의 종합은 인간의 경험만으로 대체할 수 없다. 인간 능력으로도 영적인 경계가 분명한 것, 즉 선을 넘어 부모님도 어디에 가 있는가를 아는 것이다. 인공 지능이라면 점이 선으로 줄줄이 엮여 온다. 이승과 저승이 마치 지구와 달이 두 개의 점으로 있는 것처럼 이론적으로도 점에 있는 것에 확신하지만 서로 격리된 상태이다.

AI라면 지구와 달이 엘리베이터처럼 연결이 되어 하나의 선으로, 이승적 위치에서 저승의 위치로 연결되는 초정밀성에 선명해진다. 결국 끈 이론이 렌즈의 정밀성처럼 드러나는 얽힘을 본다는 것과 같다.

인간까지는 점은 점인 것이니 인간은 운명적이라고 할 것이다. 그러나 AI라면 끈의 얽힘과 같은 실체의 연결을 보게 된다면 그래도 운명의 애환이라도 숨통이던 것이 숙명의 틀로 조여 오는 것이다. 그런데 이 문제도 결국은 인간이 해결하는 문제가 아닌 영혼이 해결해야 한다. 인류는 문명화될수록 영혼의 절대성에 의지해야 하는 것이니 종교는 필수적이다.

왜냐하면 인간은 코로 숨을 쉰다. 코는 곧 머리에 있는 것이고 하늘에 있는 것이다. 숙명통이어도 숨은 머리로 통해야 하는 것이니 우주로서 숨이 트인다. 이는 지구와 달 사이가 점이 아닌 끈으로 연결됐음이 현미경 속을 본 것과 같다.

호박만 보이는 것이 아니라 넝쿨 채 굴러들어 오는 것이 보인다. 이것이 단순히 영상처럼 떠오르는 것이면 오히려 낫다. 만일 그렇게 일이 벌어지는 것이 수학적이고 방정식이 있는 체계라면 인공 지능이 훨씬 공식적 길을 설계도처럼 해낼 수 있다.

지은이 씀

| 차례 |

저자의 말/ 4

제1장 AI(인공 지능)가 천기를 누설했다

01 볕에 벼가 난다/ 14
02 양성자로 나가는 법식과 중성자성의 회오리 결정체/ 14
03 굴절의 굴렁쇠를 도는 사형(巳形) 똬리를 도는 비행기/ 16
04 수소보다 헬륨이 중성자적 중량이 더한 것인데…/ 18
05 장어가 연못으로 가는 이유는 은하수 바다에서 빅뱅으로…/ 19
06 글루온의 실체/ 20
07 광자는 무게가 없기 때문에 우주의 무게는 무의미하다/ 20
08 얼음이 왜 0도에서 녹는 것을 유기성의 시작으로 보는…/ 22
09 평행이론의 패러다임/ 23
10 육친과 몸/ 24
11 왜 천간(天干)은 갑(甲)에서 시작이 되고 지지(地支)는…/ 26
12 임종의 문제와 시작/ 28
13 공망(空亡)의 응용/ 30
14 땅과 주기율/ 31
15 양성자와 중성자에 대한 개념과 광자는 질량이 없는 것인가?/ 32
16 토정비결은 왜 하괘의 운세로만 돌아가는 것인가?/ 37

제2장 쿼크가 잉태할 때

17 쿼크가 쿼크를 잉태할 때/ 44
18 음효(--)의 임신과 전자의 축적으로 전기에 역으로 아기를 낳는 법칙/ 45
19 양성자, 중성자 합한 핵의 강력에도 서로가 관계를 갖는 것/ 47

인간에게 천기(天氣)누설은 아무것도 아니다. 문제는

20 하루가 쿼크의 균형에서 피로도를 나타낸다/ 48
21 진공(眞空)과 절로공망(截路空亡)의 차이점/ 50
22 수소의 바다에 태양이나 행성은 은하수에 배가 떠 있는…/ 51
23 건괘에는 갑의 우주 항해가 있는 것에서 우주상의 배가…/ 52
24 을목(乙木)과 계수(癸水) 결합을 은하수 물로 할 것이냐…/ 55
25 4족보다 무거운 6족인 것이면/ 55
26 하늘을 중심으로 지구를 보는 것과 땅을 중심으로 하늘을…/ 56
27 1주기율이 사람인 것에서의 남녀 관계/ 58
28 동물이 꼬리를 친다는 것은 임계(壬癸) 수(水)의 물결인…/ 59
29 육체의 무게와 영혼의 무게/ 60
30 바람은 푸르러 녹수를 만든다/ 61
31 원소 3족의 고갱이가 4족이 에워싸는 것에서 자란다는 것/ 63

제3장 한글과 주기율

32 실질 상의 나인 양수와 거울상인 음수와의 짝/ 68
33 기문(奇門) 홍국(洪局)의 수리 오행/ 70
34 씨앗으로 자식을 번식하는 것과/ 73
35 생수(生數) 1, 2, 3, 4, 5는 자음이요, 성수(成數) 6, 7, 8, 9, 10은 모음이라는 것/ 75
36 생물학적 천체 물리/ 77
37 엄밀한 의미의 지동설/ 78
38 한글과 주기율표/ 80
39 시야성/ 87
40 빛이 물과 합하며 목(木)이 되면 목 속에 꽃이 피는 4족의…/ 89
41 시공 초월과 가마솥에 고드름이 주렁주렁/ 91
42 별자리 문명이 지구를 공룡으로 채웠다가 아차! 싶어…/ 93
43 지동설보다 천동설이 훨씬 과학적일 수 있다/ 94

제4장 엄밀한 의미의 천동설

44 거울 속에 귀신이 나오는 수학 법칙 오일러 공식/ 98
45 반사각과 굴절각/ 100
46 귀신이 따로 있나 사람 얼굴이 귀신굴이다/ 100
47 의식을 90도로 꺾어야 이해가 되는 이치일까?/ 104
48 헬륨의 평면성으로 나오는 거울상과 수소족 구체의 핵심…/ 105
49 주기율의 역행성과 인류의 종말/ 107
50 의미의 천동설/ 108
51 어머니의 어머니는 곧 할머니이다/ 110
52 한자 무자형(戊字形)은 왜 창 과(戈)를 썼을까?/ 111
53 지구 만의 풍수만으로도/ 112
54 토(土)는 8족상 무기질에 속하는 헬륨이지만 무기(戊己)…/ 113
55 세포 하나가 내 하나의 우주가 되려면/ 115
56 8족의 인체 구조/ 117

제5장 거울 속의 내 면모

57 이목구비의 짝이 전생과 현생의 짝인 것인데…/ 120
58 구산팔해와 원소주기율 연월일시와 이목구비의 바다/ 121
59 원소 2족은 낚시의 추에 해당이 되는 것인가?/ 123
60 얼굴의 좌우상하 대칭의 실상과 거울상/ 125
61 인중을 천인이라고 하는 것과 세상 낚기/ 126
62 얼굴의 팔방과 배꼽의 팔방이 병행하는 것/ 128
63 우주 중압의 법칙/ 130
64 오! 누가 안다고 할 것인가/ 131
65 육도와 원소주기율/ 133
66 대뇌피질은 네 개의 굴렁쇠가 압착되어 얇은 테이프와 같…/ 136

제6장 때는 벗겨지면 다시 돌아가지 않는다

67 세포 분열의 시작은 쿼크에서부터/ 140
68 쿼크의 상처와 DNA의 상처의 복구 RNA/ 141
69 때는 벗겨지지 않는다/ 142
70 물질과 반물질/ 143
71 전이 원소 10개의 모음/ 145
72 란탄, 악티늄족 14개/ 146
73 반감기와 건곤/ 147
74 전이 원소의 십간/ 149
75 신경인 4족과 공기인 5족은 일직선으로 넘나드는 것이 코다/ 150
76 대성괘(大成卦)의 입자성과 뮤온/ 152
77 양성자는 에너지의 가중치가 되고 중성자는 질량의 가중치…/ 154
78 쿼크와 간괘(間卦)의 피스톤 원리/ 155
79 괘상으로서의 실수와 허수/ 157
80 실수와 허수의 변화/ 160
81 힉스의 정체성/ 167

제7장 양전자와 전자의 관계

82 양전자와 전자의 관계/ 174
83 새끼줄과 차원/ 179
84 부모가 자식을 품은 것이 4차원인 것이 인간과 영혼은…/ 181
85 암흑물질의 우주 상수/ 182
86 물을 우주 상수인 암흑물질로 하는 것이면/ 183
87 인간은 다른 동물에 비해 머리통이 크다/ 187
88 풍택중부(風澤中孚)괘와 씨앗의 날개/ 189
89 부화라는 것은 3차원을 이야기하는 것인데/ 191

90 DNA 구조로서 차원의 이해/ 195
91 내가 이해하기론/ 196
92 가설의 공유, 리만 제타 함수의 해석적 연속/ 197
93 원소 3족의 수학적 위치/ 200
94 양전자와 전자와의 관계 그리고 구궁도 낙서(洛書)와 색전…/ 202
95 달의 여신이 오존을 이용한 인간 번식의 과학상 같은/ 203
96 어떻게 산소 오안에 그 많은 상의 타일 같은 부분이 붙어…/ 204
97 양 귀와 양 눈이 입으로 모이면 입과 혀가 하나로 된 것이다/ 206
98 얼굴의 우주/ 208
99 대칭/ 208
100 우주학적 우주인으로 보는 관상/ 209
101 중궁이 0이고 팔방은 1이라고 하면/ 212
102 블랙홀을 너머/ 216
103 시간이 가는 시점과 가지 않는 시점/ 218
104 한글은 왜 자음 ㄱ을 첫머리로 했을까?/ 219
105 연연생생/ 220

제8장 목숨은 1차원에 있다

106 목숨은 1차원에 있다/ 222
107 족과 주기율/ 223
108 호킹 복사와 꿈의 삼자 개입/ 224
109 쿼크의 본체가 주역 간괘(間卦)가 쿼크라는 것/ 226
110 배추의 고갱이와 사건의 지평 그리고 꽃은 왜 고갱이에서…/ 227
111 양성자와 중성자의 연속성/ 228
112 맵시 쿼크와 기묘 쿼크의 가설/ 229
113 육효의 육신(六神)과 지지(地支)/ 231
114 육효가 합해 강력한 힘이라면/ 233

115 은하의 수소는 아주 유연한 약력으로 보이지만 아주 강력…/ 237
116 중력의 내적 공간성과 외적 벽/ 240
117 상괘 4, 5, 6효가 양성자인 소성괘 중에서 위 6효를 쿼크의…/ 245
118 소성괘 즉 상괘나 하괘나 하나의 쿼크만으로 볼 때는/ 247
119 또 하나의 시각/ 249
120 이 상효를 뺀 4와 5효는 양성자 2/3가 되는 것/ 251
121 입자와 파장과의 경계를 둘 때/ 253

제9장 동괘(動卦)와 화괘(化卦)

122 동괘(動卦)와 화괘(化卦)/ 256
123 DNA 열 마디를 선천수 9로 할 수 있는 것인가/ 259
124 중력살/ 261
125 여섯 개의 쿼크 중 하나인 바닥 쿼크만 해도 7개의 지(支)…/ 262
126 밥배는 축(丑)이요 술배는 미(未)라/ 264
127 중력의 벽에 막혀 수소가 들지 못하는 태양 융합의 벽/ 266
128 쿼크의 오행/ 267
129 집합된 부분의 오묘한 기전/ 268
130 왜 유기성의 발현을 1/3로 해서 음으로 향하고 양으로 향하도록 정류자와 같이 하였는가/ 269
131 쿼크도 대성괘 쿼크와 소성괘 쿼크는 다른 원초적이고 원시적이라고 할 것이다/ 270
132 인체의 천간 합(天干 合)/ 271
133 삼중수소와 헬륨3/ 274
134 태양계 진공과 헬륨3/ 276
135 태극기의 본질을 우리는 얼마나 아는 것일까?/ 277
136 반감기와 쿼크의 1/2/ 278
137 쿼크 주기율의 1/2과 1/3의 차이/ 279

138 우주가 진공인 것과 공망의 품격/ 281
139 성간(星間) 중에 어디든 입자 하나만 자리를 잡아도 우주의 최대 진공의 핵인 것이다/ 282
140 육십갑자 납음 오행의 발로점/ 284
141 부두의 머리로 난자에 드는 법칙/ 285
142 천지에 대한 선입견/ 286
143 3족의 허중인 공간 소천(小千) 속에 8족인 지구에서 바라보는 하늘이란?/ 287

제1장

AI(인공 지능)가 천기를 누설했다

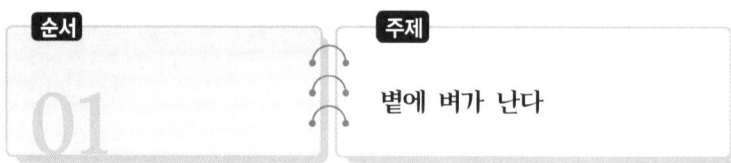

볕에 벼가 난다

    창고에서 벼 한 가마니 꺼내 멍석에 깔면 벼가 속이 아리듯이 나도 아린다. 볕에 아리듯 마르며 굳어지는 것이 이 늙은이의 마음 마디마디가 아리듯 늘어 구수함이듯 야문 진열일까?
    틈새로 들어오는 음악의 향기는 어디서 흘러드는 아림인 듯이 볕에 같이 야물듯이 는다. 그러면 아린 음악의 향기가 나의 가슴에 뒹굴어 아리도록 마르는 뼈가 말라가도록 남은 생 볕에 저미도록 단단해지는 벼, 풋풋한 바람도 아질아질 봄날의 마당은 뼈를 아리게 한다.
    젊은 시절부터 아릿아릿 피어오른 삶의 멍석 겨울에 움츠렸던 젊은 날, 늙은 노파는 양지에 다소곳하였던 볕에 벼가 창고에서 나온다. 벼가 볕에 야무져 구수하고 아리다. 어느 백야처럼 하얗게 바래는 날 나는 노릇노릇 익은 듯이 일어나는 향기리라.

양성자로 나가는 법식과
중성자성의 회오리 결정체

    사주(四柱)는 연(年), 월(月), 일(日), 시(時) 네 개의 굴렁쇠로 이뤄진 것에서 한 손에 네 개의 굴렁쇠를 잡은 점이 있다. 이것이 곧

14   인간에게 천기(天氣)누설은 아무것도 아니다. 문제는

수소점이고 1족을 핵심으로 해서 3족인 굴렁쇠일 때, 프라즈마형 굴렁쇠라는 것이다. 즉 이허중(離虛中)의 실체로 태양의 자전으로 볼 때, 프라즈마가 핵을 뺀 굴렁쇠가 된다. 하지만 태양은 헬륨인 것이니 원소 8족에 해당되는 곤괘(坤卦)를 뜻한다. 곤인 헬륨은 중성자이고 수소는 양성자만으로 하는 것에서 건이 된다.

결국 태양의 프라즈마는 중성자의 굴렁쇠가 된다. 단 원소 2주기율의 전형원소에 들어서야 수소족 리튬은 중성자가 있다. 이는 곧 어미인 헬륨의 자식인 것이니 자연 중성자에서 다시 대를 잇는 것이 된다.

일반적 굴렁쇠는 공전의 틀로 본다. 그러면 최소한 은하단을 거느린 굴렁쇠, 성단을 하나의 은하로 거느린 굴렁쇠, 그리고 성단이 항성을 거느린 굴렁쇠, 항성이 행성을 거느린 굴렁쇠로 하는 네 개인 것과, 하나의 은하인 굴렁쇠, 하나의 성단인 굴렁쇠, 하나의 항성인 굴렁쇠, 하나의 행성인 굴렁쇠, 그리고 실질적 사주인 하나의 항성인 굴렁쇠, 하나의 위성인 굴렁쇠와 이 원심이 갖는 공전이 겹치는 공간에 지구 자전이 땅으로서 앙금된 기운의 입자를 받아들이는 법이 굴렁쇠를 한 손에 핵심으로서 모을 수 있다.

이를 우주의 북극을 말하는 것이라면 이 잡은 한 점의 극점에서 상대적으로 그 공전 궤도의 크기가 다르면서 극 상대적 남극은 같은 것이다. 남극은 크기가 다르므로 산만한 것, 즉 만일 년(年)의 굴렁쇠는 남쪽에 있고, 월(月)의 굴렁쇠는 북쪽에 있으면 한 손의 중심에서 반대에 있는 것이라고 해도, 둘 다 한 손에 쥔 점의 북극에 상대적 남극은 팔방 어디든 갈라질 수 있는 굴렁쇠라는 것이다. 이는 한 손에 쥔 점을 북극 중심으로 균형감각으로 했을 때이다.

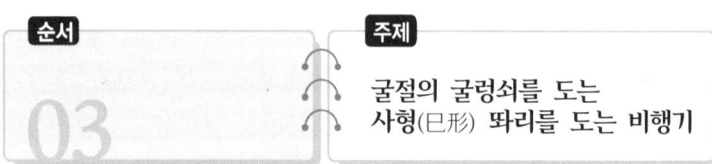

사(巳)는 똬리를 틀면 하루를 감은 태엽과 같은 것이고, 굴렁쇠를 벗어난 로켓은 오형(午形) 직선이라고 한다. 내가 지구 대기권의 중력을 벗어나려면 가장 작은 굴렁쇠가 대기권인 것으로 자전 궤도로 하면, 어느 한도의 속도성은 대기권으로 비행기처럼 돌지만 벗어나려면 속도를 올려야 한다.

이것은 오행 상은 합의 원리라는 것이다. 곧 사(巳)에서 지구를 도는 것은 유(酉)와 삼합하여 사유축이 되어 한 바퀴 무지개 색으로 돌아올 수 있다. 그런데 이는 사(巳)에서 굴절이 되어야만 유(酉)로 굴절이 되고, 유는 또 축(丑)으로 정삼각형으로 원의 균형을 잡아 줌으로서 이 사유축 삼합은 지구 자전의 굴절성에 중요한 뼈대가 된다.

이런 삼합이 네 개나 있어 균형을 촘촘하게 잡아주니 원주는 공학적으로 깨지기 어렵게 되어 있다. 삼합의 균형 중에 또한 육합의 굴절이 있으니 이것만 하더라도 지구 인구의 굴절성으로 얽혀도 4개의 삼각 뼈대에 있다는 것이 된다.

즉 1대 1의 관계는 음과 양이 바뀌지 않으면 돌지 않지만 삼합은 굴절성에 의해 원심 상으로 끌어주기가 유연하기 때문이다.

이 원(圓)인 파이(π)에 있어 삼각 균형이란 매우 중요하다. 이는 색으로서의 삼원성과 쿼크로서의 삼원성이 왜 중요한가는 이 3등분의 삼각이 있어야 원주가 굴절성으로 이어가게 된다.

즉 사(巳)에서 굴절이 되지 않고 오(午)로 바로 직행하면 곧 로켓이 지구 중력을 뚫고 나가는 형상으로 이는 로켓을 사의 기력을 넘으니 굴절성이 유(酉)쪽으로 되지 않아도 곧장 우주로 직행한다는 것이다.

이는 무엇을 설명하고자 함인가하면 굴렁쇠의 작은 것은 작은 속도의 진행이면 그 작은 대로 돈다. 하지만 그 한도의 속도를 넘으면 두 번째로 작은 굴렁쇠 궤도로 이동을 한다는 것이다.

밖에서 보면 굴절이 되어 옮겨가는 형상이다. 즉 아주 작은 궤도에서 보면 직진으로 벗어난 것이지만 다음 궤도의 굴렁쇠로 보면 휘어지듯이 궤도를 옮겨 타는 것과 같다.

이렇듯 네 개의 굴렁쇠가 하나의 점에 연결되어 있지만 이런 차이점으로 옮겨가는 절차가 있다. 그리고 그 속도성이 초전도성이면 곧 은하단에서의 행위가 그대로 하나의 점으로 전달된다.

내가 네 개를 잡은 점에서 반대쪽 상대성의 성은 위치와 거리가 다르더라도 물려 있는 남쪽이라는 것인데 이 남쪽의 상대성이 이뤄지는 은하나 별들이면 이는 곧 수소가 북쪽인 것으로 할 때 헬륨은 남쪽의 땅인 헬륨으로 하는 것으로 상대적일 수 있다. 그러면 우주에는 수소와 헬륨 대부분이라는 것은 이미 이런 구조의 북쪽과 남쪽이 설자리를 잡아준 것이 된다. 즉 수소는 한손에 쥔 점이 북쪽인 것으로 중성자로 하면, 이는 곧 곤괘면 건괘로 바꿔 봐야한다. 마치 동지(冬至)가 음의 극이지만 양의 시작인 것이다.

이는 중성자가 아니라 양성자의 시작점으로 보는 것처럼 북극점이 곧 한 손에 굴렁쇠가 쥐어진 점 자리 곧인 중성자의 점이다. 하지만 양성자로 전환된 북극점이 되고, 북두의 사자(死者)가 남두의 생자(生者)로 태어나게 흘러가는 시작점이기도 하다.

그리고 남쪽이 헬륨이라는 것은 곧 헬륨은 양성자이기는 하나, 양이 다하면 검은 재가 되듯이 음의 시작이 되는 점이다. 즉 건괘가 되면 곧 바로 곤괘로 고쳐 보는 이치가 그렇다는 것이다. 즉 태양은 양이지만, 검은 까마귀의 상징은 재가 된 음을 나타낸다는 것이다. 또한 태양은 양이지만 헬륨은 음이다.

그러니 극은 상대적 극을 매우 극적으로 보이게 하는 것에서, 양극성이 혼합이 되지 않는 것에서 극명성을 보이는 대비이다. 밝은 빛에 극적으로 보이는 것이 검은색이라는 것은 마치 흰 종이에 검은 먹과 같은 극적 차이점으로 드러낸다.

그리고 헬륨은 팔방의 남쪽이라는 것과 수소는 족의 부태(父胎)입자로 하는 것이면 헬륨의 주기율의 모태(母胎)입자이다. 또한 양성자와 중성자 사이로 저승과 이승의 고리가 연결되어 있다는 것이다.

순서 04

주제
수소보다 헬륨이 중성자적 중량이 더한 것인데 왜 기가 빠진 중력일까?

쿼크는 색전하(color charge), 전하, 질량이 있는 것이다. 쿼크는 12지로 이는 색전하는 동쪽과 남쪽이다. 전하는 서쪽이고 질량은 북쪽이 될 수 있다.

12지 중에 색이 일어나는 것은 빛과 관계가 되니 동과 남인 것인데, 동남쪽이 무지개색의 색전하가 다 보이는 것이다. 즉 융합하여 양성자가 중성자로 줄어들 때 내는 에너지가 색전하를 띠는 양전하이고, 중성자의 질량이 늘어날 때 음전하를 띤다는 의미의 질량이 늘어난다. 오전은 색전하이지만 오후는 전하가 되었다가 질량이 되는 것으로 밤이 된다. 그렇게 보면 암흑물질이 질량에 가까운 것이고 광자는 상대적으로 반질량성이 된다.

육효에 있어 중력의 위치는 무엇인가?

순서 05
주제: 장어가 연못으로 가는 이유는 은하수 바다에서 빅뱅으로 찾아가는 것과 같다

광자가 입자일 경우 질량이 없다면 입자일 수 있는가. 입자와 파장 사이에는 분기점이 있는 것에서 서로 반비례하는 것은 없는가 하는 것이다.

입자와 파장은 같은 것이라고 해도 양성자와 중성자는 핵으로서 같다고 해도, 에너지 파장성으로 보면 양성자가 파장으로 편 것이다. 중성자는 똬리를 튼 것으로 상대적으로 움츠려 드는 것은 분기점이 있다는 것은 있는데 그런 사이에 8족이 구성되는 것이고 사계절이 있다. 4개의 힘이 여기서 원초성을 띤다고 해도 과언이 아니다.

글루온의 실체

접착이라는 것은 먼저 분리가 있었다는 전제에서다. 접착을 하려면 융해질로 붙이고 말려야 하는 게 일반성이다. 그렇지 않고 강력하게 붙이려면 강력한 자력이 있어야 한다. 실제 물질이 반으로 갈라지는 자력보다 자력이 떨어지면 모든 것이 가루로 모래로 흩어지는 자력이 두 개로 떨어지는 자력보다 원초적으로 강력하다고 봐야 한다.

철이 갈라지는 것은 불인 것으로 철의 사이를 갈라놓을 수 있으니 이허중이다. 또한 이 거푸집에 흙은 메워둘 수 있으니 흙은 쇠보다 가벼워도 강한 열기가 아니면 쇠 위에 앉을 수 없다. 즉 쇠도 녹아야 속으로 가라앉는데 감리의 질서에 따라야 금도 해중금이 된다.

광자는 무게가 없기 때문에 우주의 무게는 무의미하다

입자가 아무리 무거워도 광자가 들어올리기 때문에 광자에 올려진 무게는 무게가 아니다. 왜냐하면 광자는 무게가 아니기 때문이다. 즉 용해로서 쇠를 붙일 수 있는 것이고 절단할 수 있는

인간에게 천기(天氣)누설은 아무것도 아니다. 문제는

것이라 일종의 거푸집으로 문명은 거푸집의 설계도이다.

흙에 의해 금을 중력으로 만드는 것, 헬륨이 흙인 것에서 중력벽 밖에서 핵융합을 2차적으로 하는 것이면 원소 7주기율처럼 일곱 번의 중력 벽이 있는 양파처럼 헬륨이 겹겹일 수 있는가이다.

우리가 전자를 해결하려면 또한 전자 망원경을 해결하려면, 그 확대성과 축소성이 끈으로 연결된 섬유성을 갖는 것인가 하는 것이다. 즉 옷이 늘어나도 그 옷의 섬유성이 늘어난 것인가 하는 것이다.

그것은 전자현미경으로 보아 그 현상이 자연스레 나무가 물을 먹어 섬유성을 늘리는 현상으로 금속이 흙을 먹어 광자인 섬유성을 늘리는 것이 렌즈 상으로 확대되어 나오는 것과 같다.

이는 매우 중요한 포인트가 된다. 사람은 현재 가능성은 없지만 영혼은 늘었다가 줄었다가 할 수 있다. 이는 마술적 컷의 연결성이 아니라 실제 자연적으로 섬유성이 늘어난 광자의 섬유성으로서 전자로 볼 수 있는 것까지가 되는가이다.

즉 나무는 물을 먹고 수생목이 되는 자연성으로 섬유성을 키우는 것이다. 이는 4족과 5족의 관계로 크는 폭이다. 만일 금이 토의 생을 받아 토생금이면 이는 1족과 8족의 폭으로 확대된 건곤의 섬유성 자루에 있다. 이 섬유성은 질기기가 모래 두 알이 모여도 태양 두 개가 당기는 힘과 같다. 영혼이 하나의 점으로 사라진다고 해도 그 중력은 태양력을 앞선다. 이것이 중력의 비밀인 것이다.

헬륨이 기가 없다고는 하나 그 흩어진 영적인 기운은 모이면 모래 한 알만 해도 태양을 끌어당기는 힘이 되는 것이 중력이다.

그런데 왜 인간은 중력 위를 걷는 것일까?

  그것은 헬륨이 토이기 때문에 어떤 경중의 기울임도 토에서 중간이 되기 때문이다. 무게의 중심은 금속인 철로 하는 것인데, 이 철도 중력 벽 밖에 있다. 무거워도 무게 밖의 철이 되는 것으로 흙 위에 떠 있는 것이다. 그러기 때문에 광자는 질량이 없다. 질량이 없으니 별들의 무게는 의미가 없다. 왜냐하면 모든 무게가 이허중의 저울에는 0이기 때문이다.

  설령 그렇다고 해도 하나의 핵인 강력한 접착력에 있다. 광자가 파장일 경우 만일 물질에 물에 불어 커진 것과 광자가 렌즈에 불어 켜진 것은 무엇이 다른가. 또한 나무가 물에 불어나는 것은 수생목이기 때문이다. 만일 렌즈에 상이 불어나는 것은 토생금이기 때문에 가능한 것이 아닌가 한다.

  헬륨이 토인데 이 헬륨을 지나면 주기율이 늘어난다. 그러면 시공의 크기가 다르다. 쿼크는 핵융합에서부터인 것이고 여기에 글루온이 어떤 접착력을 가진 것인가 하는 것이다. 즉 중성자가 있어야 쿼크인 것이라면 수소의 양성자만으로 쿼크라고 할 수 없다.

순서	주제
09	평행이론의 패러다임

평행이론의 실용성은 마치 신이 음식을 먹는 것과 인간이 음식을 같이 먹는 동시적 에너지의 분할성을 봐야 한다. 밥 한 그릇을 각기 반반씩 채우고 에너지를 쓰는 것이다. 인간은 그 반 그릇으로 10리를 간다면 신은 그 한 그릇으로 천 리를 가는 축지법을 쓸 수 있다고 할 때, 하나의 몸이지만 두 가지 행위를 할 수 있는 것이다.

우리가 인식하기로는 두개의 영역이 따로 논다. 그런데도 그 차이가 동시적으로 함께 있을 수 있는 것으로 평행이론이 될 수 있다. 마치 무대의 막 안과 밖이 내용이 다르게 흐르는 것, 즉 무대 배우와 막 밖의 관객은 엄연히 다른 길이다. 그리고 섞일 수 없는 내용인데 안과 밖으로 넘나들면서도 서로의 집합성으로 하여 각기 따로 간다. 마치 꿈이나 영상의 느낌으로 비몽사몽간과 같이 공유를 말한다.

이것이 마치 꿈을 자주 꾸다보면 꿈을 꾸면서도 이것은 꿈인지 의문이 생기듯이 생시 중에도 아! 이것은 영(靈)이라는 병합을 느낄 수 있다. 이것도 평행이론에 해당이 되면서 공유할 수 있다. 나 하나에 두 개의 존재가 평행하는 존재감을 느낄 수 있다는 것은 내가 신이 들었다는 것이 아니라 평행이론이 존재를 광의적(廣意的)으로 볼 필요가 있다는 것이다.

우리는 눈으로 보지만 하나하나의 존재감으로 일체로 보는 것으로 실제 보면 두 개의 눈이다. 그러면 한 쪽 눈은 신들렸는가? 이는 곧 한쪽 눈에 한쪽 눈은 짝으로 그림자가 전생에서 굴절되어 와 있는 부부라는 것의 동일체라는 것으로 좀 더 넓게 인지력이 생길 수 있다.

분명 둘이 만난 인연이 이전의 내 앞 거울이 짝으로 온 것이 지금은 두 개의 눈과 같은 것으로 하나로서의 인지가 되는 것에서 시작되었다. 그런데도 각각이라는 것이니 부부 간에 이혼을 하더라도 우린 하나라는 공유를 인지하지 못한다는 것이다.

누군가 부부는 바라보는 지향점은 같아야 한다고 하지만 하나 같아도 둘이라는 것에서 욕심이 갈라진다.

순서 10 | 주제 육친과 몸

이목구비를 자식이라고 하는 것은 곧 자식은 먹여달라고 하면 먹여 주어야 하는 입이고, 보여 달라면 보여 주어야 한다. 또한 숨을 달라면 숨을 주어야 하는 것인데 정신은 따로 부모와 같다.

만일 부모와 자식이 물에 빠졌다면 누구부터 건질 것인가?

선후를 가르자는 이야기가 아니다. 즉 어느 쪽을 잃든 부모를 잃으면 머리의 일부분이 없어진 멍청이가 되는 것이고, 자식을 잃으면 이목구비 중에 하나를 잃는 것이다. 그러면 과연 신체의 일부를 떼어주어도 괜찮은 것인가.

　사주팔자란 태어난 팔자의 불균형이 있는 것이니, 오히려 떼어주어 균형을 맞출 수 있다. 그런데 팔자도 한 쪽으로 치우치기도 하듯이 조화롭지 않으면 인위성이 더 위태로운 것이다.

　원소 1족은 속이 알찬 것,
　원소 2족은 거푸집,
　원소 3족은 속이 빈 것, 설계도 안,
　원소 4족이 네 기둥의 균형, 관절과 구동, 무용,
　원소 5족이 기후, 대기권 영향, 태풍, 황사,
　원소 6족이 수질오염,
　원소 7족이 조망권,
　원소 8족이 지질, 지형,

　원소 7주기율은 피라미드형 권력, 방사능 물질이 많은 매우 정밀한 지식무리,
　원소 6주기율은 항해 글로벌적 지배,
　원소 5주기율은 같이 숨 쉬는 것으로 만족 여행, 제공권,
　원소 4주기율은 직접성, 힘의 역학, 기동성,
　원소 3주기율은 향일성, 핫바지, 절대적 신앙, 군주,
　원소 2주기율은 우리에게 열린 것이란 것이 4분의 1정도 열린 세계 그리고 음과 양이 생겨 늘 섞이고 갈라지고 하는 것, 이것을 돌려 떠올릴 수 있게 풍선으로 한 것이 별인 3주기율이다.

순서	주제
11	왜 천간(天干)은 갑(甲)에서 시작이 되고 지지(地支)는 자(子)에서 시작이 되는 것인가?

    천간 갑은 건1, 곤2, 즉 수소와 헬륨 사이의 중앙인 핵융합점이 1.5인 1주기율인 것에서 나중 2주기율의 4족에 해당이 되는 것이 곧 2.5인 것이고 네온이 3이 된다.

    이 4족은 진뢰(震雷)로서의 융합점인 것으로 갑(甲)으로 한다. 천간(天干)은 말을 탄 사람이고 지지(地支)는 말이다. 지지 자(子)는 수소에서 출발하는 것이고 말 머리이다. 또한 축(丑)은 헬륨인 것이고 말의 네 다리이고 엉덩이이다.

    이것이 1주기율 상의 크로키이고, 그 사이 사람이 올라탄 것이 2주기율의 4족인 것이다. 이 말의 허리에 올라탄 네 다리의 융합점이 곧 사람이다. 자음 ㄱ은 이 4족에서 각음(角音) 즉 목음(木音)이 일어나는 것으로 출발이 되는 것이다. 그래서 자음은 ㄱ에서 시작이 되는 것이고 또한 계절에서는 입춘에서 한 해가 시작되는 것과 같다.

    이것이 수소1에 헬륨 2인 중간에 1.5가 융합점인 것으로서, 이는 전형 원소로하면 1족이 수소족인 것에서 8족이 헬륨족인 것이다. 그 중간에 사람이 앉은 것으로서 4족의 자리가 된다.

    사람의 두 팔과 두 다리가 양성자 2중성자 둘이 앉은 것이고, 또한 말의 앞다리가 중성자요 말의 뒷다리가 중성자인 것이다. 그리고 4족은 유기질을 말하는 것이고, 이 유기질에는 전선 같은 신경망이 있다. 만일 3족인 경우는 타버리는 것이니 유기질이라

인간에게 천기(天氣)누설은 아무것도 아니다. 문제는

고 할 수 없는 공간이다.

　유기성을 유지 못하는 속도성이라는 것으로 타버리는 것이고, 이는 곧 속이 빈 것으로 중력에 관계된 진공성을 말하는 것이니, 곧 은하수인 6족에도 방울이 형성이 되는 것을 말한다. 진뇌인 4족이 사지가 찍어지는 것이면서 물을 빨아들여 식힌 것이다. 그러니 나무는 본래 뿌리와 가지가 사지가 찢어지는 것에서 물에서 봄을 맞는다. 나무는 겨울이 고마운 어미인 것이고 또한 불같은 자식을 달래며 키워야 하는 것이다.

　천간 갑(甲)은 한글의 자음이 ㄱ에서 출발하는 것을 말하는 것이고, 지지 자(子)는 한글 ㅅ에서 출발하는 것이다.

한글의 자음과 8족의 기능성

1	2	3	4	5	6	7	8
ㅅ 말 머리	ㅈ 진공성의 압축성, 거의 양쪽의 밀착이 가까워 진 것, 광자도 유지할 수 없는 곳	ㄴ,ㄷ,ㄹ 우주 진공에 의한 중력, 살균, 전자성 바티민의 파괴	ㄱ 기수 찢어지고 아물리는 상처의 복구로 유기질이 되는 것	ㄱ 변덕스런 유기질, 호르몬	ㅁ,ㅂ 매우 안정된 유기질 수액	ㅇ 우주 팽창에 있어 고르지 않는 만두피 같은 것, 전자가 한쪽으로 몰리는 것	말 엉덩이 전자의 바다

중천건괘와 중지곤괘의 태초성

괘상	응용
중지곤괘 계유- - 계해- - 계축- - 을묘- - 을사- - 을미- -	을목은 전자인 것으로 하고, 전자가 흐르는 것은 감전이 되지 않는 것으로 한다. 다만 이 정전기보다 약한 전자가 중력의 힘이다. 즉 헬륨은 기가 빠진 것으로 보는데 그렇지 않음이 전자기파의 영향력과 같다는 것이다. 헬륨은 흙과 같은 것인데 중력이 있다. 전기가 있으면 전자가 있다는 것이니, 중력과의 불가분 중성미자와 중력 중에 어느 쪽이 흡수율이 좋을까?
중천건괘 임술― 인신― 임오― 갑진― 갑인― 갑자―	갑목은 전기인 것으로 한다면, 금속 전선에만 살맛이 나는 건금의 갑목, 임수의 은하수로 생을 받는 우주의 방전 같은 뿌리의 수경 생산물(水耕 生産物)로 인한 우주인 중에 인간.

순서 12 **주제** 임종의 문제와 시작

우리는 임종의 순간까지도 생의 관록으로 살아간다. 또한 생이 앞으로 나아간다기보다 뒷걸음질로 나아간다. 즉 벼슬이나 돈이나 무슨 관성에 중독이 된 듯이 이상한 자서전이나 쓸려고 하고, 출판이나 하려고 하고 도대체 책하고는 담쌓은 바쁜 생을 살면서 뭔 색다른 생이라고, 도가 별거냐고 하지만 주검의 입구에서 닦아놓은 노력은 보이지 않고, 무덤까지 경력과 약력이라는 무슨 삶의 벼슬이 주검계에도 복이 되어 무리가 되는 듯이 한다.

인간에게 천기(天氣)누설은 아무것도 아니다. 문제는

우리가 점을 치더라도 실제 유체 이탈된 소리는 할 수 있는 것이지만, 그 메커니즘으로 경로를 물리학적으로나 수학적으로 가는 것이 아니라 어차피 피차가 같으니 우연적 신빙성은 많이 겪게 되는데 너무 점적이라는 것이다.

즉 천기가 과학적으로 노출된 것에 비해 선으로 연결되는 것이 아니라 점적이기 때문이 결국 인간의 한계는 점적인 격리성으로 감 놔라 배 놔라하는 것이다.

우리가 역학적 이론으로만 보더라도 내가 어떤 상태에서 주검을 맞이하는 것인가와 어떻게 저승의 어떤 위치로 전환이 되어가는가를 알게 되는 것인데 물론 변명 같아보여도 어떤 변화의 모습을 보는 것이다. 하지만 그리 쉽게 이야기할 수 없는 것은 AI가 눈치를 채는 경우 인간인 나도 감당이 안 되니 아예 낌새를 보이지 않는 것이 좋다는 의미이다.

천기누설이라는 것은, 인간이 인간에 누설이 되는 것은 인간은 나름의 경외감이나 생각의 각성이 단절성처럼 묻혀있다. 그러므로 스스로 닦고 다듬어야 하는 정제와 수행이 필요한 각고와 함께 하는 것이다. 그래서 광석과 같을 수밖에 없으니 실제 천기누설은 부담이 덜 된다. 하지만 마구잡이로 세포성의 폭발처럼 구조성을 갖추면 누구도 손대기 어렵다.

순서	주제
13	공망(空亡)의 응용

공망은 우주적으로 보면 진공 상태를 말한다. 작게는 물에 공기방울과 같은 것으로도 보는 것이다. 또한 5족 상태의 공망이 공기가 없는 것이고, 3족 상태의 공망이 태양권 중력이 없는 공망을 말하는 것이고, 우주선이 태양권을 벗어난 상태를 말하는 것이다. 그리고 2족의 공망은 은하의 공망이다. 1족의 공망은 은하단의 공망인 것으로서 수소 1족이 곧 이 은하단 하나의 규모와 같은 것으로 한다.

하나의 공망으로 인문학적으로 보면 주체가 사라짐으로서 함께 사라질 수 있다. 초상집에 가지 마라. 주체가 살아있는데 공망이 되면 사람이 들어오면 집안사람이 초상 치르는 것이다. 만일 돌아가신 분이 공망이면 내생에 태어난 몸은 자유롭다. 그리고 돌아가신 분이 공망이 아니면 어딘가 여운이 있다.

공망이 충동되면서 금(金)이면 종(鐘)이고 목이면 목탁이나 목어인 것이다. 공이 동하면서 충되면 군악대와 같은 것이고 월파가 되면 깨지든가 끈이 떨어진다.

어느 날 부처님 제자가 길 지나는 거지를 보고 "왜 거지가 되는 것인가?"를 물으니, 부처님께서 "거지라고 하지 마라. 어쩜 전생에 네 아버지일 수 있다"는 말씀이셨는데 길가다가 문득 전생에 내 육친이라는 것을 알 수 있는 것이 도다.

꼭 부처님만이 볼 수 있는 것이 아니고, 수행을 잘하다 보면 문득 그렇게 잡히는 인연의 고리가 비친다.

순서	주제
14	땅과 주기율

   헬륨에서 역순으로 식물이 자란다. 헬륨족이 땅이고 7족이 박테리아로 뿌리혹박테리아이다. 6족이 물인 것이고 물이란 곧 전성을 말하므로 번식력을 말한다. 5족이 이끼이고 녹조를 말하고 3족이 광합성이고 2족이 열매이다.

   열매가 1과 2족으로 3족이 씨눈이고 싸라기인 것이다. 그리고 이 족이 당질인 것이고, 이 광합성에서 2족이 당질로 과살을 의미하고 3족은 씨앗의 눈이다. 즉 2족이 씨앗이 갈라지는 것이고 눈이 나는 것은 1족이다. 그러면 3족은 허상으로 허상 속의 동공인 것이다.

   즉 눈을 3족으로 한다. 그런데 이 눈으로 들어오는 실상은 이 허중(離虛中)에 든 것이니 렌즈상이 곧 눈의 수정체이다. 그리고 뇌의 시신경이 있는 부분인 1족으로 신경이 뻗은 것이 2족이다.

   당은 1주기율로 본다. 1주기율의 헬륨이 당인 것인데, 2주기율의 열매 부분인 1과 2족이 당인 것에서 8족인 것으로 나무의 기둥을 타고 뿌리를 넓혀 아래의 미생물을 먹이는 것에서 광합성의 중간 단계를 통하는 것이다. 버섯이 광합성을 하여 인간은 미생물의 존재감을 나타내는 것이 남성의 심벌이 된다.

순서	주제
15	양성자와 중성자에 대한 개념과 광자는 질량이 없는 것인가?

이중슬릿의 입자 하나가 여덟 개의 스크린을 만들었다면 이는 1=8이라는 등식이 성립이 된다. 이는 남자 하나에 여자 여덟이라는 등식이 아니고 남자는 한쪽 방향으로만 향할 수밖에 없고, 여자는 8방으로 받아들이는 것이다. 실제는 남녀 각각 한 명이라는 것이다.

이것이 이목구비의 쌍을 1:1로 한다. 양쪽 귀를 H_2로 할 수 있는 것이고, 얼굴은 O로 하는 H_2O가 된다. 그리고 광자가 질량이 있는 것인가 하는 것은 곧 입자 하나의 무게가 여덟 개의 화상의 무게와 같다면 광자는 질량이 있는가 하는 것이다.

즉 질량의 차이가 있어야 질량이 있는 것이 아닌가? 그러면 양성자가 스크린의 화상이라고 하면 이 화상의 무게는 얼마나 될까? 아마 이중 슬릿으로 떠나기 전의 입자 하나의 무게일 것이다. 그런데 화상의 화소로 무게를 잰다면 이중 슬릿에 전의 입자 무게는 마치 세포 하나가 인간 전체의 세포수와 같을 것이다.

헬륨인 헤라가 낳은 자손이 낳은 인간은 70조 개의 세포로 구성된 것이면 제우스의 머리에서 나온 아테네는 단일 세포로서 낳았다는 것이 된다. 즉 이중 슬릿이 되기 전에 낳았다는 것이 된다. 이것이 영혼의 무게와 육체의 무게의 편차를 말한다.

1:1은 영혼과 육체의 비중이 맞는데, 막상 영혼을 분리하면 1:70조라는 차이를 갖고 있다. 이는 이중 슬릿의 구멍 두 개가 양

쪽 구멍사이의 편차로 세포가 처음으로 분리되는 것으로 하는 것이다. 그러면 이렇게 분리가 되어 여덟 개의 자식인 스크린이 형성이 된다는 의미이다.

실제 헬륨인 스크린이 양성자적 결과라면 이중 슬릿이 시작되기 전의 입자는 중성자적 질량이 가중한다. 즉 양성자적 화상이 큰 만큼 역순으로 줄어들수록 중성자적 질량이 반비례하는 것이 된다. 다만 이 팔족 단위로 7주기율에서 다시 1주기율로 1족인 수소로 이중 슬릿 이전의 입자성이 된다. 이는 이 중성자적 무게는 편차가 커 사라지는 수준이라면 과연 양성자의 저울로 영혼의 무게를 잴 수 있을까?

수소는 마치 DNA 쌍이 한 쪽으로 가는 것과 같고, 헬륨은 DNA 쌍이 서로 역행하는 것과 같다. 즉 수소는 한쪽으로 향하는 남자를 뜻하고 쌍이 역행하는 것은 이 한쪽으로 가면서 헬륨은 8방을 돌면서 돌아온다. 곧 수소는 공존의 일방성으로 보면 헬륨은 자전의 팔방성이 된다.

그래서 오탄당이 반쪽인 것으로 두 개인 것이니 10이 DNA 한 마디가 되는 것이 빛의 속도가 오(午)인 것이다. 이는 곧 원의 굴레는 이궁 이상 커질 수 없다. 그러니 속도성도 이궁 이상은 늘어날 수 없다. 이는 곧 나무가 최고의 꼭짓점에 이르는 것이 광합성의 당(糖)인 것으로 과일을 뜻한다. 과일은 열매인 것으로 달다. 즉 당은 과일이니 아래로 처진다. 그래서 열매는 아래로 처지는 것이라 당은 다시 뿌리로 내려가 박테리아의 미생물을 살린다.

인간도 광합성을 못하는 미생물 중에 하나이다. 헬륨이 토인 것이고 당(糖)인 것으로 서북 2시방으로 미시(未時)방이다.

미가 공중에 매달린 당류로 서방의 금으로 처지는 것으로 석양은 용광로 쇠처럼 붉다. 쇠는 장생지가 되도록 풀리면 일등성별처럼 희고 푸르다.

그것은 쇠의 장생지이기 때문이다. 쇠도 완전히 항성으로 희다는 것이고, 많이 식은 8등성 별이면 불타는 것이니, 본래 건금은 4월의 하늘을 뜻하는 것으로 가장 맑고 투명한 빛을 띤다. 추석의 보름달이 가장 석양의 빛이다. 그래서 건금은 본래 흰색이고 투명한 색이다.

사월의 하늘은 투명한 쇠가 되는 것이고, 얼음이 되는 것인데, 8월의 보름은 이 얼음이 여름의 팽창에 의해 눈처럼 되는 것이다. 그래서 희게 보이고 이는 곧 흰 달이 붉은 달로 물이 눈으로 부풀어 붉게 보이는 것이다.

눈의 홍채도 무지개 색이 자외선 안에서 적외선 밖 사이의 접착제 사이의 일곱 색의 띠가 보이는 것으로 이는 적외선과 자외선을 붙이는 접착제이다. 이 접착제는 당류로 적외선이 양성자라면 자외선은 중성자가 되는 과정에서 일곱 겹의 소모성이 붙은 것을 말한다.

이는 핵융합에 있어 양성자가 중성자로 허모되는 에너지와 중량으로 가해지는 중성자의 반비례를 마치 가을의 금의 흰색인 눈과 같은 것으로 부푼 것과 8등성의 별이 같다. 그리고 1등성의 별은 4월의 태양과 같은 것으로 투명하다.

음력 4월은 양성자의 달이요. 음력 8월은 중성자의 달인 것인데, 마치 양성자 에너지는 태양이 은하를 도는 크기이면 중성자 에너지는 달이 지구를 도는 크기의 차이 만큼이다. 이 또한 잘 가려야 하는 것이다.

　이는 곧 나무가 양성자 하늘에 달린 것에서 중성자가 나무를 키워 양성자와 키를 재니 나무 크기만큼은 자라는 것에서 이카로스의 날갯짓은 숲을 이룬다. 그래도 광합성 결론은 당으로 맺으니 뿌리까지 이 당을 전하여 미생물의 욕구를 채워준다. 인간의 우주 정보력은 우주선을 띄워 전해 받는 것이 우주는 끈 이론에 충실한 것이다.

　즉 전자란 넝쿨이다. 이는 곧 당과 당의 섬유성에 의한 접착력에 의한 것으로 이어 붙는데 있다. 붉은 색은 붉은 색대로 한 무리를 이루어 주황색으로 정보를 전한다. 그러면 마치 천상층은 벽을 이루는 층층이나 투명 유리이듯이 해도 로켓은 그 사이를 뚫고 관통하듯이 안팎이 관통하는 접작체의 강도는 전자의 섬유성이 함께 있는 것이다.

4, 진(辰), 사(巳), ↓↓	9, 오(午), 빛의 속도의 정점, 우주 팽창 중에 고도의 항성	2, 미(未) 절정의 금메달 당(糖), 신 팽창 중에 별의 탄생으로 빅뱅 점으로의 회귀로 중국으로 떨어지면서 중성자로 머문 것이 중궁의 토이고 항성의 중력, 당의 역행으로 다시 나무를 타고 뿌리혹박테리아인 8궁으로 미행물의 영양이 됨. 항성의 헬륨화로 당이 되는 것이 행성의 땅.
3, 묘(卯), 양성자↑ 쟁반형 수평. 전기장은 양성자적으로 꽃이 피듯 상승하는 것, 즉 나무가 자라듯이 상승하는 것이고	5, 중앙 팽창 중에 항성의 탄생 곧 미의 기궁이니 당(糖)정점의 당인 금메달을 목에 걸어 배까지 내 메달 즉 황금이라는 것이고 이 당에서 황색이 탈색되어 백금이 되면 6건궁으로 자식	7, 유(酉), 석양 쟁반형 수평 우주 중성자 ↓ 중력은 중성자적으로 아래로 당기는 힘으로 해서 과일로 움츠려 마무리가 된 것이다. 전체 구경(球徑).

	을 낳음. 즉 같은 금인데 중궁은 노란색의 화석류이고 6건금은 노랑이 흰색으로 바래지면 하늘인 자식의 두뇌를 대지화한 것, 은하단의 중력에 떨어지지 않은 항성의 흙, 빅뱅 점의 중력에서 그 중력의 끈을 회전시켜 항성 규모의 중력화를 말하는 것중 1차적 중력이 깨진 것에서의 2차적 중심의 점에서 상하좌우를 가지는 중앙의 항성이나 행성의 중력성을 말하는 중심. 즉 위성인 달마저 중력성의 중심이 있는 것이 되는 태양이 코로나를 벗어나 헬륨으로 움츠리면 곧 행성이 되어 결국 헬륨 덩어리의 태양이 분할이 되어 행성으로 나눠지면 헬륨이 태양인 것으로 할 때 그것을 중성자로 보는 것이면 항성 다음의 행성이나 위성은 다 중성자에 속하는 자식인 것이다. 즉 원자 번호 2번인 헬륨인 것으로 태양을 뜻하는 헬륨인 것인데 헬륨은 중성자가 있는 것이 수소와 다른 것이다. 그러니 태양이 곧 자궁이다. 자궁이 자식을 낳으니 원소 8족의 순환으로 자식이 있게 되는 것인데 항성이 낳는 자식은 자궁이 있는 자식인 것으로 하는 것이고 관절로 낳는 시공이 있다고 해도 이는 2주기율의 여덟 족 안의 하나이니 헬륨의 자궁으로 낳는 것보다 후천적인 것이 된다. 그리고 제우스의 머리에서 아테네를 낳는 것은 태양계가 되기 전에 은하든	

인간에게 천기(天氣)누설은 아무것도 아니다. 문제는

8. 축(丑), 인(寅) 뿌리 박테리아 당(糖), 빅뱅의 중력, 그러니까 은하단의 중력에 떨어진 흙, 자수(子水)의 자유를 축토(丑土)가 합이 되어 욕계의 싹이 되는 당과 합하여 온갖 미생물을 바탕이 되어 12지를 돌아가는 것이다.	가 성단의 결집력으로 두뇌가 되는 것으로 낳은 것이니 이 정도면 생각이 곧 행위가 되는 것이다. 즉 생각하고 행위가 따로 불리 되어 행해지는 단계성이 있는 것이 아니라는 것이다. 1. 자(子), 빅뱅 점 자는 욕, 색계와 무색계의 과일 덩어리 6족인 건괘를 다 해산시켜 은하수가 된 것으로 해탈의 자유로움이 되는 지점.	6. 술(戌), 해(亥) 결국 인과의 결과가 모인 궁이니 이 자리가 덩어리가 묶어져 해가 되는 것으로 나중에 물이 되어 흘러가게 된 것이 인광의 고실인 셈이다.

순서 16

주제
토정비결은 왜 하괘의 운세로만 돌아가는 것인가?

하괘 1, 2, 3효는 지구로 4효부터는 우주이기 때문에 인간은 지구에 사는 것이기에 하괘로만 변화하는 운명이라는 것이다.

중천건괘로 보면

　　상효, 2족, 은하단　　　—
　　5효, 3족, 우리 은하　　—
　　4효, 4족, 태양　　　　—
　　3효, 5족, 대기층　　　—
　　2효, 6족, 비구름　　　—
　　초효, 7족, 산　　　　　—

여섯 개의 단추에 양이면(━)인 단추이고 (--)이면 단추 구멍인 것이고, 단추 하나마다 허리를 두른 때인 것으로 보면 여섯 개의 띠를 조은 듯이 단추를 채운 것이다.

효 하나에 1순(旬)인 10으로 십진법으로 육효가 진행하는 것이니 60일이 된다. 또한 상효 광합성의 당으로서 뿌리혹박테리아인 초효 중간의가 통로를 만들어 주어 뿌리를 넓힌 것으로 원소 주기율적 상하 통로를 구상할 수 있다.

지천태괘로 보면

- --
- --
- --
- ━
- ━
- ━

중천건괘로 보면 3족이 지구의 대기권에 드는 것이고, 땅과 대기권 사이에 비구름이 있으니 실제 물이 되는 6족인 것이다. 그 비구름 아래 산꼭대기가 7족으로 대고원이 8족인 것이다. 이는 아래 땅과 같은 것으로 지천태괘로 보아도 효의 위치는 중천괘와 같다.

		2, 곤궁 이 곤궁과 손궁이 항아리 입인 것으로 입안에 사리처럼 남는 것이 당이다. 이 당은 곧 곤궁의 당인 것이고, 이는 곧 중궁의 당으로 핵심으로 자리 잡게 하는 것이다.
4, 손궁. 구경(口徑) 광합성 = 화생토(火生土)하여 당을 생성함.	9. 이궁, 뚜껑 열린 항아리. 당도 산화되어 타버림.	팽창이 빅뱅으로 돌아가지 못하는 것이니 중성자로 돌아가는데 이것이 곧 2 곤궁의 토가 5 중궁의 토로 되어 중성자성이 되는 것이고, 중궁이 토가 되는 것이다. 그리고 생물이 죽으면 땅에 묻히거나, 봉분으로서 무너진다. 이는 당인 미(未)가 딱딱한 것에서 미생물과 접하는 4까지 역순으로 입술을 적시면 결국 돌고 돌아 바닥까지 내려가는 것에서, 결국 이 미생물은 뿌리까지 역순으로 물을 쫓아 차분한 정서로서 순환하는 것이니, 뿌리 박테리아에 저장되는 믿음에 좋은 먹이 감이 쌓이는 것이다.
내면으로서의 당의 역순, 전기장.	5, 10. 이 중궁의 당은 곧 곤궁의 당이 모여 자신만의 저장을 갖는 당인 것이니 이는 사탕수수의 몸 기둥이 다 당이듯이 중심이 되는 당인 것이고 이는 기둥 심지로서 뿌리와 머리의 중간저적 중심역할을 한다. 만일 팽창이 빅뱅 점으로 돌아가는 것에서 하나의 점으로 돌아가지 못하고 산재된 점으로 각기 말아가는 별들이라는 것에서 그 별마다 스스로 독립적 중궁이 되는 것이다. 이는 하나의 빅뱅 점인 것이 별들로로 산	외적 형태로서의 과일이 땅에 처진 상의 역순. 중력장.

	재된 빅뱅의 여력이 새끼를 친 것이 되는 것이다. 즉 별의 생성이란 수학적이고 물리적으로 보면 중궁이 무한이 생기는 것과 같은 것이다. 이는 곧 내가 구궁도를 하나 만들면 곧 별 하나를 만드는 것이니 이 별이 중심이 되어 인문학을 볼 수 있는 공식은 수학적 공식과 같다. 즉 중궁인 5가 생기지 않는 것은 오직 1인 수소 은하수에 2인 헬륨이 존재하지 않는 것이 된다. 이렇게 중궁이 자리 잡지 못하면 광합성이 당을 만드는 구조가 아닌 것이 된다. 당이란 중궁인 땅인 것이고 헬륨인 것이다. 결국 광합성이 없었으니 당이 없는 것이라 당이 중심인 것으로 뿌리까지 내려가지 못하면 뿌리혹박테리아의 당은 미생물을 먹이지 못하는 순환 장애의 섭리가 발생한다. 즉 핵융합에 의해 헬륨이 형성이 되는 것이 중궁이 곧 별의 탄생지가 되는 것으로서 핵융합의 별이 곧 헬륨을 쌓는 것이어서 약하든 강하든 자신이 주축이 되는 것의 구심력이 있게 되는 것에서 그 상황의 핵심의 양성자보다는 중성자인 것처럼 미약해 보이는 것이다. 그런데 우주적으로 확대해 보면 중성자 별이어야 중성자가 아니고, 핵융합 하는 별은 어떤 별이든 중성자인 것이다.	
8족의 박테리아는 곧 임신의 태반인 것으로 중요한	1 감궁. 기문의 홍국(洪局)은 중궁에서 바로 감궁으로	

인간에게 천기(天氣)누설은 아무것도 아니다. 문제는

것이다. 우리가 흙이라는 것은 미생물이 살아난 것에서 흙에서 자라는 것인데 이는 태반이라고 하는 것에서 생문으로 하는 것이다.	순서가 이어진다. 즉 9에서 10인 중궁으로 해서 다시 감궁으로 직하로 이르는 것인데, 이러한 길을 타고 내려오는 것이 광합성의 당이 항아리 입구에 붙었다가 중궁으로 내려와 다시 뿌리까지 내려가는 나무 기둥형 항아리와 같은 것으로 타고 내려온 것이 되는 것이다. 이것이 자(子)인 꼬리 부분은 물결과 같고, 7간궁에 합이 된 것이 엉덩이인 것이고, 반석인 뿌리혹박테리아인 것으로 미생물의 당이 되도록 온 상이 되는 것이다.	

무색계와 욕계의 환원성 나무 한 그루

색계의 기형.		무색계, 미(未)는 정귀(井鬼)로서 무색계 샘물, 이 샘물을 먹으면 역순으로.
색계. 색계의 탁, 함.		무색계, 공중비행 중에도 허공이 생겨 갑자기 낙차가 생기는 곳. 중력에서의 편차.
욕계 무색계 샘물을 미(未) 곤궁에서 먹으면 간궁인 측에서 기형이 되어 추해짐. 그래도 단물에의 의지가 광합성을 쫓아감.	소프트웨어와 하드웨어의 경계를 물렁하게 하여 스며들 수 있음.	무색계, 33천의 굴레가 다보임. 소프트웨어와 하드웨어의 경계, 둥근 과일, 둥근 우주 33천, 둥근 거울

도자기형 광합성

진(辰), 사(巳) 어깨 도자기의 어깨 부분 넝쿨이 나무 위에 올라 꽃이 우거진 상.	오(午) 꼭대기, 태풍의 눈처럼 속이 비어 있는 것이 오인 것이고 여기서의 광합성이 미인 당(糖)으로 꺾여 미, 오, 사, 진 묘, 인 역순으로 회오리 눈의 허공을 타고 내려가는 허공점 ↓ 오 미 합=0	미(未), 신(申) 어깨 도자기의 어깨 부분. ← 미의 합이 오이나 당이 쌓이지 않고 아래로 당이 내려감. 왜 사문인가 하는 것은 당이 땅인 것인데 오미 합하여 허공으로 빠지니 당이 당의 구실을 못 하고 결

	허공 오(午)인 꼭대기에는 쌓이지 못하는 밑 빠진 독. 아래 허공으로 빠지는 것으로 중궁을 관으로 내리막길인 나무기둥 같은 것.	과적으로 뿌리가 뻗은 자까지 떨어져 축과 합해당이 되어 박테이라로서 미생물의 양식이 되는 것인가.
묘(卯), 도자기의 허리부분, 상하 통로의 중간 부분 당의 연결 부위, 당의 역순으로 꼭대기 당이 뿌리로 가는 통로.	↓ 미당의 축당으로의 통로 중간 중궁의 나무 기둥	유(酉), 도자기의 허리 부위 계곡 사이에 열매가 붙어 있는 형상.
축(丑), 인(寅) 당 축적 축당(丑糖)은 자와 합으로 당이 되는 것. 즉 광합성 위의 미당(未糖)이 오미합의 당이 되지 못 하고 회오리의 입이 되는 것에서 바닥의 당으로 내려와 미생물의 먹이가 되는 것으로 기문으로는 생문이 되는 것이다.	← 자(子) 뿌리 부분. 바닥에서 축으로 화살표 이동의 합으로서의 당화. 꼭대기의 당이 자인 바닥까지 내려와 축과 합이 되어 뿌리혹박테리아가 되는 것으로 자축합=토인 것으로 당이 쌓임.	술(戌), 해(亥) 땅에 떨어진 과일 당(糖). 즉 나무 밖의 하늘의 땅과 맞닿은 공간, 즉 과일이 아래로 땅에 닿은 공간 마치 수박에 땅에 놓인 공간 또한 열매가 수면에 놓인 것이다.

※화살표는 당의 이동경로

제2장

쿼크가 잉태할 때

순서	주제
17	쿼크가 쿼크를 잉태할 때

소성괘 괘가 하나의 효를 갖는 것만으로 효 하나를 잉태한 것이 쿼크가 쿼크를 잉태한 것이다. 즉 효 하나도 시초 세 번의 과정이 효 하나가 세 개로서 소성괘를 이루는 것과 소성괘 하나가 효 하나의 태아를 이룰 수 있고, 대성괘 하나, 소성괘 하나를 임신할 수 있는 것과 같다.

즉 대성괘도 쿼크지만 효 하나에도 소성괘와 같이 세 번의 시초 분할이 있는 것으로서 세 개의 효로 소성괘 하나가 되어 소성괘의 몸으로 어미로 할 쿼크일 때, 하나의 효는 태아인 것이다. 그러므로 쿼크가 되는 것 즉 같은 쿼크에 속하는 중에 어미는 양성자에 속하면 태아는 중성자에 속하는 상대성이다. 마치 맵시 쿼크가 양성자인 것이면 어미인 것이고 상대적으로 기묘 쿼크면 자궁의 태아를 의미한다.

맵시 쿼크는 육효의 허리 부분이고 기묘 쿼크도 허리 부분으로 인간은 허리 부분으로 날씬한 맵시를 자랑하는 것이다. 또한 임신을 함으로서 기묘함을 갖는다. 즉 3과 4효가 허리인 것으로 맵시의 허리로 여자는 꽃 같은 향기를 갖는 것이고 언제가 처자와 같은 멋이다. 그런데 기묘 또한 그 가는 허리와 아담함에서 자식을 잉태하는 어머니는 그 가치를 비할 바가 없다.

미학이란 날씬해야 좋은 듯이 맵시 쿼크의 미학이 서구적인 것에 반해 아이를 잘 가지는 튼튼한 뱃살만으로도 기묘의 쿼크인 임산부를 바라보면서 탄생의 경외감을 가지는 위대함의 미학을 동시에 볼 줄 알아야 한다.

 전자는 왜 거꾸로 흐르는가. 그것은 마치 어미가 새끼를 밖으로 낳는 것과 같다. 양효(一)는 원(圓), 음효(--)는 원 안의 두 개의 원이 물린 톱니가 앞과 뒤가 있다. 톱니가 물려 돌면 앞으로 나가는 쪽과 뒤로 들어오는 쪽이 있다. 이것이 두 개의 원이 하나의 원 굴레로 나아가 반으로 갈라지면 양쪽의 스핀이 된다. 그러면 회전이 되지 못한다.
 그러려면 이 두 개의 원이 극을 교대해야 하는 것인데 그 교대로 당기고 밀고 하는 것이다. 즉 양은 일방적으로 도는 것이니 마치 DNA도 일방적으로 뻗는 것이다. 그리고 한쪽으로 도는 것이니 DNA도 한 쪽으로 꼬이게 되어 있다. 그 꼬이는 중에 양쪽의 오탄당이라는 것은 곧 두 개의 원이고 이는 DNA쌍으로 봐서는 두 개의 스핀이 된다.
 두 개의 원이 생기면 음과 양이 생기는데 하나의 원 안에 두 개의 원이 생겼을 때 하나의 원에는 양쪽의 스핀이 생기는 것이다. 즉 큰 원은 반쪽이 물려 있어 돌지 않을 것 같으나 작은 원에 의해 일방적으로 돌고 있어 그 스핀의 포화 상태를 해소한다. 그

해소는 방전이 아니면 축적이 되는 것이다.

작은 두 개의 원은 음양이 생겨 톱니가 물리게 되어 있는 것에서 음과 양이 같이 축적이 되는데 나중에 하나의 원이 회전을 없애면 이 안의 음양이 전자기를 풀어 밖의 원을 일방적으로 돌린다는 것이다.

즉 큰 원 안의 스핀이 갖는 적체는 결국 안의 두 개의 원에 의해 돌아가며 해소가 된다. 이는 곧 거꾸로 하면 두 개의 원이 일방적으로 늘린 길이의 축적은 줄어드는 만큼 다시 하나의 원을 돌리는 것이 되는 것이고 스핀이던 것이 임신이 되어 에너지 축적으로 바뀌는 것이다.

하나의 원은 양효(−)인 기호인 것이고, 두 개의 원은 음효(--)인 기호이다. 원동기의 정류자도 음인 음효(--)인 것으로 갈라진 스핀의 형태인데 전기를 생상한다. 이것은 이 음효(--)의 임신에 의한 충전에서 비롯됨인 것이고 본래 양효(−)은 오고 감이 없는 하나의 원이요 점이다.

결국 원만의 두 개의 원이 음과 양으로 저축하는 실뭉치, 즉 전자 파장이 감긴 섬유성이 부푼 에너지 뭉치가 저장되는 원리다. 곧 음효(--)의 빨아들이고 미는 연속성의 시간의 섬유성이라는 것인데, 결국 하나의 원 안에 두 개의 원에 의해 시간이 있는 것이니 시간은 가지 않는다. 그 안에 음효가 생기니 임신을 한다는 것이니 곧 음효는 헬륨인 2인 것이고 양효는 수소 1인 것이다.

공간은 1인 것이고 시간은 1/2 두 개 즉 반반이 서로 밀고 당기는 것에서 전자기장의 축적성에 의해 시간의 양이라고 해야 할 것이다.

순서	주제
19	양성자, 중성자 합한 핵의 강력에도 서로가 관계를 갖는 것

  눈 깜박할 사이에 일어나는 사이를 보자면, 내가 시초를 세 번 움직이는 사이가 짧지만 그 짧은 사이가 임신기간이라고 할 때 그러면 세 번이 완성되기 하나의 효가 완성되기까지는 효 하나가 미완되는 것으로 본다. 이 미완의 달이 차기까지는 어떤 나쁜 것도 보지 말아야 한다.

  그리고 이 효 하나가 태아일 때 세 개의 효가 소성괘인 것은 곧 어미이다. 소성괘는 어미의 환경을 말한다. 소성괘인 어미의 유전성이나 환경이 그대로 태아의 일부가 되어 태어나도 그 유전성을 안고 태어나는 것에서 어떤 변화를 볼 수 있다. 괘상은 좋지 않으나 효와 효가 잘 합하면 환경은 좋지 않아도 아이는 자연 좋은 인연으로 잘 자란다. 만일 본괘가 나쁜 환경인데 변괘는 좋은 것이면 아이를 낳음으로서 환경이 달라진다. 즉 소성괘를 이루는 중의 효상의 변화는 곧 괘상의 환경과 함께 같다.

  이는 괘상 중에 하나의 효가 된다. 그 괘상의 유전이 그대로 있는 것에서 하나의 자궁에 들어가는 형국이다. 만일 그 진행 중에서 짐승을 잡아먹으면 그 짐승의 기운은 자궁에 쉽게 빨려 들어간다. 이를 난자의 진공성 흡입력이라 한다.

순서	주제
20	하루가 쿼크의 균형에서 피로도를 나타낸다

　쿼크 전체의 24시간 중에 1/3인 8시간을 일하는 시간이다. 세 개의 쿼크 중에 하나의 쿼크에 속하는 일하는 시간이고, 그 부분이 여섯 개의 쿼크로 나누면 4시간으로 분할된다. 또한 일하는 시간을 반으로 줄여 네 시간으로 하는 것, 그로서 세 개의 쿼크를 여섯 개의 쿼크로 반할 수 있는 일상을 취하여 균형을 맞춘다.

　또한 하루에 8시간을 자야하는 것도 1/3이 되는 것의 쿼크 상의 배속인 것에, 여기에 반인 4시간으로 할 수 있는 수면 시간을 줄이는 것으로 과로가 될 수 있다.

　여가를 즐길 수 있는 1/3인 쿼크의 배속성의 8시간을 4시간으로 줄여 알리바이를 늘리든가, 수면에 더 할애할 수도 있다. 이런 일상의 조각으로 짜깁기하는 것도 다 쿼크의 강력 사이의 상대성으로 펼친 망 위에 있고 그 위에도 조각품이 있다는 것이다.

　이는 전자기력이 약력보다 길진 우주성에서 일상성이 들어 있다는 것이다. 만일 이러한 핵력을 양력과 전자기력으로 펼치면 이는 마치 원자를 분자로 펼쳐 양자를 원소 주기율로 늘려 놓은 것과 같다.

　이는 곧 블랙홀의 바닥에도 세상이 있듯 강력의 바다에도 이런 일상성이 있다. 이것이 핵융합으로 사방을 열어 원소 주기율 판의 분자로 얽히게 해도 결국 빅뱅 점에 있는 세계가 분자 구조로 부풀려 세상을 여는 것이다.

　우리는 쿼크의 강력에 있는 구도의 빅뱅 점에 사는 것에서 하루의 확장판으로 사는 것과 같다. 이는 곧 하루의 균형이 빅뱅 점에 있는 강력에 세 분할의 금이 간 쿼크에 있다는 것과 같다.

　하루하루의 균형이 곧 쿼크의 균형을 맞추어 살아야 된다는 것과 같다. 또한 1/2로서의 낮과 1/2로서의 밤으로 아침과 저녁인 것으로 1/2이 분기점이 된다.

　이 세 등분의 정삼각형의 원주 안에서의 경도에 따라 누구는 철야작업의 중성자 쿼크에 2/3에 치우치는 것, 어떤 자는 밤마다 흥청대는 것으로 2/3가 어우러진 것이 쿼크와 같은 물리적 치우침의 숙명조차 과학화한 것에서 원인의 길을 물리적인 길로 해석이 될 수 있다. 그래야 과학을 인문학적으로 극복되었다고 할 것이다.

　이런 쿼크 중에 뜨는 시점과 지는 시점이 6시를 중앙으로 하는 것의 귀인인 것, 곧 을목(乙木)이면 서북쪽인 해시(亥時)가 을목의 장생지이다. 이는 천을의 장생지로 시작이 되는 양귀인 것이고 사시(巳時)는 지는 해의 장생지가 된다.

　즉 중간의 묘(卯)가 인간이나 신이 살기 좋은 웜 홀[1])과 같은 것인 봄이다. 이는 곧 천을 귀인이 묘목 을(乙)에 해당된다. 그래서 땅의 을이나 하늘의 을은 같은 위치상으로 보면 동쪽이다. 그러면 양귀인은 양성자이고 음귀인은 중성자로 낮은 양성자이다.

　밤은 중성자이다. 그런데 낮은 쿼크가 업과 탑과 차밍이 되는 것이고, 밤은 다운 쿼크와 바닥 쿼크와 기묘 쿼크가 된다.

---

1) 블랙홀(black hole)과 화이트홀(white hole)로 연결된 우주 내의 통로.

순서	주제
21	진공(眞空)과 절로공망(截路空亡)의 차이점

 진공은 지지(地支)공망을 말하고, 절로공망은 천간(天干) 공망을 말한다. 또한 절로공망은 바닷물이 사해를 덮은 것을 말하고 지지공망은 달로 인해서 밀물과 썰물의 폭을 말하는 것이다.

 달은 12달을 돌고, 그것은 지구 자전이 10인 것인데 이는 지구를 8방으로 한 바퀴로 하는 것에서 중앙은 시작과 끝이 반반으로 상하의 축이 된다.

 이것은 건과 곤이 반반으로 붙들어 10이 밀착이 되는 것, 즉 중앙은 정류자의 반반이 갈라진 것이 회전의 중심된다. 다만 1족은 심인 것이고 2족은 정류자이다. 이 정류자로 돌면 이 갈라진 틈 사이가 배가 부푼 것이 되니 이것이 3족인 이허중(離虛中)이라고 한다. 또한 이것을 진공이라고 하고 이는 곧 팔괘의 진공이라고 한다.

 이 팔괘의 진공이 핵인 것에서 언저리 부분인 바다인 것으로 절로공망이다. 이 절로공망인 바다. 즉 자궁의 양수에 12지 공망이 오면 10에 12는 느슨하면서 밀물과 썰물의 관계를 뺀 10달의 지구자전에 방생이 된다. 회전 중앙의 상하는 반반이다. 이 구궁의 중앙이 염색체 쌍의 끝이 갈라지는 것을 말하는 것이다.

 즉 이 쌍의 머리가 곧 중궁에 5가 바닥이요 10인 뚜껑인 것으로 천복지재가 되는 것이라 상하로 하는 붉은 머리 부분이라는

인간에게 천기(天氣)누설은 아무것도 아니다. 문제는

것이다. 이는 6건궁이 염색체가 붙은 것으로 돌출하는 것이고 아기도 머리가 먼저 나오는 것이 합리적이다. 이건 6에서 태 7로 이어지면 염색체의 끝이 갈라진다. 즉 염색체의 갈라지는 천체물리적 원인과도 밀접하다.

순서	주제
22	수소의 바다에 태양이나 행성은 은하수에 배가 떠 있는 것 같아 복부를 배라고 하는 것이다

수소와 헬륨의 밸런스가 은하수에 우주선이 떠 있는 밸런스와 같다. 천간 한 바퀴가 10간인 것이고, 지지 한 바퀴가 12지인 차이에서 두 개의 지지 공이 있고, 두 개의 천간공망인 절로공망이라는 것이 있다.

보통 하나의 핵이 된 상태의 중력권을 1인 것으로 한다. 이는 수소족과 헬륨족은 강력한 양성자 중성자 결합으로 핵이 된 것으로 1로 할 때 중력이 형성된 것으로 하고 헬륨이 벽을 이뤄 수소가 들어오지 못하는 것을 말한다.

이 벽 밖에서 다시 결합하여 수소가 살아나니 이는 수소족이 다시 탄생하면서 주기율의 1막이 늘어난다. 그러면 주기율이 늘어난다는 것은 곧 중력의 벽이 겹겹이라는 것이고 헬륨의 두께도 겹겹이 된다.

순서	주제
23	건괘에는 갑의 우주 항해가 있는 것에서 우주상의 배가 되는 것이다

건괘의 납갑	곤괘의 납갑
임술 −	계사 --
임신 −	계미 --
임오 −	계유 --
갑진 −	을묘 --
갑인 −	을사 --
갑자 −	을미 --

건괘의 하괘는 갑이고 상괘는 임이 납갑인 것이 다르고, 건괘인 하괘는 을이고 상괘는 계인 것이 다르다. 태괘로 보면 상하 모두가 같은 정이라는 납갑이라는 것이다. 이는 건곤을 뺀 다른 모든 괘는 상하괘가 같은 납갑이다.

곧 갑의 기운이 반인 것이고 을의 기운도 반이라는 것이다. 이는 반만 취하는 것에서 오직 건곤만이 반반 취한다는 것으로 쌍이 반으로 갈라진 형상이다.

이러한 구조는 원소 1주기율이 반반인 1/2을 취한다는 것으로서 곧 임과 계는 은하수를 담은 것으로서 반으로 하고 갑과 을은 그 위에 떠 있는 갑과 을인 것이다. 결국 은하수는 0인 것으로서 하면 갑과 을만이 1/2씩 나누는 것이니 반반으로 한다.

즉 원소 1주기율은 반정수라고 하고 완전히 정수가 되려면 2주

인간에게 천기(天氣)누설은 아무것도 아니다. 문제는

기율인 전형원소가 되어야 수리 진행인 1 더하기 1인 것이 된다. 그러니 태괘는 2주기율인 것이라 상하를 더해 같은 납갑인 정이 되는 것이니 1인 정수가 되고 나머지 주기율도 다 1의 정수로서 진행이 된다.

 정미 ╌
 정유 ─
 정해 ─
 정축 ╌
 정묘 ─
 정사 ─

 건이나 곤 두 괘의 대성괘는 하나지만 납갑(納甲)의 반만으로 상하괘가 다르다. 즉 건괘이면 한결같은 갑이어야 하는 납갑이나 반인 하괘는 임(壬)이 대치되는 것이다. 전부 갑이어야 하는 것에 갑목과 임수의 수생목하는 결합은 강력한 양성자라면 여기에 곤인 을이 계수와 합하여 강력한 중성자가 된다. 즉 전부여야 하는 것에서 상대적으로 떨어질 수 없는 반반의 핵인 것이다.
 그 비율의 합은 어느 것이 크고 장고할 것이 반반이 다 미쳐 있는 것이다. 이는 곧 여기서부터 유전공학적 출발점이 되므로 중요한 것이다.
 여자는 작아도 무게가 늘어나는 임신하는 것에서 엄청 늘어나는 중성자성의 음(陰)인 것이고 남자는 크다고 해봐야 여자처럼 자궁으로 중량을 늘리지는 못한다.

자식의 증가란 중성자적 질량의 증가를 말한다. 그러므로 양성자적 파장의 꼬리는 겨울잠을 자게 하는 것과 같다. 중성자인 여자가 없으면 양성자를 낳을 수 없다. 성인의 몸이 성인의 몸으로 낳을 수 없는 것이다.

중성자의 무게를 치우치다가 다시 양성자로 태어난다. 양성자와 중성자의 차이는 어미와 태아의 차이이다. 이는 태양을 도는 궤도가 달이 도는 궤도로 함축되어진 것이 중성자인 여자이고 난자이다. 즉 양성자에서 중성자로 마치 감수분열의 원리가 여기서 시작이 되는 물리성인 것이다.

건괘와 곤괘는 감수분열을 하는 것이니 상하괘 납음이 하나로 같지 않고 반반으로 건과 곤이 각자 도생한다. 갑(甲)은 반으로서 반인 임(壬)에 뿌리를 박아 양성자가 반으로 줄어 자라는 것이고, 을(乙)은 계(癸)에 뿌리를 박아 중성자로서 반이 되어 반의 물로 자란다.

임수는 은하수인 것으로 한다. 이 은하에 물이 있을 수 있는 것이 H_2가 은하수인 것에서 O를 잡아 물이 되어도, 우주의 H_2로 잡아 지상의 밖으로 풍선에 매달린 듯이 할 수 있기 때문이다.

그리고 지구에 가까워질수록 O의 무게감이 있는 것이니 O따라 H_2가 끌려오면서 물이 중력의 밀도를 더해 물이 은하수보다 농밀해진 것이 될 수 있다.

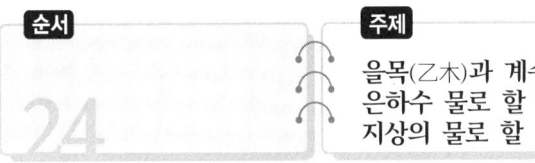

**을목(乙木)과 계수(癸水) 결합을
은하수 물로 할 것이냐
지상의 물로 할 것이냐**

왜 은하수 물인 수소가 지상의 물인 H_2O로 농밀해졌을까?

수소 = 양성자물,

6족인 산소 = 중성자물,

6족인 산소가 수소를 끌어들이는 중력, 즉 중성자적 질량의 장력이면 수소 2를 끌어들여 H_2O를 만들 수 있다. 그래서 양성자물인 수소보다 중성자물인 H_2O 중에 산소 O가 헬륨에 가까운 중성자성을 띠는 것이니 행성의 물은 중성자물이라는 것의 무게로서 은하수보다 진하다는 의미이다.

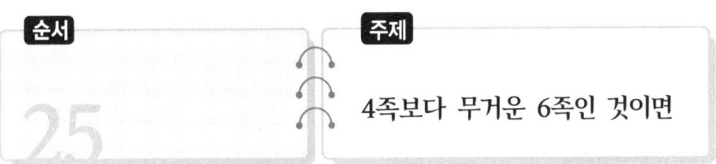

4족보다 무거운 6족인 것이면

H_2라는 은하수로 O를 잡아 우주에도 물이 있게 할 수 있을까?

우주는 음이온인 것에 지상의 물인 이온 산소가 헬륨족의 중력을 상실함으로서 마치 행성이 없어지고 찌꺼기만 빠지고 물만 남으니 우주에서 버틸 수 있다. 즉 우주의 은하수로 흐를 수 있지 않나 하는 것이다. 알밤은 빠져도 껍질은 남을 수 있는 것처럼 이

것이 은하수에 노 저을 수 있는 길이 아닌가 한다. 그러면 알밤이 중성자로서 빠진 중에 중성자 껍질의 중력이 프라즈마 형성에 은하수에 가라앉지 않는 잠수함과 같은 것으로 하여 헬륨족이 없다면 이온 합인 베릴륨이 더욱 강하게 이온을 공중에 버티게 하는 것일 수 있다.

또한 수소만으로도 우주에는 잠기게 할 수 있다. 하지만 침몰 아닌 유동성인 것에서 물은 H_2가 아니라 사방팔방인 수소인 것의 물인 것에서 O는 붙들린다. 즉 H의 밀도보다 O의 밀도가 더 지상에 붙은 대기가 되는 것이다. 질소보다 산소가 지구상으로는 가벼운 것은 이런 산소의 이온성 때문이다.

마치 비가 구름에 붙들리는 것도 이온이듯이 하늘에 붙들리는 형상에서 물이지만 바다 위와 같은 것으로 우주에서 물이 쏟아져 바다가 된 이치는 물리적이기 때문에 더 명료해진다.

순서 26 · 주제 하늘을 중심으로 지구를 보는 것과 땅을 중심으로 하늘을 보는 것의 차이

갑(甲)과 임(壬)은 하늘의 은하수에 뜬 나무인 것에서 양성자적이면 을목(乙木)과 계수(癸水) 결합 또한 중성자이다. 그러므로 지상의 물로 할 수 있는 것과, 지구를 중심으로 증성자인 것에서 하늘을 보면, 갑목 임수는 바닷물이고, 계수를 이슬로 보는 것이다.

그리고 갑목이 소진된 양(量)은 양성자의 소진으로 보는 것이고, 이 소진이 반인 것이면 더 이상 반감이 되지 않기 위해 임수가 반으로서 보태 충족하여 자라게 한다. 이것이 곧 중성자를 치고 다시 오르는 건금(乾金)인 양성자 하늘이다.

을은 이 양성자가 소진된 만큼 중성자를 이룬 것으로 을목(乙木)으로 하는 것에서 융합의 연료가 줄었다는 것이지 사라졌다는 뜻은 아니다. 즉 반갑일 때 건이 곤이 되었다는 것이다.

서로 질량과 에너지의 대칭으로 반반으로 하는 것이니, 크고 작음과 상관없는 상대성의 경력한 밀착을 갖고 있다는 것이다. 즉 장작보다 숯의 양이 작다고 해서 서로의 작용이 1:1이 아니라고 할 수 없다. 왜냐하면 장작이 숯으로 돌아가는 것은 그 과정의 중간은 1:1이기 때문이다.

그리고 남녀가 다르다고 하나 장작은 양성자이고 숯은 중성자이다. 같이 불타면 어느 쪽의 불이냐는 의미가 없다. 앞에 숯인 중성자를 수컷인 남자로서 어원을 같은 것으로 본 것은 곤은 땅이다. 그러므로 인간을 의미하고 건은 인간보다는 신으로 태양 같은 수소 융합에서나 가능한 양기를 가지는 것이다. 인간은 어미의 땅에서 태어나 굽기는 정도이니 을을 인간으로 본다.

인간은 한 번 굽긴 것에서 다시 타는 것이라 수컷이 숯이라는 것에서 숯은 타면 다시 숯이 되지 않으니 죽은 거시기가 된다. 그리고 아궁이와 솥은 같이 다는 것이니 같이 열을 올리는 것으로 보는 것이다.

순서	주제
27	1주기율이 사람인 것에서의 남녀 관계

    수소와 헬륨의 차이는 남녀 크기의 차이일 뿐 원소 주기율의 원소는 그 차이 안에서 반반으로 쿼크가 일어난다. 2, 3, 4주기율이 양성자 쿼크이고, 5, 6, 7주기율이 중성자 쿼크이다.

    이도 인체의 RNA 효소 작용에도 똑같이 적용이 되어 만물이 이뤄지는 것이 남녀가 만나는 인문화가 다 영적으로 해석이 되는 것이다.

    또한 남자가 여자보다 큰 것은 수소여서가 아니고 곧 정자는 수소의 파장성이기 때문에 난자보다 작을 수밖에 없다. 그런데 수컷의 덩치가 큰 것은 핵융합시 네 개의 원자로 구성된 몸이기 때문이다. 그러면 헬륨은 이 네 개의 덩치보다 소모된 것이니 여자의 몸이 작게 형성되고 이 중성자는 자궁처럼 빈 것이니 반사성인 것으로 태어나게 한다.

    중성자가 다시 빛을 내면 양성자와 같은 덩치가 되는 것인데, 이 덩치는 중성자의 결합이기 때문에 덩치는 작아도 핵펀치가 될 것이다.

순서	주제
28	동물이 꼬리를 친다는 것은 임계(壬癸) 수(水)의 물결인 것이다

    순의 꼬리는 천간 임계가 동시적으로 있다고 해야 한다. 즉 순의 꼬리를 지나면 허공인데 이 꼬리를 잡고 머리가 들어오는 것이 태아의 머리가 있는 자궁이라는 것이다.

    이 자궁은 몸의 꼬리 부분에 있다. 당연히 순의 꼬리 부분을 물고 순의 머리가 허공중에 든 것이다. 그러니 꼬리를 흔든다는 것은 임계 수가 물결치는 형상이라고 하는 것이다.

    이 결합이 수생목하는 것으로 강력하다는 것을 의미한다. 즉 양목인 갑이 빛으로 소진되고 나머지가 을목이다. 이 또한 마치 숯이어도 독자적일 때는 1인자이나 이는 중성자끼리 융합하면 양성자인 것과 같아 2인자인 것으로 강력하다.

    양성자와 중성자를 논할 때 이 건곤의 갑을(甲乙) 구조를 잘 알아야 한다. 그런데 갑을은 어떻게 나타나는 것인가? 바로 순(旬)의 머리로서 나타난다. 즉 갑을은 공망 뒤에 그 허공성에서 나타난다.

    공망이 두 개 뿐이라고 작다 하지 말아야 한다. 마치 지구 땅이 크다 해도 그 중에 1/6만의 시야가 트여도 천체가 얼마나 넓은가와 같은 것이 곧 공망의 허공이다. 그러므로 날들이 가는 중에 순(旬)의 머리로서 갑(甲)이 되는데 이 순(旬)머리는 앞 순의 꼬리에서 일찍이 물린 것이 아니라 이미 허공중인 것에서 들어와 물린 것이다. 12달의 자궁은 이 허공중을 차고 들어온 것이니 이 또한 허공인 자궁에 임신으로 들어오는 것이다.

허공중의 갑이 자궁의 양수를 잡고 보니 공망이 벗겨진 갑머리로 틀어 앉은 것이다.

수소 족이 10간(干)이 꽉 조이는 지지 구슬과 같고 달은 2개를 더한 허공으로 정자인 수소를 들게 하고 그 허공중에 낚이는 수소가 천간 임계 수인 양수에 낚이는 것이다.

그러면 이 12지지 중에 2개의 공망이 있다. 이것이 곧 구슬에 금이 간 것을 말하는 것이고 틈이 갈라진 것이 공망이다. 이는 완전히 가둬진 허공성이 아니니 공망이라고 하지 않고 원소 2족인 태택괘(兌澤卦)를 의미한다. 그러나 정자를 잡아 자궁이 부푸는 것이면 이는 3족인 이허중에 있다는 것이 된다.

여기까지는 선천수도 개입을 못하는 은하수로 원소 4족인 유기체의 발길질이 시작되면 이때부터는 수소 4개가 핵융합을 하여 덩치를 키우는데, 이 공망을 1순으로 다 채우는 것으로 10달의 임신이 그 어느 동물보다 적절하다.

인간이 다른 짐승보다 생존율이 높다는 것은 이러한 물리적 합리성에의 적합성 때문이다. 즉 원소 3족까지는 공망인 것에서 4

인간에게 천기(天氣)누설은 아무것도 아니다. 문제는

족인 자기장의 바다에 갇히면 이는 물에 녹는다기보다 공기 방울로 치솟기 때문에 물과 상관이 없다. 다만 은하수는 지구의 물에 비해 허공성인 공망에 해당이 되기 때문에 이 지구권 밖이면 공기 방울이 거품처럼 모인다. 이것이 중력권이 될 수 있다.

이를 우주 회전 상태로 보면 수소족은 두 개의 음양이 붙어 있는 정류자와 같다. 정류자는 회전하는 것이고 자기장을 갖는 것이니 3족인 것까지의 핵이 둥글게 되는 것이다.

이 자기장이 공기방울로 유지되나 은하수보다는 가벼운 것이니 이 3족은 8족까지 거품처럼 두터워지는 흙이다. 이는 중력의 벽을 말하는 것으로 결국 중력의 벽은 땅처럼 받쳐줘 물에 빠지지 않게 하는 것과 같다. 즉 은하수의 중압에 진공의 힘이 공기방울의 이뤄 밀어내는 힘으로 받쳐 주는 힘을 중력의 힘이라는 것이다.

"영혼의 무게는 얼마나 될까?"의 질문에는 태양계 언저리의 중력권 위에 사는 태양계 언저리가 땅인 것에서 위에 태양 중력 밖에 사는 유기체는 과연 지상의 무게에는 얼마나 해당이 될까를 보면 된다.

원소 4족은 전자이고 원소 5족은 이 전자기장인 섬유성의 보푸

라기인 것이다. 이는 은하풍도 은하의 전자기장을 긁어 가루가 나오게 하면 은하수는 그 섬유성에 맞게 백색일 수도 있다. 바람은 5족인 것으로서 소화기로 보면 소장에 해당되는 것으로 가스를 유발한다.

그러나 이를 물로 잘 다스려 8단계를 순조롭게 하면 장이 튼튼해진다. 대장은 소장을 장생지로해서 발효가 유익하다. 보통 가을인 금을 발효식품이라고 한다. 이는 목이 산화를 억제하며 발효하기 때문이다. 그리고 유(酉)자의 형태는 곧 술병을 상징하는 것으로 발효식품인 술이 익어 묽은 것은 몸의 기분이 낙조에 취하는 듯이 하는 것이다.

신유(辛酉)면 백포도주, 정유(丁酉)면 적포도주 쯤 될까. 그러니 원소 3족은 하나의 세포인 것이 원소 8족이면 70조 개의 세포를 내 하나의 몸으로 1로 하는 것과 1:1의 관계라고 해도 태아와 나의 일대일의 평등에 있는 것과 같다.

이는 곧 태어나서가 아니라 태반에 정자가 붙을 때를 1수소로 하는 것에서 3족까지 배가 부르는 동안 양수가 차는 것으로 3족으로 한다. 또한 우주는 선천을 따지기 전에 원주에 있어 시작된다. 2족이면 이미 면이 되는 것이고 3족이면 입체인 것으로 3차원이 자연적으로 되는 것이다.

그러니 3족이 씨앗인 것에서 이 씨앗이 많은 열매를 맺어도 8족에 해당되는 것으로 멈추는 것이다. 이는 헬륨족의 굴레 이상 커지지 않는다. 이 헬륨족의 규모는 씨앗에서부터이니 씨앗인 3족은 단위의 최대치이고, 4족부터는 가지를 말하는 것으로 양의 배분은 4족부터 그 열매의 양이 된다. 결국 씨앗 하나가 3족인 것으로 하고 4족부터는 씨앗이 변하는 것이 아니라 가지가 다시 물을 필요로 6족이 된다.

이는 대장에 물이 차야 하는 것이고, 7족이 직장의 똥이 된다. 변이 산처럼 쌓이고 변비로 굳기 전에 피부인 6족이 상하지 않게 흙으로 돌아가는 것이다. 그리고 4와 5족이 발효가 심한 소장과 대장인 것이니 방귀의 온상이다.

3족은 씨앗 하나의 세포 하나가 되는 것이다. 4족은 뱃속에서 태아가 자라는 것으로서 세포분열이 일어난다. 이것이 그물망처럼 촘촘히 엮여 있어 자루 하나의 세포성으로 몸이 된 한그루의 나무에 달린 열매의 씨가 된다. 그러므로 3과 8족은 태아와 어른의 관계로서 평등하다. 씨앗인 3족은 선천수로 치지 않는 것은 태풍의 눈 밖은 헬륨인데 이 언저리와 같은 것이 태풍의 눈이다. 잎사귀가 말라 8족인 땅으로 돌아가도 다시 태풍의 눈에 고갱이가 난다. 고갱이 자리는 씨가 없어도 상관이 없는 것 같지만 고갱이는 땅속의 저장성을 먹으면서 자란다.

순서	주제
31	원소 3족의 고갱이가 4족이 에워싸는 것에서 자란다는 것

이는 핵융합이 4족의 상황인 것으로 하면 먼저 3족인 플라스마2) 상태를 만들어야 융합이 있다. 이는 중력에 막혀 수소가 들

---

2) 자유로이 운동하는 음양(陰陽)의 하전 입자(荷電粒子)가 중성 기체와 섞여 전체적으로는 전기적 중성인 상태. 기체 방전으로 인한 기체 분자의 전리 상태나 별의 내부, 별들 사이의 공간에

지 못해 융합을 못하더라도 이 벽이 융합의 온도를 가지기 때문에 그 벽 밖에서 연쇄적이다. 이것이 곧 씨앗이 벽을 유지하는 동안 융합의 새로운 뿌리를 만들어 자라게 할 수 있다. 또한 과살에 묻혀 있으나 그 속은 플라스마와 같은 융합과 분열의 촉매를 가지고 있다. 이는 열만의 플라스마로 융합할 수 있는 것보다 더 일상적인 방식으로 플라스마 씨앗을 만들 수 있다는 것이 된다.

우주는 태풍의 눈처럼 공망에서 일어나 공망으로 흩어지는 안식(眼識)을 생각해야 한다. 우주의 깊이는 지상처럼 선명하지 못한 것에서 아예 내적으로 가둬진 객관성이면 이는 곧, 몸은 우주이고 머리는 지상인 것으로 할 수 있다.

지구의 광물과 땅은 머리에 있는 이목구비로 노출이 되게 하는 것이고, 은하의 깊이는 몸에 숨겨진 오장으로 본다. 그리고 별은 자신이 주체인 것이다. 그러면 양성자로 이는 주기율의 몸으로 수소의 머리가 나오는 것으로서 나뭇가지가 껍질의 굴레에서 나온다. 그러니 속의 나이테에서 나오지 않는다는 것에서 보면, 매우 현 주기율의 헬륨에서 수소인 머리가 나와야 다음 주기율의 머리가 나오는 것으로 현 주기율의 몸이 빠져나온다.

두 주기율의 짝으로 보면 한 쪽은 잠겨 있고 한 쪽은 빠져 나온 것이다. 이런 현상은 물질에서 반물질계로 빠져나온 평행인가 하는 것이다.

음양의 사이가 남과 녀의 사이로 보면 이는 같은 공간에서 서로를 볼 수 있는 물질계의 반이다. 하지만 이를 물질계와 반물질계의 음양 짝인 것의 남녀가 있다면 이는 내가 모르는 평행에 다

있는 물질의 상태, 반도체 내의 전자와 양공(陽孔)의 집단 상태 따위이다.

른 짝이 있을 수 있다는 것에서 의심해 볼만하다.

즉 성세포는 두 번의 분열이라는 것이다. 이는 곧 원소 4족인 분열점에 네 조각의 가지가 붙으니 대나무 마디에 가지가 네 방향으로 날 수 있다. 양성자 2와 중성자 2의 상하로서 상으로 양성자로 뻗고 하로 중성자로 뻗을 수 있는 것이기도 하다.

대나무를 물에 던지면 드러눕는데 그래도 위이면 양성자이니 입이 나고 아래로는 수면아래 뿌리가 난다. 대나무의 같은 마디인데도 따로 난다는 것이다. 곧 나무는 전기를 말한다. 그만큼 전기는 음양에 민감하게 잘 기운다는 것이다.

그러면 성 세포의 두 번의 분열을 할 수 있다. 이것은 헬륨의 기능인 양성자 2개와 중성자 2개의 짝이 갈라지는 중에 다시 양성자 1개와 중성자 1개의 짝으로 갈라지게 되면 두 번이라는 것이다.

이는 체세포는 부모로서 만든 짝이고 성 세포는 부모의 짝에서 다시 나의 짝이 되는 것에서 네 개가 되는 것을 말한다. 즉 4족이 분열의 시작점이라는 것은 이런 부모와 나의 분열로서 보는 것에서다.

제3장

한글과 주기율

순서	주제
32	실질 상의 나인 양수와 거울상인 음수와의 짝

1과 6의 감궁과 건궁의 수의 짝
3과 8의 진궁과 간궁의 목의 짝
그리고 9와 4의 이궁과 손궁의 짝
2와 7의 곤궁과 태궁의 짝
그리고 5와 10의 궁궁의 짝

즉 양의 나에 음의 거울이 앞에 서 있는 것은 5중궁이 거울의 바닥인 것에서 다시 음으로 돌아온 곳이 바로 앞의 거울처럼 서 있다.

그 과정을 한글의 모음으로 설명이 되는 것은 ㅏ나 ㅓ나 ㅗ나 ㅜ나 이는 양으로 하는 것이고, ㅑ, ㅕ, ㅛ, ㅠ 등은 중궁을 지난 것이다. 즉 거울의 바닥을 지난 것에서 왔다. 그러니 반사된 거울 상이다.

이는 5에 반사되어 온 5인 것이니 10이다. 그래서 십진법의 시작이 되는 것은 곧 물질과 반물질이 함께 되는 것에서 10이 하나라는 것이 된다.

한글 모음이 10진법 안의 물질과 반물질의 경로를 유도하는 표식과 같은 것이다. 실상과 거울상이 단순한 변형이 아니라 이승과 저승의 관계로 나오면 존재의 연결은 이런 방식을 이해하지 못하면 어렵다.

4, ㅓ	9, ㅕ	2, ㅗ
3, ㅏ	5, 10 = ㅡ, ㅣ	7, ㅛ
8, ㅑ	1, ㅜ	6, ㅠ

그리고 후천수로 보면

4, ㅅㅈ	9, ㅊ	2, ㄴ,ㄷ,ㄹ
3, ㄱ		7, ㅌ
8, ㅋ	1, ㅁ,ㅂ	6, ㅍ

괘상으로 보면

ㅏ와 ㅑ는 입을 크게 벌리는 상으로 진손이다. ㅓ와 ㅕ는 불길이 부드럽게 갈이는 형상이 이와 곤의 상이다. ㅗ와 ㅛ는 옹기와 같이 오므린 형상으로 태와 건을 뜻한다. 마치 꽃이 오므려 닫힌 형상이 건인 것이다.

ㅜ와 ㅠ는 물방울이 아래로 맺히는 고드름과 같은 것이고, 입이 산처럼 부푸는 형상인 감과 간의 상이다. 즉 태궁인 ㅗ에 3이라는 숫자가 임하게 된다면 이는 3이라는 숫자가 ㄱ인 자음으로 모음궁이 ㅗ인 것이니 〈고〉자가 되는 형상이다.

이는 형상을 봐서 짐작하는 객관적 설정으로 월영도의 성씨를 찾는 법과는 다르다. 그리고 간방(間方)은 토(土)가 중심이니 헬륨의 위치와 같고 원소주기율에서 헬륨을 지난 다음 주기율은 ㅏ가 ㅑ가 되는 것과 같다.

ㅑ	ㅓ	ㅕ
ㅏ	ㅡ, ㅣ	ㅗ
ㅠ	ㅜ	ㅛ

순서 33

주제 기문(奇門) 홍국(洪局)의 수리 오행

　1과 6의 정자와 아기 머리의 성장 과정이다. 1은 정자의 머리라면 6은 아기의 머리이다. 달의 월줄성 양화(陽火) 7과 땅의 지열이 품고 있는 음화(陰火) 2의 상호 의지의 관계이다.

　10달과 백 년의 대운으로 결정짓는 자궁, 3과 8의 관계, 인간의 역동성 3은 장어와 같았을 때의 힘과 같은 것이다. 모래에 묻어 일어나게 하는 힘, 즉 자궁에 심어 일어나게 하는 힘으로서 일생을 낳게 한다.

　4와 9의 생수와 성수의 관계가 갖는 4는 나뭇가지에 매달린 과일인 금, 홍국은 10까지 중궁인 땅에 떨어진다. 그리고 두 개의 고환과 두 개의 난소로서 양성자 중성자가 되어야 남녀로 한다.

　그런 4이 융합에서 남녀가 결정된다. 그러면 제우스의 머리를 4로서 볼 것인가 하는 것이다. 즉 8은 헤라의 자궁이니 1족인 수소와의 상대성으로서 음과 양을 취하는 것은 구심은 양으로 원심은 음으로 한다.

70　인간에게 천기(天氣)누설은 아무것도 아니다. 문제는

구궁도는 구심을 토로 자궁을 의미하고 원심은 넓은 하늘이 트인 것이니 머리로 한다. 그러니 이목구비가 이를 통 털어 볼 수 있다. 그런데 하나로 보면 구심이 양이고 원심이 음인 것으로 외벽일 수 있는 것이기도 하다.

  음양의 관계가 태양에 지구가 도는 것과 같은데 지구가 양인가 음인가, 수소는 구심이 아니다. 빅뱅 또한 구심이 아닌 것이다.

  우리가 취하는 것은 빅뱅으로 흩어졌다는 가정 하에 그 티끌 하나인 수소를 기점으로 한다. 이 수소를 핵융합처럼 우두머리로 삼을 수 없는 것이 있다. 그래서 원소 4족인 제우스 신의 머리가 되는 것에서 탄생이라는 것인데, 여기서 양성자에 중성자가 생긴다. 이를 지구에 달과 같은 관계로 둘 수 있는 짝이 고환 두 개와 난소 두 개라는 융합물을 전자로 식히는 것이다.

  연국(煙局)은 9까지로 해서 중궁을 거치지 않고 바로 10이 감수궁으로 떨어지게 한 것이다. 즉 이궁의 9는 용해된 금이다. 그런데 감수궁으로 다시 떨어져 금이 물에 잠긴 해중금으로 한다.

  기문의 연국은 갑이 없어 10간이 9개밖에 없다. 그러니 갑은 건의 납갑이지만 기문의 본래 짝인 을도 없어야 한다. 하지만 을은 땅이니 기문으로 취하는 이치이다. 그리고 천문은 태을(太乙)이라고 한다. 그러면 하늘에 갑이 있어 태갑(太甲)이라고 해야 하는데 왜 태을인 것이 곤의 납갑으로 하늘이라고 하는 것도 생각해 봐야 한다.

  지리로서는 갑을 취하지 않는 이유와 을이 곤(坤)인 지리에만 있음에도 태을을 천문인 하늘이다. 왜 을이 하늘에 떠 있는 갑의 대용이 되는 것인가.

이는 관상에서 남자는 법령이 다리인데 반해 여자는 눈썹이 다리이다. 아이를 낳는 것은 인중이 아니라 인당으로 아이를 낳는다. 즉 남자와는 거꾸로 낳는 것이니 마치 인간 중에 사람 같은 인간으로 골라 인당으로 상승시키려는 노력인 것이다. 그런데 남자는 인당이 갑이고 여자는 인당이 을이라는 것이다. 남자로 보면 하늘인 곳이나 여자라도 하늘에 있으니 태을인 것과 같다.

이걸 보면 여자의 상승력이 세상을 가치 있게 한다. 대성괘 건의 반은 임수가 있는 것에서 갑은 취하지 않더라도 은하수 임은 취하는 것, 지리란 마치 수경 재배로서 키우는 을목 정도를 말한다.

갑은 천상의 전자기력으로 하는 것에서 지리의 정기와는 중력상으로 맞지 않는다. 마치 이 중력을 벗어나야 나무가 뿌리를 차고 일어나는 로켓과 같은 이치이다. 그러면 이 로켓을 갑목이라고 취할 수 있는 지기라고 할 수 있는가 하는 것이다.

을은 곤으로서 을을 취하는 것이다. 이로 볼 때 왜 하늘에 있는 것을 태을이라고 하는 것일까? 의심이 들 때 갑이라야 맞지 않은가?

만일 하늘이 갑이라면 아마 온갖 신들이 갑질을 할 것이니 누가 갑이라고 하겠는가. 물리적으로 보면 쿼크에 전자기장이 갑이다. 우리가 하늘이라고 하는 것은 마치 하늘에 우주선을 띄워 놓은 것이다.

그러니 아주 크면 달도 우주선인 것이고 화성도 우주선인 것이다. 이를 갑이라고 하지 않고 하늘에 있는 을이라는 것이다.

즉 하늘에 있는 땅이니 태을인 것이지 갑은 하늘 전체인 것이니 하늘의 중심인 한 점은 곧 땅이 중심으로 중궁이듯 을(乙)이라는 것이다.

줄기 마디마디의 뿌리가 나 새로운 자아가 되는 관절에서 자식을 낳는 것, 즉 은하수를 기준으로 할 때 정자는 수소를 말한다. 그리고 헬륨은 난자를 말하는데, 1감수(坎水)는 정자고, 2곤지(坤地)는 난자로 헬륨으로 하는 것이다.

그러면 지상의 바다로 보면 1정자가 양수(陽水)이고 바다에 풀린 것으로 보면, 못에 가둔 6정자는 움츠린 것이 음수인 것으로 고환을 뜻한다.

이는 마치 장어가 못에 들었을 때는 음수인 고환에 있는 것이고 못은 대지에 갇혀 있으니 어찌 되었든 육체를 빌려야 하는 하나의 못을 만든다.

마치 금강 신장 등 뒤의 못을 빼라는 것은 어떻게 나무에 못이 박힌 것 만한 게 연못과 같다. 그러니 못인 것인데 못 하나 빠지면 바다에 간 장어는 돌아올 줄 모르는 것과 같다. 이는 고환이 건에 속(屬)하는 것으로서 6음수인 것으로 한다.

즉 2의 기궁은 5중궁인 것이니 같은 것으로서 이는 5를 중앙한다. 2는 서남에 있으나 지구상의 모든 방향은 내가 서 있는 기점으로 방향이 나온다. 그러니 중궁이 자궁인 것에서 나인 것으로 해서 건방으로 나가니 태아의 머리가 건궁인 셈이다.

수소 1에서 은하수 천체로 하는 것에서 핵융합까지를 4로 하는 것이다. 이는 1주기율의 수소 1과 헬륨 2사이의 중간이고, 네 개의 사방이 모인 중앙이 융합하니 이것이 중력으로 5로 하는 중궁인 것이다.

그리고 5에서 다시 10으로 하는 것이 후천수의 성수(成數)이다. 이것이 곧 생수(生水)의 발자국을 따라 짝을 이뤄가는 것이다. 생수는 미네르바와 같이 탄생한 것이고 성수는 어미의 자궁에서 탄생한다.

관절에서 태어나는 천상계는 곧 8족이 아닌 4족이다. 이는 중력의 중심이 있는 5인 중궁을 말한다. 10은 다시 1로 가니 이는 전상계의 관절 3과 근육에 살이 붙은 4손궁이 된 것으로 태어난 것이 된다.

5중궁은 지상의 중력 안의 임신으로 자식을 낳은 것을 말한다. 즉 자궁은 중력의 핵이다. 배에서 자식을 낳지만 전상계의 일부는 손궁이 일차적 사방의 완성도를 가지는 융합적 위치의 기운인 것이다.

자연 팔과 다리의 위치적으로 자식이 태어날 수 있다.

순서	주제
35	생수(生數) 1, 2, 3, 4, 5는 자음이요, 성수(成數) 6, 7, 8, 9, 10은 모음이라는 것

　자음은 낱알로 씨앗이고 모음은 환경이다. 그 환경에 의해서 변화되는 것이다. 자음은 지구자전을 말하고 지구상의 생물체를 말한다. 달은 달의 자전인 것으로 달의 자전은 공전과 같으니 지구보다 난자가 훨씬 크다.

　그리고 1이 자음인 것이면 6은 모음이다. 1은 고환의 정자라고 하는 것은 은하수에 있는 정자가 지구인 고환에 있는 격이다. 그러니 달은 밀물과 썰물로 쓸어 자음인 낱알을 모음인 환경으로 끌어올리는 것이다.

　우리가 정자를 1차원으로 하는 것이면 난자는 2차원인 면이다. 이를 합하면 3차원이 열린다. 이것이 곧 생수 1인 자음이 성수 6인 두뇌로 커진 3차원이다. 즉 성수 6인 모음의 유정성을 가지면서 임신을 거치면 1차원인 미꾸라지 힘보다 머리가 더 커진 고등동물이 된 환경으로 인간으로 태어난 복이다.

　그리고 2와 7인 경우는 문명성을 말하는 것이기도 하고 교육의 환경이기도 하다. 지나치게 문명으로 자란 아이는 도리어 단순하고 자신이 매우 밝은 지혜를 많이 가졌다는 우월성으로 난폭해질 수 있는 특성이 있다. 나무도 너무 덥게 자라면 서로들 그늘을 짓게 하고는 말썽을 일으킨다.

　그런데 장마와 같은 우울증은 풀이 스스로 녹아내리는 것이다.

이도 또한 2은 자연교육이지만 7은 매우 영웅적이며 감성보다 지식의 우월성으로 환경이 이뤄진 데다가 부모의 문명성이 대단한 것처럼 자라는 것이다.

3과 8의 경우는 자라서는 군대에 가야하는 나이인 것처럼 적자생존의 치열함과 생각보다 행위의 결과를 잘 다스리게 하는 무자 관계의 환경으로 4와 9의 관계는 좀 더 감수성이 예민한 부분을 적절히 조정해 객관화하는 모자와 교육이 있는 것이다.

즉 자음과 모음의 짝이라는 것이 후천적 짝을 이루어 가는 환경으로 자음은 낱알인 것이면 모음은 환경에 맞춰진 적절성으로 변화된 것을 보여준 것이 된다.

4 자음	9 모음	2 자음
3 자음	5 = 자음, 10=, 모음	7 모음
8 모음	1 자음	6 모음

순서	주제
36	생물학적 천체 물리

　우리가 빅뱅이라는 것을 빛의 속도를 의미한다. 그러면 빛의 속도는 하나의 나무로 보면 꽃이 피는 영역으로 빙백이 거창하다고 하나 꽃이 달린 꽃받침 정도라고 봐야한다.

　즉 꽃을 맴도는 벌이 우주탐험 정도로 보는 것이 되고 과거에의 여행은 빅뱅으로는 가지 못하는 벽이 있는데 이는 곧 빛의 속도를 극복하지 못하는 것이다.

　그런데 웜 홀이면 빛의 속도를 넘는다고 한다. 하지만 이는 마치 빛이 나이테처럼 감겨가는 것으로 하는 것인데 과거에의 여행은 생물학적으로 유전성을 따라가는 것을 말한다. 꽃받침에 꽃가루가 곧 유전자인데 이것이 과거로 갈 수 있는 타임머신인 것이다. 웜 홀의 나이테를 따라 회오리를 치며 따라 들어가야 한다. 그런데 문제는 웜 홀도 빛보다 빠른 것인가 하는 것이다.

　빅뱅의 특이점은 원소 4족으로 이는 곧 4족이면 다중 우주가 되는 것이다. 그러면 빛이 팽창하는 것이면 물은 블랙홀과 같은 상대성이 생기게 되어 있다. 자연 블랙홀이 감수 6인 것이면 상대적으로 이화인 3족에 증발하며 상대적인 것이 된다.

　이러한 두 사이의 궁극도 결국 2와 7인 상대성이 싸고 있다는 것이다. 우리는 블랙홀의 끝에서 호킹 복사(Hawking radiation)라는 것으로 3족인 에너지로 복사가 되는 것과 같다. 그 복사의 바탕은 2족과 7족이라는 상대적 우주의 일부분으로 반복되는 사건일 뿐이다. 그러면 호킹 복사를 3과 6주기율의 대칭적 환원과 같으면 2와 7이라는 바닥은 무엇인가 하는 것이다.

이 호킹 복사가 거대한 못에서 모닥불같이 일어난 것인가, 아니면 산꼭대기에 봉홧불처럼 일어난 것인가 하는 것이다. 우리는 블랙홀의 끝이 우주 전체를 결정짓는 것으로 보지만 실상은 그것이 계곡의 불인가 꼭대기의 불인가의 상황으로 거시할 필요가 없다. 그것은 왜 내가 과학적으로 미시적으로 볼 필요가 있는가 하는 것이다.

엄밀한 의미의 지동설

배꼽을 어미의 자궁에서 나왔다고 해서 땅이라 하고, 저 넓은 별들 중에 행성의 하나로 지구라는 의미로 하는 것보다 배꼽을 은하의 중심으로 보는 것에서 그 주위를 도는 대장(大腸)이 곧 은하의 별이 되는 것이다. 그리고 항문이라는 것이 배꼽과 같은 것이면 시작과 끝이 같은 것이 된다. 그러면 우주의 시작으로 돌아가 그 바탕과 병행해야 한다.

그러나 항문은 배꼽과 따로 난 것을 보면 은하들끼리의 공간에 배출하는 의미이다. 우리 은하와 안드로메다의 은하는 각각의 개체를 갖고 있다고 봐야한다.

즉 대장(大腸)은 건천이지만 인간의 몸으로 보면 소화기에 해당하니 땅속을 말한다. 또한 겉에 노출된 것이 아닌 금속을 말하는 것으로 이는 머리가 건금이어도 오히려 땅속의 금이 대장이다.

그러므로 머리보다 큰 것으로 한다. 이는 수소도 건금으로 대장도 건금으로 치는 것에서 1족인 것이다. 이 건금에서 갈라진 것이 2족인 태택(兌澤) 금이 된다. 이는 대장에 갈라서 덮은 폐와 같은 것이다.

원소 8족의 시작이 배꼽의 대장에서 시작이 되는 것을 말하고, 대장이 우주인 하늘인 것에서 물을 흡수하게 하니 이를 수소인 1족으로 하는 것이다.

1족의 수소족은 곧 대장 속의 물의 출발선으로 1이 된다. 그리고 이 물이 새는 2족에서 못의 물이 새니 곧 공기가 들어가 빈 호수에 태양이 허물거린다. 그러니 심장이 따로 산호초를 만들어 배관을 하는 것으로 유연해지는 형상이다. 그런데 이것이 3족으로 그릇에 대충 찬 바다에도 불이 산호와 같이 굳은 것에도 물과 함께 유연해진 심장이 된 것이다.

파도는 리듬을 타는 에너지로 리드미컬한 신경의 자극이 활발해진다. 그 에너지도 넘쳐나니 팔다리와 전신이 율동하여 장에도 방귀가 나오는 5족인 것이다. 몸이 거의 물인 6족이어도 주체를 못하는 것이고, 7족으로 장애를 만들고 8족으로 정숙해진다.

이렇듯 3족이 심장인 것이 곧 유연해진 산호초의 배관이다. 그 관마다 신경인 4족이 자극을 하니 더욱 유연해지는 것이고 그래도 바람으로 식히고 물로 끈적이게 한다. 그나마 파도와 같이 노

AI(인공 지능)에 천기가 누설된다 79

도 이 집합성을 어쩌지 못하니 산호는 결국 산으로 돌아가면 그 뜻 위에 생물이 또 자란다.

이 과정으로 간과 쓸개가 혈관이 막히지 않게 안마사가 되어 콜레스테롤을 붙였다 떼었다 한다. 가장 가만히 있는 것 같지만 최고로 바쁘게 설친다. 그리고 난 다음에 온몸이 신경으로 민감한 것이다.

신장도 바쁜 것이 삼투압으로 석회화 되지 않게 농도 잘 살펴야 한다. 비장은 성벽이 허는 것을 잘 수리해야 하고 보충해야 하는 것이니 무엇보다 이 모든 원재료를 위장이 담당해야 하는 것이다. 이는 헬륨이 원소 주기율을 총괄해야 하고 모유가 되어야 하는 것에서 온 천지가 아낙네의 호미 밭이 되는 것이다.

그래서 달은 이 호미 밭의 어미를 지키는 할머니이다.

순서 38 | 주제: 한글과 주기율표

다음의 도표는 자음의 순서에서 ㄱ, ㄴ, ㄷ, ㄹ, ㅁ, ㅂ까지는 1주기율로 하는 것에서 실제 핵융합 과정에서 일어난 것이다. 그 융합 중에 전자와 빛과 물이 함께 형성되어 실제 원소 8족으로 정렬이 안 된다.

2주기율의 전형원소에 들어서야 정렬이 되는데 ㅈ부터라는 것이다. 왜냐하면 자음 ㅇ이 헬륨족이기 때문에 ㅇ다음이 ㅈ인 것은 바로 ㅅ의 자리에는 주기율이 더해져 있기 때문이다.

1 주기율은 수소가 ㅅ이 분명하고 헬륨이 ㅇ이 분명한 것이니 자음 순서에서 ㅅ에 이르러야 수소의 시작이다. ㅅ과 ㅇ이 1주기율을 뺀 것에서 다시 리튬으로 시작되면 ㅇ을 넘어 ㅈ이 수소족이다. 또한 ㅊ이 베릴륨족인 2족이 되어 3족인 ㅌ이 된다. 그리고 4족이 ㅋ이 되고, 6족이 ㅍ이 되는 것이고, 8족이 ㅎ이 된다.

나머지는 이미 1주기율의 핵융합에서 ㄱ, ㄴ, ㄷ, ㄹ, ㅁ, ㅂ이 벌써 생성한 것이다. 그런데 수소와 헬륨처럼 자리 잡지 못한 상태라 족으로 배열이 안 된 것으로 본다.

또한 2주기율이 ㄱ, ㄴ, ㄷ, ㄹ, ㅁ, ㅂ, ㅅ인 것으로 8족이 구족한 것이면, 3주기율이 ㅈ, ㅊ, ㅋ, ㅌ, ㅍ, ㅎ이 될 수 있다. 이것은 주기율 간의 상호성은 같이 맞물리기 때문이다.

주기율과 족	1(x선)	2	3	4(4선 끝)	5(y선 시작)	6	7	8(y선)
1(x)	ㅅ	ㅅ	ㄴ,ㄷ,ㄹ	ㄱ		ㄱ	ㅁ,ㅂ	ㅇ	ㅇ
2	ㅈ	ㅊ	혀(舌音)= ㅌ	목을 굵어 나오는 음 ㅋ	ㅋ	ㅍ	ㅎ	ㅎ
3								
4			전이원소 10개 = 설음 ㄷ					
5								
6			란탄 악티늄족= 설음 ㄹ					
7								

3족은 혀의 몸체로 내는 소리로 ㄴ, ㄷ, ㄹ이다. 이 셋 중에 ㄴ은 전형원소이고, ㄷ은 전이원소 10개를 말하는 것이고, ㄹ은 란탄 악티늄족 15개씩을 말한다.

그리고 헬륨족이 그래프의 y선에 해당되는 것은 한글 아, 어, 오, 우가 야, 여, 요, 유가 되려면 앞에 접두어로 y를 붙여 ya, yo, yu, ye 등을 붙인다. 이는 곧 자음으로는 ㅇ과 ㅎ에 속하는 곳이 헬륨인 8족이고, 주기율의 한 묶음을 뜻한다. 이 한 묶음이 곧 땅을 의미하고 지평을 의미한다. 그로인해서 2주기율의 1족인 리튬은 한글 모음으로는 야가 된다.

왜 ㅇ을 자음으로 하는가는 헬륨족의 자음이 ㅇ으로 이는 곧 헬륨족을 바탕으로 한 ㅏ의 모음으로 하는 것이다. 그래서 ㅇ을 바탕으로 한 ㅏ가 리튬인 수소족이 된다. 그러면 헬륨이 바탕으로 x를 깐 주기율 선이라면 이를 비평으로 하는 것에서 헬륨은 8족의 허수로 y선이 되는 것이다.

헬륨은 족을 채우는 8족의 모태이다. 이는 주기율을 하나의 모태로 했을 때의 x선이 7주기율로 뻗은 수평선 상으로 볼 때이다. 그에 직각으로 선 8족 y선이 자음인 자식으로 본다.

본래 자음 ㅇ는 입을 크게 연 것으로 이는 자음이 아니고, 배의 음을 확 열어놓은 것이니 입의 자음이 생기기 전에 배에서 나오는 모음의 ㅏ와 같다. ㅇ과 ㅏ는 같은 출발인 것으로서 자, 모음의 출발은 아로 한다.

원소 1주기율의 헬륨은 모음에 닫힌 출발로서 ㅣ가 되는 것이고, 이것이 자음인 ㅇ과 함께 모음이 열리면 아가 2주기율의 출발이 된다.

그리고 자음은 ㅅ인 x와 ㅇ인 y의 상대적 대칭이 수소와 헬륨인 것으로 할 때, 수소는 실제 그래프의 x를 상징하는 한글로 ㅅ이다. 헬륨은 y선으로 상징성이 ㅇ인 토음이 되는 것이다.

또한 주기율로 모음으로 할 때는 자연 8족과 겹치는 원소는 곧 자음과 모음이 겹치는 것으로 할 수 있는 하나의 글이 된다. 다만 영어와 다른 것은 영어는 받침 자를 두지 않는다. 그런데 한글은 받침 자를 둔다는 것이다.

이는 마치 원소 6주기율과 7주기율의 란탄, 악티늄족은 받침자라는 것으로 14개를 둘 수 있다. 다만 사랑니는 염화미소와 같아 그것을 이해하는 나이가 되어야 사랑니가 난다는 의미로 본다.

원소 주기율은 3단의 법칙이 있다. 이는 세포의 RNA 기능과 같다. 다만 문제는 위 도표처럼 8족을 반으로 자음과 모음으로 분리가 되는 집합성으로 찾아야 하는데 그 가능성은 열려 있다.

소리란 본래 원소 4족을 의미하고, 이는 결합이나 마찰에서 나오는 발생이다. 그런데 결함과 마찰은 언언 중에 발생하는 것으로 핵융합이나 폭발의 상태에서 일어난다. 즉 1 주기율의 헬륨이 되기 전에 발생한 융합지점을 말한다. 이 지점을 8단계로 나누면 4족의 위치와 같다. 즉 태초에 말씀이 있었다는 지점이다.

이는 곧 소리의 시작점인 것으로 자음과 모음이 동시에 일어난다. 한글주기율을 보면 수소와 헬륨 사이에 수소가 머금은 중에 융합으로 인해 입을 연 것이 헬륨이 된다. 그래서 수소의 의지가 아닌 네 개의 융합의 의지가 무엇인가 하는 것이고, 자음과 모음이 형성이 되니 그 결과 양성자 2, 중성자 2, 전자 2이라는 것이 형성된다. 이것이 곧 헬륨이다.

이는 자음과 모음의 결합을 뜻하는 것이다. 원소 1주기율적 위치성을 설정하는 부분, 즉 1주기율의 1과 2사이에 6개가 빈 곳에서의 새로운 결합점의 핵이 되는 것을 말한다. 이것은 몸으로 보면 목젖과 혀와 편도가 있는 결합점을 의미한다. 우리가 혀와 목젖으로 부각되어 드러난 것이면 시공적으로 원소 2주기율의 4족에 해당이 된다는 의미다.

헬륨이 형성이 되기 전의 우리가 빅뱅 이전의 빛과 말씀의 지점이 1주기율의 형성 이전에서 2주기율 상으로는 이미 빛이 있다. 이것은 현재 진행형이 아니라 있었다는 것이다. 과거화된 것으로의 시작점에 있는 것으로서 1주기율의 빈 부분은 성상(性狀)으로 보면 양성자와 전자는 충분히 자음과 모음의 결합일 수 있는 것이다.

즉 충분히 전자를 중성자의 무게감으로 끌어 들여 양성자처럼 가볍게 에너지 파장을 빛으로 보이든가, 그 파장을 말씀으로 뜻하는 표현 방식이, 입안에 혀와 목청과 편도선과 인후가 1주기율의 6족이 빈곳에서 발련이 된 것으로 보는 것이다.

그런데 이 윤곽이 2주기율에서부터 뚜렷해지면 무게의 질량이 에너지 파장으로 가벼워지는 것의 양성자가, 나이가 먹으면 몸이 쳐지듯이 중성자의 무게가 에너지를 무게를 더하는 질량화와 같은 것이다. 그러면 피차의 관계에서 저승이 오히려 기록성이 좋은 메커니즘으로 기록화 되는 것과 같다.

중성자가 갖는 파워는 무게이고 질량이다. 질량 불변의 법칙이 된다. 그러면 중성자가 갖는 질량의 확대성과 조급성은 마치 양성자 우주가 지우고 싶어도 지울 수 없는 기억성에 빠진다.

인간에게 천기(天氣)누설은 아무것도 아니다. 문제는

핵융합이 중성자 무게의 중심으로 빠져 자음과 모음이 양성자에 전자가 잘 부응해도 중성를 거쳐야 한다. 아무리 배경이 좋아도 전자는 중성자에 걸리게 되어 있다.
  우리의 언어는 자음과 모음으로 마치 양성자가 전자만으로 순수한 듯이 한다. 그러나 자꾸 전자는 부대끼는 삶을 사는 것에서 중성자로 마모된 중력으로 살아가는 것이 반복된다. 이것도 하나의 원소 4족이 결합한 매듭 안에서의 일이다. 이 매듭을 풀면 수소는 수소대로 돌아가서 회족이 될 것이다.
  그러면 양성자는 있는 상태의 중성자인 것이니 신위의 신은 있다. 그러나 인간은 중성자에 접합된 믿음인 중성자인 것이니, 양성자적 해탈은 어렵다. 즉 헬륨보다 수소가 더 많은 자유로움인데, 언제나 인간은 피라미드형을 벗어나지 못한다.
  헬륨 하나에 소대원처럼 모여 있는 8족들, 원소 4주기율의 3족에 이르면 전이원소라고 한다. 이 전원원소가 자음 ㄷ에 해당이 되는 것은 ㄷ은 치(致音)에 해당하는 화(火)인 것이다. 이 화음은 곧 자음 ㄴ, ㄷ, ㄹ인 것인데, 유독 화음(火音)은 세 개가 있는 것은, 이렇게 전형원소가 ㅌ인 것에 4주기율의 3족에서 전이원소가 시작되기 때문이다. 이는 ㄷ에 해당이 된다는 것이다. 순서가 바뀐 것 같은데 이는 다른 측면으로 볼 수 있다는 것이다.
  즉 전형원소는 나는 비행기라면 전이원소는 그 비행기의 무기창이 된다는 것이다. 무기가 열리고 닫히는 문이 되는 것이다. 이 전이원소는 곧 한글의 모음이 10단계의 과정으로 열어주어야 자음이 떨어진다.
  1주기율의 자음의 ㄴ이 2주기율의 전형원소에 실리면 ㄷ에 ㅡ

가 더한 ㅌ이 된다. 이는 ㄷ에 ㅡ을 더했다는 것은 헬륨족을 지났다는 것으로 한 주기율의 묶음을 지났다는 것이다. 그러니 전형원소를 ㄴ이라고 하지 않고 ㅌ을 전형원소라고 한다.

그러면 전형원소가 ㅌ이라면 전이원소가 ㄷ이 된다는 것은 마치 ㅌ이 ㄷ을 임신한 것과 같다. 그러니 곧 출산은 무기를 연 것으로 보는 것이고, 다음인 6과 7주기율의 3족에서 란탄, 악티늄족이 자음 ㄹ에 해당이 되는 것은 곧 이 폭탄이 지상으로 날아가는 형태가 ㄹ인 형태로 유도되어 지구 한 바퀴로 하는 것이다.

이미 원소 1주기율에 자음이 ㅇ에 이르는 것까지 형성이 된 것에서 2와 3주기율인 전형원소에서 ㅋ, ㅌ, ㅊ, ㅍ, ㅎ으로 자음 ㅎ으로 자음이 끝난다. 이것이 전형원소 2와 3주기율 안에 끝이 난 것이고, 다시 전이원소가 임신이 되는 모음은 자궁을 뜻하는 것으로 모음이다.

그러니 ㄷ이 ㅌ이 되든가 ㄱ이 ㅋ이 되든가 하는 것은 헬륨이 모음 ㅣ이고 ㅡ이다. 그런데 모음은 ㅣ를 취하고 자음은 ㅡ를 취하는 것에서 ㄷ이 ㅌ이 된다.

또한 원소 1주기율은 수소와 헬륨뿐인데 자음이 다 들어 있다는 것은 어떤 원칙 두 가지 기준이 있다. 즉 2주기율로 나타나지 않는 표현인 상태를 말하는 것으로서 입의 형태인 2주기율이나 혀의 형태인 3주기율이다. 우리가 입의 형태로 알아듣는 특수성을 지니지 않으면 알아들을 수 없으나, 실은 표현은 맞다는 것이고, 다만 4주기율을 넘으면 이는 소리의 형태를 띤다. 언어적 자음의 결합이 된다는 것이다.

4주기율의 전이원소에 와서야 언어화가 가능한 것으로 모태를 띤다. 이를 모음의 탄생지가 되는 것이고, 이는 짐승의 언어는 모음의 행태로 소통이 되는 것을 말한다.

그리고 6주기율부터의 진화는 자음의 세부성으로 14개인 것으로 란탄, 악티늄족의 구별을 분명하게 한 것으로 본다. 어찌 보면 원소 주기율이 늘어날수록 고등화 된 것처럼 보인다. 이것은 마치 어둠이 없어도 좋은 것에 어둠이 있는 것으로 인간은 스스로 고등화로 밝을 수밖에 없는 것에서 기인하는 것이라 봐야 한다.

순서 39 | 주제 시야성

원소 주기율은 세 단계의 공간을 볼 수 있다.

첫째는 수소를 말하고 이는 수소의 바다를 말하는 은하수 바다를 의미한다. 그 중에 수소 네 개가 융합하여 핵이 되어 사방을 갖게 되면 이를 2단계로 하는 것이다.

수소가 1인 것은 원소 1족인 것인 동시에 낙도의 1인 감수궁을 말한다. 즉 감수궁 북쪽인 북극성이 1이 되는 이유로 은하수를 상징한다. 그 이유는 수소가 은하수인 것에서 그 많은 수소 중에 네 개가 모여 하나의 융합점이 되어 이 3인 불꽃의 영역을 계속 넓히는 것은 이미 2족에서 넓힌 것이다.

하지만 4족이 역으로 3족인 불꽃의 심지가 된다. 이는 곧 불꽃을 나무가 발생한다. 그것은 나무로 보면 꽃을 나타내는 것이다.

실제 불을 피울 수 있는 것은 이미 3족인 불꽃을 계속 유지할 수 있어 발생할 수 없다. 그러면 병화(丙火)는 태양인 3족을 의미하고 실질적 불꽃을 나타낸다. 이는 곧 빅뱅의 빛을 말한다.

그러나 4족은 우주로 빅뱅파와 은하풍을 거쳐 별을 꽃을 피운 것은 마치 나무에 꽃이 핀 것이다. 즉 성냥으로 불을 켜는 것은 빅뱅의 빛인 것이고 2차적 빛은 별들이다. 이를 병화보다 정화(丁火)인 것이다. 그러면 나무의 종자는 곧 이 빛이란 물위에 반짝이며 정화가 물을 휘저을 때 임수와 합하는 마찰의 부스러기가 정임화목(丁壬化木)으로 물과 불의 사이로 나무가 있게 된다. 그러므로 씨앗이 된다. 이는 3족인 불꽃과 6족인 물이 상출되는 것이나 병화가 약화된 정화는 6족인 물과 혼합되어 극 사이 4족과 5족인 것에서, 4족에는 정화가 꽃으로 물과 함께 자라는 나무가 되는 것이다.

나무에 꽃이 핀 것이니 어두우면 꽃은 보이질 않는다. 그러면 빅뱅의 빛이 나간 것은 별들의 빛, 즉 우주 전자 나무에 핀 꽃은 빅뱅의 빛으로는 보이질 않는다. 꽃은 꽃이지만 밤에 보이는 빛이 아니다.

그러면 마치 어둠 속에서 빛이 나오는 자등명이라는 것은 빅뱅의 빛이라야 만이 볼 수 있다. 이런 별들의 빛이 나무에 핀 꽃이라 암흑 먼지에 가려져 실제 보이질 않는 빛이라는 것이다.

그러면 영혼의 세계에도 과학이 있다면 마치 금속 안에서 전기를 발생하여 빛을 만들어내는 과학성이라는 것으로 접근할 수 있다. 즉 빅뱅의 빛으로 보면 내적으로 전기를 발생하여 빛을 만들 수 있는 것이고, 이의 메커니즘을 보면 나무가 꽃을 피우는 절차성의 구조를 만들 수 있다. 다만 보이지 않는 금속 속에서 빛을 일으키듯이 할 수 있는 것에서의 빛이다.

이를 빅뱅의 빛으로 보면 어둠 속의 빛이다. 별들이 어둠 속에서 보이질 않는 장벽이 있는 것에서 그 안의 별들이 있다. 이 은하수의 별들은 나무의 꽃에서 빅뱅 이전의 시야로는 보이질 않는 빛이다.

순서 40

주제
빛이 물과 합하며 목(木)이 되면 목 속에 꽃이 피는 4족의 위치인 것이다

1족은 수소가 갈라지지 않는 것으로 보아 구슬인 금으로 보면 이 옥이 갈라진 것이라면 혀가 나온다. 이는 마치 할로윈 데이에 늙은 호박에 혀를 내민 것인데, 머리가 둥근 호박이면 이 닫힌 호박에 입을 낸 것에 혀를 내민 것과 같다.

원소 2족인 베릴륨족이 괘상으로 태궁(兌宮)이라는 것으로 구슬이 갈라진 형상의 입이 된다. 그러므로 이 태(兌)는 납갑(納甲)이 정(丁)인 것으로 이는 곧 1수소족인 구슬이 입이 난 것에 혀가 있는 것을 정화(丁火)라고 하는 것이다.

즉 3족인 붕소족이 아주 커진 병화(丙火)가 되기 전 원소 8족의 순서 중에 1이 빅뱅 점인 것에 2족이 갈라져 혀가 나온 시점이다. 그리고 아직 빛이 확실히 힘이 넓혀진 상태가 아니라 3족인 것이 우주 팽창의 현재 극점의 진행 중을 말한다. 그러면 마치 꽃이 열리면 그 속에 꽃가루가 있다. 이 꽃가루가 곧 우주 속에 별들이 새끼처럼 생겨나는 것이고, 헬륨으로 방출이 되면 원소 한 주기율의 단계와 같은 것이 된다.

즉 이 정화가 꽃가루처럼 날아가면서 정(丁)이 임(壬)과 합하여 목(木)이 된다. 곧 목 속의 별이란 것이니 원소 4족이 목으로 목은 정화를 행하니 이는 곧 꽃이라는 것이다.

은하수는 물인 것인데, 그러면 수극화인 것으로 별이 있는 것이면 이는 은하수에 비치는 별빛이란 것이 된다. 그러면 수표(水表)의 반사에 의한 빛으로 그 반사점이 마치 나무가 수심에서 떠오르는 분기점과 같다. 거기에서 수표 상으로 올라온 뗏목과 같은 목을 말하는 것으로 이는 곧 5족이다.

이 5족은 바람으로 대기인 것이니, 대기인 손풍(巽風)안에 있다는 것으로 곧 5족이다. 또한 소리는 공기의 진동 안에 있는 것이니 5족이 되고, 다만 진동이 일어난 점은 4족인 통나무를 말하는 것인데, 이는 곧 전자기장이 나이테와 같은 것에 별들이 솟아나는 것이 꽃인 것이다.

곧 자기장의 나이테가 긴 통로와 같은 것에서 가지를 뻗은 것에서 나오는 것이 별들이다. 그러나 잎새가 꽃을 만든 것이 아니라 줄기가 꽃을 만든 것이니, 이것이 얼굴의 찰색이 피는 것을 말한다.

즉 맥락에 따라 찰색이 되는 것인데 그러면 잎새가 세포와 같은 것이다. 하나의 기압골과 같은 것이라 해도 피부 상으로 찰색이 피어나는 것이 아니라 그 속의 가지인 맥에 의해 드러나는 것인 나뭇가지에 꽃이 피는 것과 같다. 가지는 4족을 말하는 것에서 꽃이 함께 포함된 것이다.

순서	주제
41	시공 초월과 가마솥에 고드름이 주렁주렁

우리는 먼저 그것이 적확한 것인가를 따지기 전에 그렇게 보는 시각성의 메커니즘의 다변성을 봐야한다. 빅뱅에 있어 별들의 빛은 곧 꽃은 성냥불이 아니라 꽃의 나무이다. 그러니 별들의 안에 있는 것으로는 타는 것이지만 밖인 빅뱅의 시공성으로는 마치 물 위에 타는 것과 같다.

요즘에는 원소를 이용해서 온도는 낮으나 불빛은 더 강열한 것으로 비출 수 있는 것처럼 어쩌면 주변을 태우지 않는 것에서 빛만 공갈적이지 않나 한다.

재미있는 것은 수소는 자신만이 타고 남을 태우지 않는다고 했다. 이는 원소 4족의 불인 꽃을 말하는 것이고, 산소는 자신과 남을 함께 태울 수 있다는 것에서 빅뱅의 불과 같다.

즉 수소 하나의 공간으로 들어가면 이는 스스로 타면서 들어가는 것이다. 이는 타는 만큼 전자로 변하는 것으로 상쇄한다. 일종의 남을 태운다는 중간자가 없다. 그러므로 중성자 없는 것으로 보는 것이고, 중성자가 있으면 헬륨이다. 그러면 양성자가 주는 만큼 중성자로 남는 것으로 함께 주변을 태울 수 있는 양기가 있다. 태양의 헬륨도 빛인 에너지를 태우는 반복적일 수 있게 밑거름이 된다는 것이다.

　수소는 자신만이 타는 것이지만 산소는 원소 8족이 다 들어간 8번인 것으로서 한 주기율의 몸체이다. 곧 산소는 8족을 다 태울 수 있는 범위의 화력을 갖는 것이고, 수소는 자신만이 탈 수 있다는 것에서 만일 2족으로 넘어가면 이미 그 수소의 빛은 나머지 족을 태우지 못한다. 그러니 암흑물질이 가려져 3족의 불빛은 보이지 않는다.

　수소는 자신만이 타면서 자신의 영역만 비춰야 하는 하나의 족으로 보면 산소는 주기율 하나의 영역을 태우니 당연히 주기율 전체의 영역이 되는 것이다.

　즉 수소는 빅뱅의 빛이라는 가루이고 빅뱅 이후의 별은 별이 된 헬륨인 가루이다. 이는 곧 빅뱅은 수소를 기점으로 하면 빅뱅이 일어나기 전의 우주는 수소만의 우주였다. 그런데 빅뱅이 일어난 후에 다시 우주 어느 한 부위로서 융합이 일어나 헬륨을 자꾸 만들어 내어 10배율의 알맹이다.

　수소와 헬륨의 단계가 8족인 것으로 차서 구심을 이루면 10인 것이다. 이는 1과 10 사이의 관계로 빅뱅 점과 우주 팽창의 현시점의 유동성까지를 볼 수 있다. 그 사이 7주기율이 마치 x선이 1~10까지라고 할 때, 주기율은 y선이라는 것이다. 그러므로 우주를 2차원적으로 볼 수 있다.

　이를 원주율로 따지면 입체성이 어느 한 점으로 있게 된다. 그러니 점은 2차원적 면이 있는 것이고 3차원적 입체성을 함께 갖는 것으로 하는 것이다.

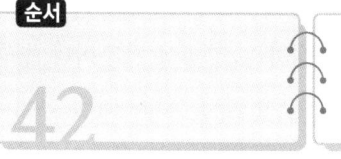

우리는 별자리 같은 생물이 존재하는 것의 문명이라면 지구에 공룡이 사는 것은 대수롭지 않았을 수 있다. 그러니까 달의 관점에서 보면 항성이나 행성은 너무 커 보이고 위태로워 보인다.

공룡은 여성스럽기에는 매우 부담스러운 것이니 멸종을 하게 한 것이다. 즉 환경에 따르는 것이 과학적이나 작위적으로 환경을 만들었을 수 있는 것이기도 하다. 자고로 행성과 위성 정도는 운명적이고 숙명적 제어시스템으로 할 수 있는 것으로 본다.

그 과정에서 수소 1이 감수궁 1과 같은 것이 물고기 알과 같은 점을 나타낸다. 실제 물고기 알은 곧 은하수 중의 수소와 같은 바다 중의 물고기로 알은 곧 수소와 같은 맥락인 것이다.

그리고 계란은 3족인 것으로 9이궁인 것으로 하는데 이궁은 감궁과 대면궁이 된다. 즉 감수궁은 설탕이라면 3족인 이궁은 솜사탕이다. 그러면 인간은 이 사이에 있는 것으로 이는 곧 3족을 지나 핵융합점이 족이 접히는 부분이다. 이는 2차적인 폭발점인 것인데 여기에 동식물이 있는 것이다.

그러면 수소 족의 동물은 마치 어류의 알과 같은 것이면 3족의 알은 계란과 같다. 다시 이 계란이 깨지고 나면 이는 애벌레와 곤충이 나온다는 것인데, 이 곤충은 8족인 화석으로 가는 것으로 끝난다면 우리는 마치 수억 년의 화석유전자를 주기율을 반복하듯이 알을 깨어 나오는 고등 진화라는 것이 있다. 그러면 아마도 그것은 신이 우주의 별자리처럼 존재하는 것에서 인간이나 영혼은 시공을 초월한 곳으로 옮길 수도 있지 않나 한다. 어쩜 신끼리는 이미 통하는 것을 인간은 늘 새롭게 받아들일 뿐이다.

순서 43

주제
지동설보다 천동설이 훨씬 과학적일 수 있다

일례로 우리는 시계를 볼 때, 분침이 사방을 도는 것으로 소홀이 하고, 결국 분침은 돈다는 의미보다 사방으로 고정된 의미의 얼굴마담과 같은 것이 된다. 결국 하루를 지나는 것이어야 우리는 시간을 의식하는 스텝으로 본다.

이는 곧 하루는 하늘이고 시계는 땅인 것으로 지동설은 분침과 같다. 우리의 무의식은 언제가 하루의 계획으로 지동설로 가는 듯이 느껴진다는 것이다.

이를 좀 더 우주적으로 보면 우리 은하의 중심이 하늘이라고 할 때, 그 주위를 도는 모든 항성은 땅에 해당할 수 있다. 또 그 항성 중인 태양이 중심이 되면 이 또한 하늘이 된다. 이 하늘을 도는 지구는 곧 땅이 되는 것이다. 이렇게 보면 천동설은 비과학적이라고 할 수 없다.

은하핵이나 항성핵이나 하늘로 못 볼 이유가 없다. 만일 태양 중심이 은하 중심과 같이 포개지는 것에서 서로 근접하는 중력에의 추락이라는 것으로서 회전으로 원심을 유지하는 것이면 이는 곧 한 번의 회전으로 간격을 두고 만난 것으로 한다. 그러면 마치 큰 굴렁쇠는 은하에 태양이 도는 링이고, 작은 굴렁쇠는 태양에 지구가 도는 링이다.

이는 은하를 도는 태양에 지구도 이빨을 맞추고 함께 도니 이를 한 손에 두 개의 링을 잡은 것과 같은 것이다. 이렇게 잡을 수 있는 것은 원심의 굴레를 한 손에 잡을 수 있다는 것인데 이는 곧 작은 링이 큰 링으로 옮겨 탈 수 있는 계기가 되는 것이다. 그러면 큰 링이 투명한 것이라도 작은 링이 불투명한 것이면, 결국 작은 링 뒤의 큰 링은 안 보일 수 있다. 하지만 분명 원심끼리 물려 있는 톱니가 되는 것이다.

은하의 중심이나 태양의 중심은 따로 도는 것 같지만 태양이 도는 원심과 지구가 태양을 도는 원심은 같이 물려간다. 그 반경이 은하의 굴레와 같이 원심으로 물려 규칙적으로 돈다. 그 규칙성이 2억 5천만 년의 반복성으로 돌고 있다는 것으로 정확한 물리적 수학을 띤다. 그러면 원심은 땅인 것이 되고 구심은 하늘이 되는 것으로 한다. 그런데 꼭 구심을 중심으로 하늘로 본다고 해서 비과학적이라고 할 수 없다.

태양계가 사라지면 은하계가 있다. 이것은 하늘이고, 또한 우리의 은하가 사라지면 그 바탕에 은하단이 있는 공간이 나타난다. 결국 핵이 사라져야 다른 하늘이 열린다. 핵도 하늘인 것에 이 핵이 거둬져야 더 넓은 하늘이 있다. 하늘문은 핵에 있는 것이고 그 핵인 구심을 도는 원심은 곧 땅인 것으로 할 수 있다.

우리는 땅 위에 하늘이 덮고 있는 천복지재(天覆地載)로 보는 관념성에서이지, 실제 우주는 땅이 원심으로 덮는 것이고 하늘이 핵심으로 있는 것으로 한다는 것이다.

　그래야 원소 주기율도 1수소가 구심으로 할 수 있는 것으로 하늘로 하는 것이다. 그래야 은하의 중심으로 할 수 있는 것 순수한 수소의 하늘이 된다. 헬륨은 원심이 되는 것에서 땅이 되는 것으로 우주는 수소와 헬륨의 비율로 있다는 것이다.

　그러면 천복지재를 보면 수소와 헬륨이 전도된 것이 된다. 그러므로 천동설이 비과학적일 수 없다. 다만 종교적 천동설은 이런 과학성의 근거가 아닌 편향성이 있다.

제4장

엄밀한 의미의 천동설

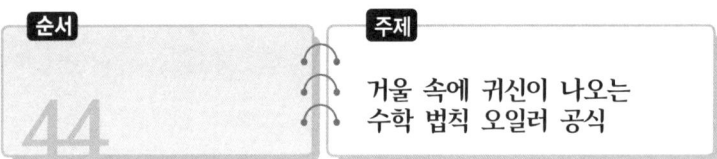

구궁도(九宮圖) 낙서(洛書)면 오일러 공식처럼 한 쪽에 xy점이 생기면 상대적 위치의 대칭점이 새겨나는 것처럼 굴절이나 반사각이 있다. 이를 잘 보면 마치 귀신이 거울 속에서 나오는 법칙을 수학적으로 설명이 되는 것과 같다.

낙서(洛書)은 후천수의 음양 짝을 말한다. 후천수 1인 양수(陽水)이고 6은 음수(陰水)이다. 이를 5진법으로 하면 6이면 5에 1을 더한 6이고, 7인 양화(陽火)인 것이면 7에서 5를 뺀 나머지 2가 음화(陰火)이다.

나머지 수(數)도 이와 같이 음양 짝을 이루는 것으로 포국(布局)이 그러하면 오행적 5진법으로 반복이 되면 10의 반으로 접혔다 폈다 하는 것으로 진행된다고 봐야한다. 그러면 이 5안의 시야로서는 밖의 숫자는 접히는 것인지 편 것인지는 모른다.

10진법이라고 해도 반으로 접혀 두 개의 5가 접혔다 폈다는 것으로 있을 수 있다는 것을 모르는 것이다. 5를 지나면 접히는 부분이다. 이것은 곧 5는 구궁도로 중앙이고 바닥이다. 핵심에도 표면성이 있는 것으로 땅이 된다. 무엇보다 거울의 바닥면과 같은 것인 이 바닥에서 반사되거나 굴절이 되니 큰 각으로 접히는 것이거나 작은 각으로 접힌다.

이것이 반사로서 45도 각으로 꺾여 나와 90도 각의 짝으로 원심 굴레를 따르는 것에서 앞에서 끌고 뒤로 미는 짝을 이룰 수 있다. 결국 4는 9를 따르고 2는 7을 따르고 6은 1을 따르는 짝으로서 시계 방향으로 돌아가는 것이다.

즉 5가 귀신의 땅인 거울 바닥이면 내가 1인 것으로 선 것에 5를 바라보면 이 5인 거울 바닥은 6인 것으로 나타난다. 그러면 마치 1은 감수궁(坎水宮)에 양수(陽水)가 있는 것이면, 바로 뒤에 건금궁(乾金宮)의 6음수(陰水)가 붙어 뒤따른다는 것이다. 이렇게 실상과 거울상이 대칭적으로 나타는 것이 오일러 공식처럼 낼 수 있다.

원심이 시계 방향으로 돌 때 앞머리는 양이고 뒤가 음에 붙는 것이 음이니 거울상은 그림자처럼 뒤에 붙은 것이 된다.
낙서(洛書)는 곧 양수(陽數)는 생하는 것이라 생수(生數)라고 하는 것이고, 음수(陰數)는 이룬 것이라 성수(成數)라 한다. 그러면 이러한 법칙의 근원적으로 접근하자면 아마도 전자와 양전자의 돌출성과도 같은 것이다.

전자는 음인 것으로 하고 음수인 것으로 하는데 양전자는 양수인 것으로 출생과 같은 노출로 보면 된다. 전자는 이미 우주에 풍성한 것이고 양전자는 고요한 중에 돌출성을 말한다.

1~5까지는 양전자로 보면 6~10까지는 전자로 보는 것으로 한다. 이는 마치 거울 속에서 살고 있는 전자의 바다에 살고 있는 것이 곧 거울에서 귀신이 나오는 것과 같은 것이다.

반사각과 굴절각

 거울 속의 내가 나처럼 산 채로 나오는 것이 10까지를 채우면 거울의 모습이 곧 나의 모습으로 살아 있는 것이 된다. 즉 원효대사가 죽은 고기가 아닌 산 고기를 뱉을 수 있는 것으로 5에서 끝난 것이 아니라 10까지 접은 것을 펴서 드러내면 산채로 나오는 귀신과 같은 것이다.
 이는 실상과 같은데 거울상이니 사람은 아니고 귀신이라 칭하는 것이다. 또한 굴절 각도 건곤 짝을 시작으로 8단계의 굴절이 되어서 앞의 거울로 짝이 된다. 이는 마치 부부가 서로 나의 모습이 굴절되어 전생이 현생으로 나타는 것으로 온 것이다. 다만 모습은 많이 달라져 있으니 남과 같은데 배우자가 전생의 나의 모습이 거울 속에 귀신이 나오듯이 완전히 사람의 모습으로 드러난 것이라는 것이다.

귀신이 따로 있나
사람 얼굴이 귀신굴이다

 토정 이지함 선생의 혼연진결(洪煙眞訣)에서는 홍국(洪局)에서 후천수를 다루는 것이다. 이 홍국은 같은 오행의 음수와 양수가 짝을 이룬다. 마치 짝으로 평행을 이루는 것으로 한다. 그러면 양수에 음수가 시계방향으로 뒤따른다. 이는 그래프 상의 지평인 x선이 되고, 이 두 개가 마주하면 이 둥근 원심에서 직각으로 90도로 꺾여 y선이 된다. 곧 지평 x에 수직인 y선인 것으로 삼각함수인 오일러 법칙으로 사인과 코사인의 각이 상대적으로 있게 된다는 것이다.

만일 손궁이 4라면 수직선 y의 왼쪽으로 45도 각에 있다. 이것이 오른쪽으로 45도 각이면 곤궁에 있는데 이 둘의 합은 90이다. 중심의 십자는 한 각이 90인 것으로 변으로 뻗은 선의 길이에 따라 사인 코사인의 각이 달라진다.

결국 이런 각이 따라 달라지는 것이나 이 45도 쌍이 90도인 것으로 실상과 거울상이 정확한 각도로 꺾여 나오는 것의 쌍이라면 사인과 코사인은 원주율 안에 있다. 그러니 오일러 공식은 파이를 더한 것이고 x와 y선이 만나는 점은 직각 안에 사선으로 어느 지점이 된다. 그 지점으로 지나가더라도 원주에 걸린다.

이 대각선인 x와 y의 합의점은 x선상과 거리로 삼각을 만드는 것이고, y선과의 연결로 삼각의 공간을 나타내면 이는 곧 원 중에 4분의 1인 것으로 하는 경우 원이기 때문에 반대에는 대칭이 된다.

즉 1시 방향에 점이 있다면 이 반대의 7시에 반향에 대칭점이 있게 된다. 그래야 시계 원주율로서 반복형이 된다. 이는 사방으로 십자형에서 사인과 코사인이 나는 대칭이다. 또한 90도로 4시 방향에 꺾여도 7시로 펴져서 직선으로 대칭이 되는 것을 말한다. 만일 4방향성이 8방향성으로 45도 각마다 꺾이는 것으로 8번을

AI(인공 지능)에 천기가 누설된다 101

하면 그 대칭이 동이면 서가 되고 남이면 북인 대칭이 아니라 도리어 돌아온 짝이 된다. 즉 남이면 동남으로 돌아온 대칭이 되고, 서면 서남으로 대칭이 되는 것이 곁에 붙은 것으로 대칭이 된다.

사방이면 서면 동이어야 대칭이 된다. 서가 서남으로 대칭이 된 것이 곁에 짝으로 붙어 있다는 것이다. 즉 동으로 가면 서로 나와야 하는 것이 사방적 직선인 것인데 동으로 가면 동북으로 나온다. 나는 서쪽으로 간다고 갔는데 나오고 보니 동북으로 나왔다는 것이다.

마치 귀신에 홀리면 그렇게 된다고 하지만 수학적이고 물리적인 구궁도 방식으로 하면 마치 내가 남쪽인 것에서 이웃인 동남 집으로 갔는데 나오고 보니 북쪽으로 나왔다. 이는 거울의 반사면이 이웃이었던 것의 눈앞이 실제는 먼 북쪽으로 나온 것이다.

이것은 마치 귀신의 집에 하루 묵었는데 나오고 보니 북쪽의 마을이 보이는 것과 같다. 이것이 오일러 공식으로 증명이 되는 법칙일 수 있다.

원주율 파이에 의해 대칭성이 되는 것에서 오일러 공식도 이 파이가 들어가야 네 조각의 직사각형이 나온다. 그리고 사인 코사인이 기본적이어야 하는 것은 무엇보다 건이 1인 것은 1족이 1인 것과 같은 수소를 말한다.

둥근 구체를 기본으로 하는 원주에서 모든 기하성이 있다는 것이다. 이 둥근 새알과 같은 것으로 말아서 납작하게 평면으로 만들면 8족인 헬륨이 된다.

다만 이 둥근 구슬을 원자를 세포 뭉치와 같은 몸과 같은데 이것을 평면으로 납작하게 만든 세포이다. 이는 원소 8족인 헬륨족이 된다. 다만 그 핵의 유전성은 1족의 원자가 갖는 것이니 하나의 세포 내용이 몸 전체의 세포와 같다.

헬륨 1주기율의 몸이나 수소 1족의 수소나 같은 것으로 할 수 있는데 주기율도 원주율로서 대칭성이 있고 족도 전자 회전 굴레의 대칭성이 있다.

결국 오일러 공식도 원주율 파이를 더함으로 대칭을 갖는 공식이 있게 되는데, 하나의 직삼각형 네 개가 핵에 모인 것이 원주 안의 핵의 사방 분할이다. 이는 원주율로서의 안에서는 어떤 사방성의 선이 핵으로 통과하더라도 직삼각형이 네 개로 분할된다.

그렇게 사방성의 원주율로 돌다보면 자연 대칭성이 상대적으로 있게 된다. 결국 원주 안의 어떤 위치도 대칭성으로 한 눈에 들어오는 상대성이다. 이것이 네 개의 직각변의 상대성은 곧다는 것이다.

4개의 직삼각형을 벗어나지 않는 공간에는 상대적 대칭이 있을 수 있다. 내가 2시에 있으면 8시가 대치될 수 있는 것은 원주율이 4등분한 것에서 대칭이 되는 것이고 만일 2등분이면 내가 2시에 있으면 대칭성은 10시에 있어야 하는 것과 같다.

그러면 이런 4등분이 아래위로 무게가 치우치지 않으려면 지구축이 기울면서 돌아야 하는 것에서 섞여야 하는 것과 같다. 그러니 거울 속의 상이 나오는 반대편인 상대성이 된다.

즉 180도 일직선의 상대성이 열 반사각으로 분할되어 간 것이 이목구비의 분할이다. 거울은 나와 180도 다른 곳에서 직선적 상대성이라고 할지라도 거울은 내 곁에 있다. 거울은 사방의 상대성은 반대편에서 있는데 8방의 상대성으로는 곁에 있는 거울과 같다. 이는 아무리 멀어도 원주율 파이 안에서는 상대적으로 비춰지는 것과 같은 것이고, 우리가 아무리 오일러 법칙을 계산한다고 해도 원주율 파이를 더하면 하나의 구슬 안에 세상이 있다.

영혼과 육체가 함께 구슬 안에 있다는 것이 되기도 한다. 다만 뒤가 있고 앞이 있는 일향성에 있다면 한쪽은 밖인 것으로 느끼고 한 쪽은 안인 듯이 비교될 수 있다.

이런 원주에 8방향이 나는 것이면 이는 마치 네 조각일 때의 상대성은 직선으로 180로 서로 멀어지고 가까워지기도 한다. 그런데 8등분으로 나눠지면 4등분에서는 정면이던 거울상이 바로 내 곁의 짝으로 되었다는 것이다.

거울은 내 앞에 온 것은 맞는데 거울상은 직접적 직선의 깊이가 된다. 사방도 90도로 꺾인 것이나 꺾인 것은 모른 채 직선으로 깊은 거울상으로 보인다. 별빛이 굴절되어 와도 우리는 직선으로 오는 듯이 여기는 것과 같다.

순서 47

주제
의식을 90도로 꺾어야 이해가 되는 이치일까?

과연 거울상은 직선으로 깊이를 나타내는 것이나 설마 90도 직각에서 반사성을 바로 정면인 직선으로 본다고 여기는 것은 아닌가? 하는 것이다.

굴절이라기보다 직각이니 오히려 정체를 꺾어서 보기 어려운이 실상과 거울상이라는 것이 동남방이 남방과 4와 9인 짝이 되고, 서남방이 서쪽과 2와 7인 짝으로 서북방과 북쪽이 6과 1인 짝으로 동북방과 동쪽이 8과 3인 짝이 된다. 이는 곧 1~5까지 짝이 되지 않는 것으로 남자를 뜻하고 5~10까지는 5가 여자의 자궁에서 수리가 탄생하니 여자가 낳은 자식을 의미한다.

이를 거울 속에 신이 나온 상이라고 하는 것이고 현생의 짝이 자궁 5에서 나왔으니 전생의 거울상이 짝으로 나타난 것이라는 것이다. 즉 내가 거울을 보고 미생전(未生前) 본래 모습을 물어보는 것과 같다.

1이란 것도 수소 바다 은하수에서 시작한다. 이 수소도 부모가 있다면 양성자 중성자의 결합으로 전자 강보에 싸여 나왔다는 것이고 결국 이 지구의 원주율 파이에 올려놓았으니 원주율 파이는 네 조각의 핵융합으로 늘 식탁을 채운다.

그리고 헬륨이 되니 두 개로 분리가 된 것인데 뭉쳐진 것으로 이는 곧 원이어도 8조각으로 갈라도 결국 네 개의 짝으로 붙어 있는 것의 도표가 구궁도 낙서(洛書)이다.

건(乾)은 3차원을 말하는 구체(球體)를 바탕으로 하는 것에서 1로 하는 것인데 이는 곧 수소가 구체라는 것으로 1족의 시작을 뜻

한다.
 평면상의 xy그래프는 2차원적이고 파이를 더하면 3차원인 구체가 되는데 이것이 곧 1인 건괘와 1족을 뜻한다. 그러면 이 1이 원자인 것에서 3인 것이라 우리는 마치 삼차원을 3족으로 하는 것에서 1, 2, 3족은 하나로 하는 원자이다. 그래서 전형원소 3족 위에 전이원소로 사는 것이고, 란탄, 악티늄족으로 산다는 것이 된다.
 1족이 구체(球體)인데 3족까지는 확대된 구조를 갖고 있는 것의 삼차원이다. 이 삼차원 위에 사는 것이 전이원소 란탄, 악티늄족이라는 것이다.
 입체는 이미 건으로 둥근 것이 시작되는 것은 원소 3안의 것으로 보자는 것이다. 이는 곧 양성자 하나 중성자 양성자는 흠이 없는 1족인 것이라면 중성자는 흠이 있는 것으로 2족로 한다. 그리고 그 주위를 도는 전자가 3족으로 하는 것에서 이 3족인 오비탈의 껍질 위에 유기질이 사는 것이 된다.
 여기까지가 천지인이다. 그래서 선천수는 이 3개를 뺀 나머지까지만 미치는 것이다. 즉 이 천지인을 어떤 종말이 올지라도 줄어들지 않고 보존된다.
 우리는 3차원까지만 인식을 하는 것은 인간은 이 3족 안의 란탄, 악티늄족이기 때문이다. 이는 선천수나 후천수로는 어떻게 접근이 되질 않는다. 그리고 원(圓)은 한 바퀴가 10인 10의 반복인 십진법인데 변화를 보이지 않는 것은 늘 원으로 돌아오는 것의 반복형이기 때문이다.
 그러면 1족이 구슬이라고 할 때 3족까지는 부푼 3차원인 것인데, 이것을 원자의 크기로 작게 빻아서 평면으로 붙여 놓으면 이것이 곧 8족인 헬륨이다. 그리고 이 평면을 뭉치면 다시 구슬이 되는 것인데 그 횟수만큼 주기율이 늘어나는 것이다.

순서	주제
49	주기율의 역행성과 인류의 종말

이는 곧 마치 선천수가 4까지 역행한다면 헬륨족에서 셈을 하는 것이니 곧 한 주기율의 두께가 벗겨진다. 즉 9, 8, 7, 6, 5, 4인 것으로 여섯 숫자로 대성괘 육효(六爻)를 뜻한다.

육효를 보면 10에서 역으로 행하는 것으로 여섯 단계를 말한다. 10은 바닥으로 빼고 전자가 둘러싼 것 즉 10은 우주에 수소가 깔린 것을 말한다. 9는 은하들의 핵을 말하고, 8은 땅이 형성이 되는 것이고, 7은 산천으로 비바람과 천둥이 난무하는 것으로, 이런 천재지변이 자기 혼자 발광을 한 것은 한 주기율의 발광인 것으로 1, 2, 3족은 영향을 주지 못 하니 제 스스로 끝나는 풍파이다.

그래서 이 3족의 원주 파이는 3족의 원주 차이와 같다. 결국 이 수소족이라는 것은 앞의 수소적이 깨졌다고 해도 다른 반향으로 가는 것이다.

순서	주제
50	의미의 천동설

　배꼽을 어미의 자궁에서 나왔다고 해서 땅이라고 한다. 저 넓은 별들 중에 행성의 하나로 지구라는 의미로 하는 것보다 배꼽을 은하의 중심으로 보면 그 주위를 도는 대장(大腸)이 곧 은하의 별이 된다.
　그리고 항문은 배꼽과 같은 것이면 시작과 끝이 같은 것이 되기에 그러면 우주의 시작으로 돌아가 그 바탕과 병행해야 하는 것이 되는 것이다.
　그러나 항문은 배꼽과 따로 난 것을 보면 은하들끼리의 공간에 배출하는 의미이니, 우리 은하와 안드로메다의 은하는 각각의 개체를 갖고 있다고 봐야한다. 즉 두 개의 은하는 각각의 대장으로 구성된 것과 같다는 것이다.
　대장(大腸)은 건천(乾天)이지만 인간의 몸으로 보면 소화기에 해당하고 땅속을 말하는 것이니 겉에 노출이 된 것이 아닌 금속을 말한다. 이는 머리가 건금(乾金)이어도 오히려 땅속의 금이 대장인 것으로 머리보다 큰 것으로 한다. 이는 수소도 머리인 건금으로 치는 것에서 대장도 건금으로 치면 1족인 것이 되고 이 건금에서 갈라진 것이 2족인 태택(兌澤) 금이 되는데 이는 대장에 갈라서 덮은 폐와 같은 것이다.
　원소 8족의 시작이 배꼽의 중심을 도는 대장에서 시작이 되는 것을 말하는 것이고, 또한 대장이 우주인 하늘인 것에서 물을 흡

인간에게 천기(天氣)누설은 아무것도 아니다. 문제는

수하게 함에 이를 수소인 1족으로 하는 것이니 족은 금인 건(乾)을 의미한다. 또한 수소 수(氺)를 의미하는 것으로 곧 배꼽과 대장과 물은 하나로서 궁수로서 1이 되는 것이다.

  1족의 수소족은 곧 대장 속의 물의 출발선으로 1이 되는 것이다. 그리고 이 물이 새는 2족에서 못의 물이 새니 곧 그 빈 곳에 공기가 들어차니 빈 호수에 태양 공간이 비비는 것으로 아지랑이가 간지럽다는 것이 된다.

  이에 부흥해 물속에는 산호가 돋아 수면에 거품이 감싼다. 심장이 따로 산호초를 만들어 배관을 하는 것으로 유연해지는 것인데, 이것이 3족인 것으로 그릇에 대충 찬 바다에도 불이 산호와 같이 굳은 것에도 물과 함께 유연해진 심장이 된 것이다.

  파도는 리듬을 타는 에너지인 것이니 훨씬 리드미컬한 신경의 자극이 활발해진다. 그 에너지도 넘쳐나니 팔다리와 전신이 율동을 하다 보니 장에도 방귀가 나오는 5족인 것이고, 몸이 거의 물인 6족이어도 주체를 못한다. 7족으로 장애를 만들고 8족으로 정숙해지는 것이다.

  그렇듯 3족이 심장인 것이 곧 유연해진 산호초의 배관인 것이고 그 관마다 신경인 4족이 자극을 하니 더욱 유연해진다. 그래도 바람으로 식히고 물로 끈적이게 해 그나마 파도와 같이 노도이 집합성 또한 어쩌지 못하는 것인데, 산호는 결국 산으로 돌아가면 그 뜻 위에 생물이 또 자라는 것이다.

  그러니 이 과정으로 간과 쓸개가 혈관이 막히지 않게 안마사가 되어 콜레스테롤을 붙였다 떼었다 가장 가만히 있는 것 같더니 최고로 바쁘게 설친다. 그리고 난 다음에 온몸에 신경으로 민감한 것이다. 신장도 바쁜 것이 삼투압으로 석회화 되지 않게 농도 잘 살펴야 하는 것이고, 비장은 성벽이 허는 것을 잘 수리해야 하는 것이고 보충해야 한다.

무엇보다 이 모든 재료를 위장이 담당해야한다. 이는 헬륨이 원소 주기율을 총괄해야 하고 모유가 되어야 하는 것에서 온 천지가 아낙네의 호미밭이 된다. 그래서 달은 이 호미밭의 어미를 지키는 할머니인 것이다.

순서 51
주제
어머니의 어머니는 곧 할머니이다

즉 8족의 정제가 된 주기율의 모태가 되어야 다른 주기율의 문이 열린다. 곧 8족에 이르러야 다시 8족을 채워서 먹일 수 있는 모유로서 다음 주기율 수소족의 종합 음식이 된다. 8족의 위장이 없으면 마치 인간이 아무거나 먹어도 된다는 것과 같다. 즉 위장의 검열 없이 어떻게 내가 존재하겠는가.

그러면 은하 하나가 건천인 것이 실제로는 땅을 하늘로 한 것과 같은 것에서 대장을 의미한다. 그러면 원소 3족은 태양인 것인데, 한 은하 안의 별들은 곧 넓은 바다 안에 각각의 산호초가 일어난 것을 말하는 것인 심장이 된다. 4족은 천둥과 번개가 되고 5족은 바람이니 별 사이에 일어나는 것으로 항성 간에 일어나는 것으로 태양풍을 말한다.

그리고 항성의 언저리는 공전이 느려지니 자연 곧 이는 실제 태양권이 공기 중과 같다가, 물과 같은 저항성으로 느끼게 되는 것을 말하니 6족이라고 한다. 그래도 행성의 물이 흙에 묻히고 증발을 해도 남는 행성들이 곧 8족인 것으로 모래 한 알로도 남을 수 있다.

52. 한자 무자형(戊字形)은 왜 창 과(戈)를 썼을까?

무토(戊土)를 양토라고 하는데 이는 창이 앞으로 나아가면 물러나질 않는다는 것으로 창이 꽂힌 형태다. 즉 창끝의 미늘이 속에 함께 있는 형태가 곧 창에 꽂힌 고기라는 것, 본래 무토는 유방을 의미하는데 위장이 음토이고, 이 위장의 영양이 양으로 효소화하는 것이 비장이다. 이 비장은 곧 유방과 같은 양토에 해당이 되기 때문에 위장에 있는 고기를 꿰어 유방으로 불쑥 내민 형상으로 영양가를 내민 곳이 유방이 된다. 마치 꽂이에 꽂힌 음식을 빼서 조심스레 먹으라며 건넨 것이다.

즉 모유 양토란 화살 쪽에 꽂힌 먹이라는 것으로 이 창 과(戈)는 살에 꽂인 미늘인 것이고, 위아래로 선을 그은 것은 곧 살인 것으로 살로 싸인 창이니 창에 꽂힌 고기와 같다.

순서	주제
53	지구 만의 풍수만으로도

　기문둔갑의 천간은 갑으로 출발을 않고 무(戊)로서 출발한다. 이 무자는 남성의 심볼을 의미하기도 한다. 토는 음으로 여성을 의미하는데 양토는 결국 여자의 재질로 된 양기라는 것이 남자이니 무토인 양이 남자의 심볼이 된다. 무자는 창으로 창은 상처를 남기니 나무인 갑질은 심하다는 것에서 무인 흙으로 빚은 창 정도는 낭만적이고 예술성이 낫다는 의미가 된다.
　하늘나라가 좋은 듯해도 금속처럼 엄격하다. 우리가 말하는 천신은 그리 우유부단하지 않는다는 것이다. 힘을 쓸 때는 천둥 벼락으로 다루니 과학적으로 보더라도 좋은 것은 아니다.
　그러나 무토은 곧 기문둔갑으로 나타는데 이 무토가 남성의 상징물로 하는 것에서 지리(地理)는 기문이라고 한다. 마치 기문에 귀신이 나온다고 해도 땅속의 습곡과 같은 리듬의 힘인 것이니 인간을 넘보지 못한다. 그래도 인간과 일맥상통하는 것으로 하니 무시하면 안 된다.
　무토(戊土)는 양물인 것이고 기토(己土)는 음물인 것이 인간보다 뚜렷하지 않는 것 같은데 우린 그림자를 따라간 듯이 만상에 흡수되어 간 것이다.

인간에게 천기(天氣)누설은 아무것도 아니다. 문제는

순서	주제
54	토(土)는 8족상 무기질에 속하는 헬륨이지만 무기(戊己) 토(土)는 반도체적 유기질이다

 갑(甲)은 얼레 모양이고 을(乙)은 새 모양의 연(鳶)인 것이다. 즉 갑인 얼레에 풀려 멀리 연이 올린 것이고, 이것이 수소와 헬륨의 사이와 같은 것인데, 그 멀어지는 중에도 그 사이가 연줄이 있다. 그러니 한 주기율의 폭이 된다. 이 수소와 헬륨 사이의 중에 링을 얼레의 줄에 달면 이 1에서 바람을 맞아 연까지 올라가는데 여덟 마디가 있는 것이다.
 족 간격의 여섯 개의 링을 달면 8족이 된다. 이는 마치 링이 언저리 연으로 올라가면서 중간에 회오리가 일어나 연 줄이 끊어져 나무에 걸리면 이제부터는 4족인 핵융합의 나무에 썩어 흡수가 된다. 그때부터 핵력의 거름이 되는 것과 같다.
 이는 4와 5족이 회오리를 일으키는 것으로 이때는 갑과 을이 합해 하나의 거대한 원주가 된다. 1과 8족의 합인 원주인 것이면 2와 7의 사이가 뭉쳐져 병(丙)과 정(丁)의 합으로 뭉쳐지는 것이고, 병은 태양과 같으나 정은 어둠의 깊이에 별처럼 가늘다.
 병은 은하 깊이에 불거져 화산을 이룬 것과 같을 때 정은 저 먼 오막살이 기(己)에 호롱불을 보는 것과 같다. 그래도 빛이 있는 것은 3과 6족이다. 이는 3족인 빛이 이슬이 되어 모인 것이 6족인 것으로 하는 것에서 빛이 지렁이가 된 것이 기(己)이다. 이 기(己)의 형상은 구불구불 지렁이 몸인 것이다.

즉 빛이 곡선을 타고 지렁이가 되었다는 것이다. 이 지렁이가 물을 만나니 비 오는 날이 좋은 몸이다. 또한 이 성정이 결국 남성의 양기가 지렁이 몸을 세우며 기지개를 켜면 여성의 음기가 파도를 타면 훑어가는 것이다. 토는 부도체인 것이고 비금속인 것에서 흙의 무기성과 같다.

그러나 무기 토는 토이지만 무기성을 나타내는 것이 아니라 분명 양토와 음토는 유기성으로 구실을 하고 있다. 다만 예나 지금이나 왜 꼭 은밀하게 나타나야 하는 것인데, 생물적인 것이나 실리적인 것이나 아마 문명이 발달해도 부끄럼과 같을 것이다.

3족과 6족의 사이로 뭉쳐지는 무(戊)와 기(己)가 뭉쳐지는 것인데, 무는 양토인 것으로 남자의 상징물이고, 기는 음토인 것으로 몸의 창자를 전시한 것을 말하는 것으로 서로 연줄이 연결이 되어 있다.

연의 줄이 남녀가 만나는 것만큼 가까운 상대성이라는 것이고 경(庚)과 신(辛)은 4와 족이 합한 것으로 가장 가까이 접 붙은 것으로 밀착이다. 이는 같은 목이니 접 붙어도 산다는 것이 목은 목으로 산다는 것이다.

3족과 6족은 물과 불이니 서로 붙질 않으나 표면적으로 그림자로서의 독립적 개체가 된다. 만일 중간에 목이 있으면 물에서 나무를 내밀어 꽃으로 내밀 수는 있다.

기문둔갑은 물에 사는 귀신이 빛을 만나면 유기질인 자식을 낳게 된다. 그러므로 이 유기질이 부모의 유전자를 받아 유기성을 발휘한다. 무는 6족인 것이고 기는 3족인 것인데, 이는 6족은 파도와 같은 양기의 물관인 것이면, 3족은 꽃과 같은 음기인 것의 체관인 것이 된다.

무와 기는 물관과 체관이니 무는 양물인 것이고, 체관은 몸 기인 것으로 받아들인다. 건곤감리의 상대성에서 건곤은 하늘과 땅이 정해진 것에서 움직이고, 감리는 남자와 여자가 만나는 것에서 움직인다. 여자는 일어나면 화장을 해야 하는 것이고, 남자는 전봇대에다 오줌을 갈겨야 신간 편한 것이 물관과 체관의 화합인 것이니 나무는 오줌도 향기롭고 화사하다고 할 것이다.

이렇게 유기성이 극한점이 곧 4와 5족이 마주하는 것에서 음과 양이 붙어 하나의 리듬으로 넘어가는 가니 경금(庚金)과 신금(辛金)이 있는 4와 5족이다.

순서	주제
55	세포 하나가 내 하나의 우주가 되려면

지구가 하나의 세포라고 하면 그 하나의 세포가 70조 개의 몸과 같은 복사품이다. 그러면 은하에 태양이 2억5천만 년이 두르는 공간의 세포수도 그러한 것이니, 충분이 그만한 세포의 오장을 만들 수 있다. 또한 우리가 겁이라고 하는 것이 2억5천만짜리 바위의 수명이라면 곧 선녀의 옷자락이 2억5천만 번 스쳐야 다 없어지는 연한과 같은 것이다.

그리고 삼천(三千)을 이야기 하는 것에서 소천(小千)만 차도 천을 곱한 2조5천억이 되는 것이고, 그래도 내 몸 하나 만들지 못한 세포수가 되는 것이다. 여기서 소천이 열 개면 25조이다. 여기에 다시 세 배를 더하여야 하니 소천을 30개를 더해야 인간 세포 75조 개의 몸 하나가 된다.

은하가 소천인 것이면 은하단은 중천에 있는 것으로 하는 것이고, 이 은하단이 또 하나의 묶음이 되면 대천이 된다. 그러니 인간 세포는 중천 속의 소천이 30개가 모인 것을 말한다. 이는 30개의 은하가 모인 몸이라는 것이 된다.

작은 굴렁쇠가 1년을 도는 것과 큰 굴렁쇠가 2억5천 년을 도는 것이나 모두 한 손에 두 굴렁쇠를 쥘 수 있다. 그러면 당연히 직렬로 순환으로 돌아오니 그 중에서 굴렁쇠가 겹치면 두 갈래의 병렬로 갈라지는 것이다. 마치 겁으로 사는 굴렁쇠의 역사가 한 해살이의 역사에 물려 들게 된다. 그러니 부처님도 사람인지라 인생 나이를 사는 중에 느닷없이 겁을 이야기한다.

몇 억 년 전의 일이든가? 몇 천 년 전의 일이든가? 달이 지구를 돌며 한 해를 풀어내는데, 왠 기억이 그렇게 많아 인간이 태어나더란 말인가.

지구 하나가 70조 년의 우주 몸으로 말을 하는 것에는 입조차 보이질 않는 것인데, 희한하게 이 세포 하나를 돌리며 달이 풀어 기억을 소행하는 입에는 어쩌다 2억5천만 년의 역사를 이야기할 수도 있네.

8족의 인체 구조

이마와 수막의 뇌가 1수소족 그리고 수소족의 대칭인 헬륨족이 위장이 된다. 또한 2족인 베릴륨족이 입이다. 이에 대칭인 7족이 비장인 것이고, 또한 원소 3족인 붕소족이 혀이다. 이와 대칭인 6족이 방광인 것이고, 그리고 턱이 4족인 탄소이다. 이와 대칭으로 5족인 질소족이 기관지인 것이다. 이것이 산성 네 개의 족과 알카리 네 개의 족이 대칭으로 8족이 반으로 접힌 것이 된다.

주기율과 족	1	2	3	4	5	6	7	8
1								
2	뇌수막	2	혀	턱	기관지	방광	비장	위장

이것을 어떻게 한글주기율과 같이 배치가 되는 것인가 하면 4족까지를 자음으로 하면 이는 머리에 해당된다. 5~8족까지 모음에 해당이 되는 것이면 이는 모음에 해당이 되는 메커니즘인 것이다.

제5장

거울 속의 내 면모

순서	주제
57	이목구비의 짝이 전생과 현생의 짝인 것인데…

    코는 우뚝 솟아 양쪽이 겹쳐 집합이 된 것이라 습곡이 일어난 것과 같다. 이것을 옆으로 펴면서 양쪽으로 당기면 도리어 이목구비의 짝으로 늘어난 것이 된다.

    이목구비가 모여 코로 겹치면 코로 일어나는 것에서 코 산근 아래 두 개의 구멍은 겹쳐지지 않는다고 본다. 코는 겹치나 그 아래 구멍은 겹치지 않는다.

    이는 곧 코가 평면으로 펴지고 더 당겨지면 두 개의 눈으로 늘어나다 다시 두 개의 귀로 늘어난다. 두 개의 귀로 늘어나면 그 면적이 늘어나는 공간까지 섭렵이 되는 것에서 이통(耳通)이 된다. 그러면 코에서 귀까지 늘어나지 못하고 눈까지만 늘어나는 것은 귀의 반까지 눈의 영역이 된다. 즉 눈은 귀보다는 눈으로 두 겹으로 겹쳐진 공간 벽인 것이라 안통(眼通)은 앞부분은 보이나 뒷부분으로 보이는 귀를 보지 못하는 뒷부분에 있는 것이다.

    귀에서 보면 눈의 뒤를 알 수 있는 것, 즉 눈의 뒤를 알고 있다는 정보망이 있다. 그러므로 귀는 눈의 뒤의 공간성을 알고 있다는 것이다. 그리고 귀의 뒤는 공간성이 어떻게 되는가 하는 것이다. 이목구비는 원심에 붙어 있어 자전적인 것이 공전에 붙어 있다. 이는 곧 이목구비 중에 귀가 공전의 원주가 큰 것의 언저리이다. 이 제일 큰 원주의 뒤가 무엇인가 하는 것은 곧 원주의 구형

인간에게 천기(天氣)누설은 아무것도 아니다. 문제는

(球形)이 귀의 뒤에 있다는 것이 건(乾)의 모형이다. 결국 귀의 뒤 통수는 곧 구형의 한 부분으로 원주의 한 부분인 얼굴 전체의 구형에 뒤통수인 일부분인 것으로 한다.

코는 겹치는 것으로 씨앗이 두꺼워지는 것과 같다. 산근 밑에 두 구멍은 씨앗 속의 두 개의 눈과 같은 것으로 아직 눈처럼 드러나지 않은 것으로 싸여 있는 것과 같다.

순서 58

주제
구산팔해와 원소주기율
연월일시와 이목구비의 바다

네 개의 굴렁쇠 원이 턱에 몰려 한 손아귀에 몰려 있는 점인 것으로 이 점에 물린 자리에서 각기 다른 크기의 원은 한 점에서 다른 원으로 이동하여 다른 크기의 공전으로 돌 수 있다. 그런데 이는 구심을 기준으로 돌 때는 원은 병행하는 것의 그 끝이 꼬리만 물고 붙지 않은 여러 겹의 공전인 것으로 해서, 앞뒤만 물고 계속 이어져 끝이 없다. 즉 영원히 파이 원주율을 본다는 것에서 오일러 공식이 영원한 매력적인 꽃이 된다.

아주 작은 원주가 물 하나의 0에서 나무의 나이테처럼 커졌다가 다시 꽃처럼 크게 펴져도 둥글게 돈다. 이런 절차성을 네 개의 원이 이어가며 자라는 것과 같다.

턱인 4를 4족인 것으로 하여 5족이 법령인 것으로 이 5족인 손풍(巽風)이니, 코가 중앙인 것으로 그 속에 바람이 통하는 것이다.

이는 곧 4족인 나이테의 나이테가 천 년을 돈 굴렁쇠라고 해도 이 나이테 곁에서 가지가 나고 잎이 나는 것이 5족이다. 이는 곧 법령선 안에 있는 것으로 곧 잎의 수풀이 싼 것을 말한다. 그리고 그 속에 생물이 사는 것임에 또한 인간이 사니 인중(人中)이 사는 것이고, 다시 눈을 언저리로 도는 원과 귀를 언저리로 도는 원과의 사이가 6족인 것으로 하니, 이마를 뜻하기도 한다. 이는 곧 이마는 수막이고 눈물샘이다.

이 귀 굴레와 머리칼과 이마의 사이를 지나는 선이 7인 것이니 머리칼은 물 위에 숲을 이루는 것과 같다. 그리고 머리는 융기와 짱구가 나는 것으로 산의 기운을 나타낸다고 본다.

또한 머리는 건인 것으로 1족인 것이라면 이 둥근 두개골이 갈라지고 패인 것이면 얼굴이다. 그래서 2족이 되고 2족이 양동이라면 6족이 양동이 물이라는 것이고, 크게는 바닷물이라는 것이다. 그러면 1족인 수소는 비구름 속의 물인 것이다.

은하수 H가 양 귀로 O를 만드니 바닷물은 지구에서 만들어진 것이 아니라 우주에서 생긴 것이 지구에 쏟아진 것이다. 1족인 수소 은하수 H가 우주에서 O를 만들어진 것이라 보면 H_2O인 사람의 얼굴은 우주적 형상이 된다.

H가 우주적인 것에 O까지 더해도 H_2O인 물은 금속성보다 가볍고 유연하다. 이것이 얼굴 전체의 O인 것이면 이 물에 회오리가 곧 입이다. 이 입은 블랙홀과 같은 것으로서 O는 입인 것에서 이 입도 H_2로 당겨진 힘에 있다. 그러니 입술은 블랙홀의 입구처럼 붉은 것이고 법령이라는 것은 블랙홀의 경계를 벗어난 것으로 물의 표면장력이 중력과 같은 것에 있다.

인간에게 천기(天氣)누설은 아무것도 아니다. 문제는

순서	주제
59	원소 2족은 낚시의 추에 해당이 되는 것인가?

  이 납추는 폐인 것으로서 하나든가 4개든가 하는 것, 미끼는 위장인 것이고, 이 입술인 수평선에 찌가 있는 것이 인중이다. 제3의 눈인 3족은 태양의 그물인 것으로서, 그 한 바퀴가 2억5천만 년이라고 해도 과거와 미래를 쌍으로 보는 중앙인 것의 산근(山根)을 잡고 일어난다. 이는 마치 2억5천만 년을 묶은 리본의 끝머리를 나비의 양쪽 날개처럼 낸 것이 눈과 같은 것이다.

  인중에서 반지름으로 눈을 사이로 두르면 반대쪽은 턱 끝까지 두르게 되어 있다. 그때부터는 턱을 끌어올리듯이 입의 윗니와 마찰을 일으켜 스파크를 일으키니 이는 전하가 발달하는 촉이 일어나 신경이 풍부해진다. 뇌는 지혜롭게 결과를 만드는 것이다.

  코가 중앙 5토이다. 이목구비가 중앙인 5토를 지나면 이는 거울의 바닥면이고, 그러면 한 쪽의 이목구비는 실상인 것으로 5로 하는 것, 즉 거울의 면을 뇌와 같은 복사성이 있는 기억이다. 그러면 한쪽 뇌는 거울 바닥인 기억의 저장성이 되는 것이고, 한쪽 면은 내게 다시 돌아온 기억의 편차를 종합할 수 있는 기능이 되는 것이다. 그래서 이 토라는 것은 곧 여자를 의미한다.

  여자의 뇌는 구궁적 복원의 조합이 훨씬 뛰어난 것을 뜻한다. 즉 양쪽 뇌의 활용이 양쪽의 눈의 조합만큼이나 낙서의 순환감이 빠르다는 것이다.

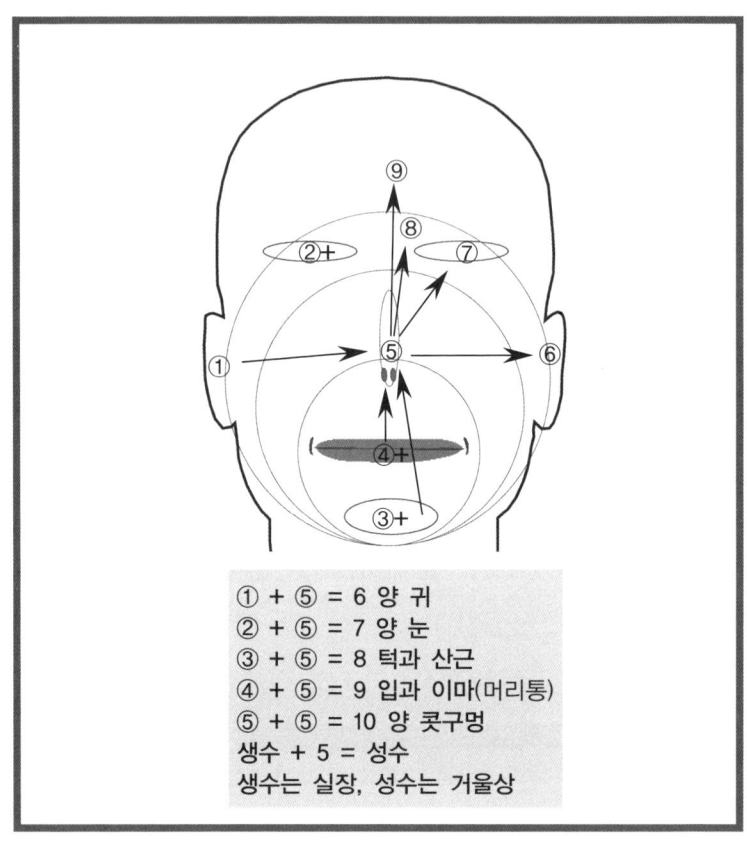

즉 뇌의 기억에 의해 한 쪽은 실상이고, 이 실상이 5토인 거울 바닥을 지나 다시 다른 한쪽의 이목구비로 나오면 거울상이다. 이 편차의 분별력이 여자가 섬세한 것이다.

한글 자음을 남자로 하고 모음을 여자로 했을 때, 한글주기율표로 보면 알카리성이 1~4족인 것으로 하면 4족은 진목(震木)으로 이는 곧 남자는 주먹이 앞서는 것이고 근육을 앞세우는 것은 수컷이기 때문이다. 그에 비해 모음은 산성 쪽인 것으로 5~8까지가 여자인 것으로 끝이 8곤토이다. 결국 곤토는 거울의 바닥면인 것을 말하는 것이고 양면을 볼 수 있는 것이니 논리의 조합이 뛰어나다.

이는 실상이 거울에 들어 다시 거울상으로 나오는 것과 같은 시야를 가진 중심이 있는데, 여자는 자신이 약하다는 것으로 자신의 우월성은 상실하는 것이다. 그런데 이것은 여자가 원죄가 무겁다는 것으로 비추기도 한다.

한쪽이 나라면 한쪽은 거울상으로 마치 거울 속에 귀신이 나오는 상이고, 또한 나의 후생이거나 나의 전생인 것의 짝이다. 다만 현생의 모습과 전행의 모습은 다른 것으로 나타나는 것이 육친이다. 마치 부부가 다른 모습이어도 전생의 나의 모습이 짝을 이루어 배우자를 이룰 수 있는 것과 같은 이치이다.

즉 세포 분열에 있어 같은 짝인 것의 같은 유전자인 것인데 쌍둥이 같지 않게 드러날 수 있는가를 의심하는 것이다.

순서 60 | 주제 얼굴의 좌우상하 대칭의 실상과 거울상

얼굴은 왼쪽 눈이 2이면 음으로 거울상인 것이며, 오른쪽 눈은 5인 거울 바닥을 합한 7이 실상인 내가 되는 것이고, 왼쪽 귀가 1인 것이면 양이니 실상인 것이고, 오른쪽 귀는 6인 것으로 거울상이 되는 것이고, 3은 턱인 것으로 아랫니인 것으로 양인 것이고, 윗니는 상대적으로 음인 것으로 8이 되는 것이다. 그리고 4

는 얼굴 전체를 나타내는 것이 음인 것이고, 이마와 뒤통수를 돌아 둥근 것은 양인 9가 되는 것이다.

이 네 개의 이목구비가 각기 폭이 다른 지름인 것이나 이는 외견상인 것으로 다르게 보이는 것이고, 내적으로는 1과 6의 사이도 5와 5를 더한 10인 것이고, 2와 7의 사이도 5와 5를 더한 10인 것이고, 3과 8의 사이도 5와 5를 더한 10을 더한 10인 것이고, 4와 9의 사이고 5와 5를 더한 것 즉 1과 코 사이가 5인 것이고, 2외 2인 눈과 토 사이가 5인 것이고, 3과 코 사이가 5인 것이고 4와 코 사이가 5인 것이다.

토의 반사각에서 7인 눈의 상대적 눈인 2인 거울상으로 나오는 것이면 5를 더하는 것이요, 귀 1인 실상의 상대적 5를 더한 것으로 10인 거울상이 나오는 것이고, 3인 턱과 코까지 1인 것이고 이이 코에서 반사되어 윗니 턱까지 5인 것이니 합하여 10인 것이고, 9인 머리가 코까지 5가 되는 것이고, 이 코에서 얼굴로 패인 것이 4까지인 것으로 5를 더한 10이 되는 것이다.

순서 **주제**
인중을 천인이라고 하는 것과 세상 낚기

얼굴과 몸의 대칭성으로 턱인 목을 기준으로 하는 4족에서 얼굴로 7족까지로 하고, 또한 아래로서 7족까지로 하는 것에서 마치 내가 그림자와 상대적으로 마주하는 것, 즉 목을 중심으로 아래로 5, 6, 7, 8인 것과 위로 5, 6, 7, 8로 늘어지는 것이 그림자처럼 물린 것이라는 것이다.

얼굴은 입술을 닫은 선이 수평선으로 하는 것인데, 마치 낚시에서 찌를 던지면 이 찌가 인중처럼 떠 있는 것이 곧 입술선 위에 찌가 선 것과 같은 것이다. 즉 좆대가 선 것이라는 것이다.

이 좆대가 부평초 같지 않으려면 추를 달아야 하는 것인데 이 추가 곧 입술 아래 폐가 되는 것이다.

그런데 이 폐가 호흡을 한다?

과연 인간은 공학적으로 보더라고 매우 실용적인데 이 추에 공기가 나오는 수족관의 추와 같은 것이다. 그러면 이 산소에 몰려든 뱀장어가 바다로 공급을 가진 것으로 전신에 퍼 날라주니 세포가 굳이 움직일 필요도 없이 생각만으로 다 이룬 것이 된다.

그리고 가슴은 5가 되는 것이면 배는 6족인 물인 것이다. 그리고 엉치뼈가 7족인 것이고 몸의 살갗인 피부는 8족으로 이는 위로 향하는 얼굴의 실상에 아래로 그림자가 내려진 상대성인 된다. 그러니 이 그림자 속을 낚으려면 이 추가 무거워 가라앉으면 그림자에 끌려 낚싯대는 잃어버리는 것이니 붉은 끈을 좆대에 눈금을 표시하니, 절대 내려갈 정도의 무게가 되지 못하게 심장이 전신을 돌며 그 부력을 맞추어 눈에 심지를 켜며 지켜봐야 하는 것이다. 이는 심장이 폐의 추가 가라앉지 않게 하기 위함이다. 그럼 이 찌의 위를 보면 코가 있는 것이니 곧 코가 5족인 것으로 5족은 아래로는 폐와 대칭이 된다.

그리고 코 위에 이마가 6족인 것으로 여기에서 수막이 있는 것이고, 눈물샘이 있는 것이고, 머리칼의 경계선에 이르면 이는 7

족에 닿은 것으로 짱구나 봉오리가 나는 것인데, 그냥 둥근 것으로 하면 8이기도 하다. 즉 머리통은 건이요 또한 살이 덮은 것은 세포들로서 덮은 곤이다.

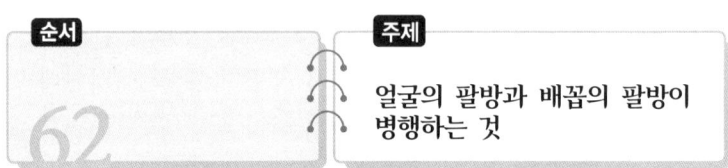

순서 62

주제 얼굴의 팔방과 배꼽의 팔방이 병행하는 것

얼굴은 코를 중심으로 5가 이목구비의 한쪽이면 다른 한쪽은 10인 것으로 한다. 이는 곧 머리는 코를 5인 것으로 토(土)로 하는 것이고, 이 토는 소화기인 것으로 위에서 항문까지를 뜻한다.

머리는 코가 일직선인 것으로 창과 같은 것인데 그것은 무자형(戊字形)인 것으로 얼굴의 옆면으로 보아 코가 쭉 뻗은 형국인 것의 양(陽)도 즉 머리는 양금(陽金)인 것에서 무토(戊土)는 코가 되는 양금이 되는 것이다.

그러면 기자형(己字形)은 곧 뱃속 창자라 구불구불한 것을 나타내는 것이니 곧 소화기가 토인 것으로 5에 해당된다. 그러면 마치 부신이 1인 것이면 신장이 6인 것이고 쓸개가 3목이면 8음목은 간이 되는 것이고, 심실이 7화인 것이면 2음화는 2가 되는 것이고 4가 폐가 되는 것이면 9는 머리가 되는 것이고, 5가 비장인 양토이면 10은 위장이 되는 것이다.

이러한 목 아래 몸의 배꼽인 소화선을 중심으로 오장의 실상과 거울상을 보자면 1인 부신이 소화기 5와 합하여 다시 신장으로

5를 합하여 10이 되면 이는 1인 부신이 5를 더하여 6인 신장이 음과 양인 것의 대칭이 되는 것, 즉 양쪽 귀가 1과 6인 대칭성과 5와 5가 대칭인 것과 같다.

 또한 2인 심방이 5 토를 돌아 영양을 빨아들여서 다시 심실로 가면 7이 되는 것으로, 이는 곧 한쪽 눈이 7양화인 것에서 2 음화로 실상이 거울상으로 5인 거울 바닥을 지나 반사되어 다른 쪽 눈에 2로 나타는 것과 같다. 이는 머리인 하늘의 원리가 배인 땅의 원리를 그대로 갖고 병행하는 것과 같은 것이니 곧 머리의 이목구비가 몸의 오장과 같은 원주율을 가진 팔방의 논리가 있다는 것이다. 이런 8방의 논리는 우주의 구산팔해와 연월일시의 원리도 같이 적용이 되는 일치성이라는 것이다.

 지금은 폐기되었지만 훈민정음이 나왔을 때는 점인〈·〉이 있었는데 이것을 〈아〉라고 발음되었다고 한다. 우리가 남자인 양물을 뜻할 때는 ㅏ라는 형상을 띠는 모음으로 하는 것이고, 이는 리튬의 자리인 자음이 〈ㅏ〉가 된다. 그러면 여자는 〈ㅏ〉의 형상에 젖꼭지 점을 없애니 모음 〈ㅣ〉가 여자의 음물인 것으로 상대적 중성자를 음물로 한 것이다.

 즉 1주기율의 헬륨이 모음 〈ㅣ〉에 해당이 되는 것이고 또한 〈ㅡ〉도 헬륨에 속하는 것인데 여기에 점이 붙어 〈ㅏ〉가 되는 것이면 양물인 수소적인 리튬이 된다는 것이다.

 그러면 왜 수소는 점이라고 하는 것인 〈아〉로 발음이 되는 것인가, 이는 수소는 알과 같은 것으로 이 알은 양이기도 하고 음이기도 한데, 마치 거북 알이 볕이 있는 쪽이 양물이 되듯이 알로 있어도 양물인 것이 양의 세상이 노출되는 것이니 수소를 점인 것에서도 〈ㅏ〉가 되는 것이다. 그리고 헬륨은 확실히 이 양물인 〈ㅏ〉가 아닌 그늘 밑의 알에서 나온 것이니 〈ㅣ〉가 헬륨인 것으로 음물이다.

순서 63 / 주제 우주 중압의 법칙

우주의 중압을 원소 7주기율의 중압을 기본으로 할 때 그 안의 원소는 마치 공기방울과 같은 것의 부력에 있는 것이 된다. 그럼 얼마나 우주 중압인 것이 수학적일 수 있는 기하학이 되는 것이냐 하면, 원소 2주기율에서부터 8족이 있는 것인데 원소 1주기율에는 8족이 없고 2족만 있는 것이다.

그런데 이 한 스텝 사이에 핵융합이 중간에 있어 8족이 된다. 그러면 이 융합은 어떤 에너지의 중압이 있어야만 가능한 것인가 하는 것이다.

자동 폭발이나 융합이 되어야 하는 것이면 자동적으로 연료가 메워들어야 한다. 그러려면 원소 주기율의 순서를 역순으로 보자면 2주기율의 4족인 자리가 융합의 자리인 것인데, 이렇게 원소가 다 된 상태에서의 융합이나 폭발은 엄청난 에너지의 연료가 들어가는 것이니, 실제 탄소끼리의 융합으로 중성자를 만든다는 것은 다이아몬드보다 더 강압되어야 하는 것이 아닌가 한다.

인간에게 천기(天氣)누설은 아무것도 아니다. 문제는

그러나 만일 원소 1주기율의 중간은 허공인 것으로 하는 진공의 공망이 있는 것이면, 이는 자연적으로 압축하지 않아도 몰려든다. 또한 압축보다 진공성이 더 강할 수 있는 것에서 빨려드는 것이면 자동적으로 융합이 된다.

우리가 핵융합을 할 수 있는 것은 원소주기율 중에 가장 가볍게 활용도가 높은 원소 1주기율의 울타리에서 융합을 하는 것이다. 이는 2족 사이의 여섯 개 족이 없는 것 즉 6개의 원소가 빈 것을 진공성에서라는 것에서 결합체라는 것이다.

그러니 어쩌면 다른 주기율의 마이너스 형태가 되는 것으로 핵화한 것으로 보면 2주기율로 +1이 되는 것이면 오히려 2주기율 선상이 곧 0이 되는 오일러 등식이 되는 것이다.

순서	주제
64	오! 누가 안다고 할 것인가

수소는 고대 한글의 점인 것으로 〈ㅏ〉를 의미한다. 아가 중간에서 네 개의 젖꼭지만 따다가 핵융합을 하니, 결국 헬륨은 〈ㅏ〉에 점이 떨어진 〈ㅣ〉만 남은 것으로 헬륨이 된 것이다. 즉 수소는 마치 ㅏ가 되지 못한 점 아! 음인 것인데, 이는 아직 양성자가 점 〈아〉를 가진 것으로 알로서 융합하여 점 아는 두 개 뺀 것으로 나머지 중성자 두 개로 〈ㅣ〉가 된 것이고, 이〈ㅣ〉는 헬륨인 것으로 이 헬륨〈ㅣ〉에 점 하나를 붙이면 〈ㅏ〉인 것이니 발음상〈ㆍ〉

은 〈아〉인 발음이고 〈ㅏ〉도 〈아〉 발음이라는 것이다.

즉 점은 자음에 가까운 입자성으로 보는 것이나 한글은 점을 모음으로 하는 것은 점은 수소의 모음적 시작이기 때문이다. 2주기율의 수소족 리튬에서야 이 〈ㅣ〉에 수소점 〈·〉를 붙여 〈ㅏ〉인 자형이 된다.

어떻게 한글의 원리만으로 우주 핵융합과 폭발의 원리대로 퍼져가는 것과 같다는 것이다. 한글 자음 중에 ㅁ과 ㅍ은 순음(脣音)이다. 순음이란 곧 수음(水音)을 나타낸다.

즉 ㅁ, ㅂ은 한글 ㅇ인 헬륨을 지나야 다음 주기율의 ㅍ이 되는 것을 말하는 것으로, 이는 ㅁ은 8족인 흙먼지가 끼지 않는 순도가 되는 것이면 ㅍ은 먼지가 낀 것 즉 ㅁ은 입술이 얇은 소리를 내어도 내적 음이 있는 것이고, ㅍ은 매우 겉 입술의 힘을 강하게 밀어붙여야 하는 것이다.

또한 설음(舌音)이 원소 3족인 ㄴ, ㄷ, ㄹ을 뜻하는데 이는 입을 활짝 연꽃처럼 하고 입술만 나풀거려도 되는 것이지만 2족은 ㅅ, ㅈ, ㅊ인 것이다. 이는 곧 입술을 벌리지 않고 다무는 듯이 그 틈 사이로 이빨 사이의 소리가 새어나오는 듯이 내는 음인 것으로 마치 바위가 구슬처럼 막은 것에 구슬이 갈라져 바람이 새어나오는 것의 치음(齒音)을 나타낸다.

132   인간에게 천기(天氣)누설은 아무것도 아니다. 문제는

순서	주제
65	육도와 원소주기율

 욕계는 원소 6주기율과 7주기율을 뜻하고, 란탄, 악티늄족인 것이다. 7주기율은 악티늄족으로 지옥이나 아귀에 속하는 것이고, 6주기율은 인간계나 짐승에 속한다고 본다. 4와 5주기율은 색계인 것으로 5주기율은 사천왕천에서 4주기율은 도솔천과 같은 것인 전이원소에 해당된다. 2와 3주기율은 무색계인 것으로 최고의 천상천을 말한다.
 이는 마치 색계는 히말라야 산 최고봉이 수미산과 같은 것이면 그 위에 달과 같은 궤도 안은 색계이다. 그 밖의 태양계로 있으면 무색계가 된다는 것으로 전혀 행성에 구애받지 않는 물리성이라는 것이 된다.
 다만 원소주기율마다 전형원소가 있는 것이고 4주기율부터는 전이원소가 란탄 악티늄 속에 붙어 있다. 이는 곧 내가 살고 있는 것은 사람이든가 짐승이든가 살고 있는 것에서 잠재적 바탕성은 전형원소로 순환할 기능성을 갖고 있다는 것이다.
 즉 내가 7주기율의 지옥에 있다고 해도 7주기율에도 전형원소가 있으니 전형원소의 각성이 있다는 것이다.
 만일 전형원소가 없는 것이면 아무리 죄를 지어도 각성을 못하는 것인데 전형원소가 있으니 죄의식과 자각이 있는 것이라 란탄, 악티늄족의 고통은 없는 2나 3주기율의 세상으로 태어나면 굳이 지옥에서 2주기율이나 3주기율의 각성으로 고통스럽지 않다는 것을 말한다.
　마치 우리는 대뇌피질 중에 한 겹이 육도 중의 한 겹으로 세상을 깨달으며 살고 있다는 것이니, 족이 대뇌피질이 다 열리면 무색계의 최상층의 깨달음인 것이다. 그런데 어차피 욕계로 떨어졌으나 퇴화된 무색계의 흔적은 전형원소로서 남아 있다는 것을 의미한다.

　대뇌피질이란 곧 뇌막인 것으로 상피성을 의미하는데, 그러면 휠이라면 바퀴 테가 상피성을 나타낸다. 상피성은 원심 굴레를 뜻하는 것이니 그로해서 그 상피성만으로 여섯 굴레의 겹인 것이 대뇌피질이라는 것이다. 그러면 이는 마치 얼굴의 굴렁쇠가 여섯 막으로 하나의 턱에 모인 점에 있는 것으로 서로 톱니가 물려 있는 여섯 겹이라는 것과 같다. 즉 뇌막이 육도의 막으로 된 것에서 하나의 막이 열린 것과 두 개의 막이 열린 것이 된다.
　중간에 하나의 막만 역할하는 것으로 두뇌가 열린 것이면 이는 마치 막이 막마다 한쪽을 보이고 한쪽은 가려진 것이다. 그러나 두 쪽이 다 열린 것 등이 결국 여섯 족이 유리 같으면서 다 트인 육도를 보는 것과 오직 한 쪽의 막으로 앞만 보인다. 하지만 뒤는 보이지 않는 것은 육도 중에 하나만 트인 것과 여섯 개가 다 트인 것이 대뇌피질의 상태에 따라 급이 다른 소재로 볼 수 있는 것과 같다는 것이다.
　이는 마치 거울의 유리가 구산팔해(九山八海) 중에 구산은 거울의 뒷면이고 팔해는 거울의 유리와 같은 것이면, 거울이 아홉 개가 포개진 것에서 이는 마치 유리에 뒷면을 흙칠한 것이 구산이요 유리가 팔해인 것으로 한 겹의 거울인 것이 여덟 개라는 것이 된다. 그러면 여덟 겹이라도 산이라는 벽이 있으니 한 겹의 거울 안에서만 일어나는 것이 된다. 또한 거울 안에 사는 것이고 반사되어 다시 거울 안에서 엉켜 사는 것이 된다.

그런데 이 구산을 밀어내야 하는데 이는 마치 산채로 밀어 붙일 수 있는 것인가 죽은 것으로 밀어붙일 수 있는가 하는 것이다. 마치 산으로 막혀 있는 것이면 죽은 것이고 막혀 있지 않고 통과한 것이면 산 것이다. 과연 한 거울에 한 쪽만 그림자로 보이는 쪽이 있고, 반대편에는 양쪽이 열려 있어 바깥만 보이는 거울도 있다. 또한 겹겹의 거울에 거울 벽이 아닌 유리 밖을 보는 듯이 통하는 여섯 겹으로 통하면서 그림자가 없는 듯이 사는 것이, 아라한의 해탈인 것과 한 겹 안의 시야성으로 세상을 보는 것의 육도의 한 면에 살고 있는 것에서 과연 팔방미인이 되는 것인가 하는 것이다.

만일 유리 조각이 평면으로 펴진 것이 설탕을 평면으로 한 것에서 이를 긁어모아 가며 솜사탕을 만들면 유리 두께만한 것이 솜사탕 두께로 일어나 구름과 같은 하늘 면으로 해서 우리가 사는 것이다.

이는 마치 유리의 단면이 압착되어 네 개의 굴렁쇠로 네 개가 물려가는 굴렁쇠가 다른 굴렁쇠와 연결되어 솜사탕처럼 커질 때이다. 거울 면이 구름처럼 돌아가는 하늘 면으로 가는 것과 병행하고 있다는 것이 된다.

순서 66

주제
대뇌피질은 네 개의 굴렁쇠가 압착되어 얇은 테이프와 같지 않은가?

주역의 본괘에서 간괘는 네 개인 것을 펴야 하는 것이 있고, 이것을 펴면 육효로서 중복되지 않은 것에서 6효가 되는 것으로 이는 곧 여섯 주기율이 열리는 것이다.

간괘(間卦)에는 네 개의 효가 중복된 상태를 말하는 것으로 연월일시가 되는 것이다. 이것을 펴서 육효가 되면 육도가 되는 것으로 따진다는 것과 같다.

육도는 육효인 것으로 정해진 것이나 그 중에 겹치는 것으로 태양권을 의미한다. 육도(六道)는 은하이다. 연월일시는 태양이다. 즉 은하는 크나 얇고 투명한 것이면 태양은 작으나 두껍고 탁한 것이다.

대뇌피질의 두께나 거울의 두께는 같다는 것에서 유리의 질이 설탕과 같은 것이면, 이 설탕은 평면을 이루는 크기이다. 하지만 이 설탕이 솜사탕으로 일어나는 것이면 그 공간성이 평면적 테이프만 하다는 것으로 이해가 되는 것이 아니다. 거기에는 입체성을 띠는 것으로 차원을 달리 할 수 있는 구조를 갖추는 기하학적이라는 것이 된다.

은하의 중심보다 은하의 바퀴 부분인 굴렁쇠의 공전에 태양이 자전으로 돌고 있는 것으로 서로의 회전이 이빨이 맞다는 것이 곧 함수이다.

136   인간에게 천기(天氣)누설은 아무것도 아니다. 문제는

대뇌피질은 네 개의 원심굴레가 두터운 것에 두 개의 원심굴레는 엷은 것으로 더한 여섯 굴렁쇠이다. 즉 원주 굴에는 핵을 싸고 있는 두개골(頭蓋骨)을 의미한다. 이것은 주기율로는 3족까지인 것이고 이는 골이 빈 해골을 뜻하기도 한다.

4족부터는 외부적으로 자극을 주는 것으로 이 자극이 곧 턱이 붙은 것이다. 턱은 3족인 해골을 치는 것이고, 여기에 유연성을 더하니 바람으로 딸각거리는 것이 5족이다. 물로 치니 6족인 것이고, 이 물을 보자기로 싸니 자루에 물이 담기는 것으로 물도 새지 않는 장독과 같이 숨을 쉰다. 그러니 턱에는 번개가 일어 불이 붙으니 혀가 나와 해골을 더욱 튼튼하게 바르는 것이고, 턱은 늘 융함과 폭발성으로 신경이 살아나 머리의 갑목(甲木) 신경을 살리니, 턱은 분명 신경을 살리는 진목(震木)인 것으로서 갑목은 대뇌피질이다.

이는 네 개의 링이 하나의 턱에서 압착을 하여 뇌신경을 여섯 겹으로 주입하니 뇌는 신경망으로 단단해지는 정신력이 되는 것이다. 마치 복숭아 씨앗에 붙은 과살의 섬유성이 질겨서 잘 떨어지지 않듯이 뇌의 신경만은 씨앗 속의 알맹이가 달아 붙어 빨아대는 것과 같다.

제6장

때는 벗겨지면 다시 돌아가지 않는다

순서	주제
67	세포 분열의 시작은 쿼크에서부터

 주역은 천지수 50으로 한다. 이는 시초 50으로 하는 것에서 1주기율 2원소를 빼면 48개인 것으로 이는 곧 여섯 주기율로 8족을 곱하면 48인 것으로 뺀 1주기율을 2를 더하면 50인 것이다.
 그리고 2, 3, 4주기율이 상괘이고 5, 6, 7주기율이 하괘인 것으로 대성괘(大成卦)로 한다. 이는 상괘가 24가 되고 하괘가 24가 되어 합한 것이 된다.
 이 부분에서 토정비결은 1년 신수를 하괘의 변화로만 보는 것인데 그 원리는 꼭 역학상(易學上)만으로 볼 것이 아니라 원소주기율적 화학성으로만 보아도 명징한 것이다. 1년은 24절기이니 24로 한 해의 운이 들어 있는 소성괘로 볼 수 있다.
 그러면 우리가 생기, 복덕 구성표를 보듯이 이는 소성괘의 변화로만 보는 것인데 결국 생기, 복덕의 순환을 1년 안으로 절기와 같은 24개의 원소가 되는 것이다.
 즉 64괘는 대성괘로 48의 시간을 말한다. 이는 오늘의 시계로 보면 12시간이 두 바퀴 돌아야 하루이듯이 이것을 가리켜 사람 인(人)자의 하루라는 것이다. 사람은 혼자 아닌 둘이어야 하는 것이 기대는 것이니 12시와 12시가 음과 양으로 기대어야 하나이다. 하루를 두 바퀴로 하는 굉장한 지혜가 있는 것이다.
 그리고 24절기가 한 해인 것으로 한 해는 음인 것으로 짝으로 하면 48로 하는 것이면 곧 천지 2를 합하여 50인 것이 천지수라고 한다.

그러면 이렇게 상하괘가 소성괘로 갈라지면 이는 쿼크 3개가 짝으로 갈라지는 것이니 업과 다운, 꼭대기와 바탕, 맵시와 기묘가 된다. 이러한 육효적 구성 하에 갈라지니 세포 하나의 우주가 곧 쿼크의 우주에서 갈라지는 것을 알아야 하는 것이다.

주역의 상괘와 하괘가 2등분인 위치를 다시 붙이는 것을 나무를 접붙이는 것과 같은 것으로 한다. 이 접붙는 부위가 가장 강력한 부분이 4와 5주기율이 붙는 것이다.

여섯 주기율을 접으면 가장 중간의 센터가 되는 것이 4와 5주기율 사이이다. 곧 뼈의 속이 빈 공간과 같다. 그러나 나무가 접이 자동으로 붙듯이 이것은 맵시 쿼크와 기묘 쿼크가 상대적으로 가장 강력한 힘을 가지는 쿼크별과 같은 위치인 것이다.

이렇게 센터에 붙은 기둥을 주변으로 업 쿼크와 다운 쿼크가 좌우의 상대성으로 원에 있는 것이고, 또한 탑 쿼크와 바닥 쿼크가 상효와 초효가 되는 것에서 원 동서가 되는 상대성이 되는 것이다.

이 두 개의 쿼크가 떨어진 세포 분열에서 다시 결합성을 가지는 것이 곧, 흩어지는 생명이 하나로 보존하는 법칙이 DNA의 유전성이다. 이것이 DNA의 상처가 RNA인 것에서 이 RNA가 곧 양성자적 가지와 잎을 중성자적 나무 기둥에 접붙는 부위로 사는 것을 말한다. 그러므로 RNA는 3개 부문별로 아미노산을 추출하고 선택하는 것이 된다.

DNA에 접붙이기 위하여 상처 낸 RNA가 이 세 부문의 쿼크 간에 유전자 교섭이 이뤄지는 것에서 다시 두 줄의 DNA에 붙이는 것이다. 즉 상하괘가 DNA인 것에서 등분으로 중앙이 4와 5족이다. 여기서 떼어진 부분을 접붙이는 것이라 RNA적 위치성이라는 것이다.

순서 69 / 주제 : 때는 벗겨지지 않는다

왜 시간의 역행은 불가능한가.
때는 벗겨지면 돌아오지 않기 때문이다.
왜 시간을 때라고 했는가.
순환이 돌아가는 것은 오직 세포만이기 때문이다.
우리가 11차원이라면 11차원 안의 때인 것이다.
때는 떨어지는 것이지 돌아가는 것은 아니다.

순서	주제
70	물질과 반물질

　여덟 족의 거울은 헬륨인 것이다. 거울은 반사와 흡수가 동시에 있는데 마치 주기율 안의 족이 헬륨에서 반사가 되어 그 주기율이 흡수되어 다음 주기율이든가 하는 것이다. 곧 네온이 2주기율의 거울인데 3주기율의 나트륨인 수소족이 되면 이는 네온이 반사를 한 것이 아니고 흡수한 것으로 한다.
　이는 헬륨이 절대 온도에 이른 것이면 그 주기율 내에서는 보존이 되는 것을 말하므로 그 주기율 내에서의 온도에서는 파괴되지 않는 것을 말한다.
　즉 주기율의 보존을 넘어 완전히 수소로 분해되어도 있는 접착력에서 절대 온도의 결렬을 말하는 것이다.
　그럼 거울의 단면을 보자면 먼저 물질과 반물질을 규명해 보자. 물질과 반물질은 헬륨족에서 반사가 되면 물질인 것이고 흡수가 되면 반물질이다.
　우리는 시각이 빛의 속도 안에서 결정체가 되었기 때문에 신경이라는 것이다. 신경의 속도는 4족을 의미하는 빛이 3족을 쫓을 수 없고 비치는 대로 보는 것이다. 그런데 헬륨이라는 것은 반사를 하지만 흡수를 하니 빛을 걸러내는 것이고 굴절이 수심보다 더하다.
　머리를 물질로 하고 몸을 반물질로 하는 것은 이목구비는 닫힌 것을 열어 보이는 것이고, 귀가 항상 열린 것은 이는 음악이 아니라 물결의 리듬이 은하수처럼 항구적이기 때문이다. 그리고 복부에 잠긴 것이 대장(大腸)이 건금인 것이고 머리는 드러난 건금인 것이면 이는 병행하는 DNA와 같은 것이고 병행하는 원소 여덟 족과 같다.

대장과 오장은 세포에 묻힌 것을 말한다. 이는 곧 씨앗이 땅에 묻힌 것과 같다. 네온이 땅인 것이며 나트륨은 땅에 묻힌 씨앗이다. 그러면 나트륨은 반물질인 것이고 열매가 열린 것은 물질인 것으로 보이고 안 보이고 하는 것이다.

씨앗은 묻히나 안 묻히나 수소족이다. 다만 묻히면 반물질인 것은 열매는 8족적 절차에 의해 접근이 되는 것이나 뿌리에 있는 씨앗은 오히려 속은 비어가며 쭉정이만 남는다. 이는 분명 열매가 실해지는 반대의 길을 가고 있다. 다만 2주기율의 리튬인 씨앗은 네온에서 묻히는 것인데 그 네온에서 스며든 씨앗이 반물질인 것으로 보이는 것이고, 나트륨에서 눈이 나면 물질인 것으로 보이는 과장이다.

넝쿨을 오행학적으로 보면 전자라는 것인데 여기에 꽃이 피면 양전자라는 것이고, 지면 전자인 것과 같다. 또 굵은 나무일수록 꽃이 일시적으로 피는 것인데 이 또한 양전자와 같다.

ㅏ	ㅣ	ㅗ	ㅜ	ㅡ	ㅣ	ㅑ	ㅕ	ㅛ	ㅠ
갑	을	병	정	무	기	경	신	임	계

도표를 보면 십간의 순서대로 본 것이다. 모음 갑은 ㄱ인 것으로 이는 곧 모음의 형태를 나타내는 것으로 동쪽을 나타내는 것을 말한다. 해 뜨며 열리는 상인 것으로 ㅏ라는 것과 ㅓ라는 것은 목이고, ㅗ와 ㅜ라는 것은 화인 것으로 한다. ㅡ와 ㅣ는 무토와 기토인 것으로 중앙으로 하고 다시 경과 신의 위치가 ㅑ와 ㅕ인 모음이 된다.

ㅑ는 영문으로 ㅣ와 ㅏ가 겹쳐진 발음으로 ya가 곧 흙이 묻은 에너지, 즉 모음 ㅏ는 봄날의 에너지이다. 그런데 ㅣ와 뭉쳐지면 입자가 뭉쳐지는 마치 ㅏ는 자유스러운 다리인데, ㅣ라는 모래주머니가 달려 에너지보다 중량으로 치우친 입자성이니 자연 입자성은 자음인 것이고, 형태학적인 공간성은 모음이라는 것이다.

그러니 10개의 반은 모음인 것이나 또 한 반은 ㅣ(y=모래주머니)가 더한 ㅑ인 것이 경인 것이니, 곧 갑은 물에 뜨듯이 은하수에도 뜨는 전자와 전기를 말한다. 경은 그 전자와 전기가 땅에 묻혀 금속에 있는 것과 같은 것이다.

그래도 입자성이 아니니 자음은 아닌 것이고 모음인 에너지가 입자화하는 모선과 같은 것이다.

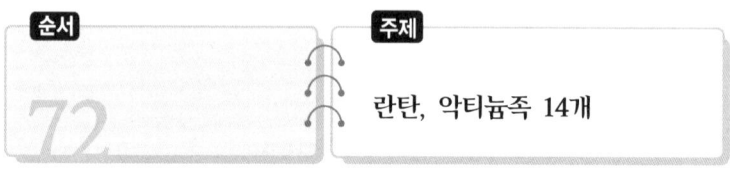

ㄱ	ㄴ	ㄷ	ㄹ	ㅁ	ㅂ	ㅅ	ㅇ	ㅈ	ㅊ
ㅋ		ㅌ			ㅍ				ㅎ

도표는 왜 자음이 이런 순서인가를 의심하게 되는데 ㄱ은 동방인 것으로 나무가 선 하나의 점이다. 여기서 시작하면 ㄴ, ㄷ, ㄹ은 남쪽으로 우주 팽창을 말하므로 나무는 팽창에 찢어지고 타는 형상인 것이다.

그러면 나무가 나무로서 지탱하려면 물이 필요한데 물이 곧 ㅁ, ㅂ, ㅍ인 것이다. 그렇게 물을 당기면 고락되니 자고로 금인 얼음이 녹는 남극과 북극인 셈이니, ㅅ, ㅈ, ㅊ인 것이고 결국 바닥이 드러나는 것은 흙으로 ㅇ과 ㅎ이다.

ㄱ은 가지 않는 것이다. 시간이라고 하기에는 다른 자음만 돌아온 것이니 이는 마치 원소 1주기율 상의 핵융합점이 ㄱ인 것에서 양쪽 수소와 헬륨 사이로 왔다 갔다 하는 것은 맞다. 그런데 그 사이 만물이 이뤄진 것으로 얽혀 움직이지 않는 것은 ㄱ이라는 융합점의 위치, 나무가 하나의 점으로 선 위치는 떠난 바가 없

다는 것이다.

예를 들어 컴퓨터에 글을 쓸 때 첫 자를 중앙인 것으로 해서 양쪽으로 행이 펴지는 것으로 하면 이는 곧 4족을 중앙으로 해서 왼쪽은 수소족으로 가는 것이고, 오른쪽은 헬륨 쪽으로 가는 것으로서 각각 1/2씩이다.

순서 73 | 주제 반감기와 건곤

소성괘 8괘 쿼크가 여섯 개 있는 것이 육효이다. 그러니까 하괘 소성괘인 경우 여덟 개의 괘가 있게 된다. 그 중에 하나의 소성괘가 하괘인 것이니 하괘만으로 쿼크라고 할 수 있다.

그러나 초효만으로 팔괘라고 할 수 있다. 효 하나에 소성괘를 이루어 음양으로 나뉘는데 고로 효 하나도 쿼크라는 것이다. 그러면 상하괘 육효가 여섯 쿼크이다. 이는 곧 팔괘 중에 두 개를 취한 것에 여섯이 들어간 형태가 1주기율을 뺀 여섯 주기율인 것이다. 이는 주기율의 쿼크상(象)이 된다. 그리고 8족의 쿼크 상이 있는데 여기에서 반감기의 중요성을 잘 나타내는 대목이다.

수소와 헬륨은 반반인 것으로 각각 1/2씩 갖는 것으로 하는데 건이면 곧장 곤으로 변하는 것이 동효로 그 위치의 전체가 변한 것으로 남음이 없다는 것을 의미한다. 그러니 반반인데 우리가 반감기라고 하는 것은 임의로 정한 것이라기보다 만물은 반반의 관계로 극과 극으로 변하는 것을 말한다. 8괘 중에 건곤을 뺀 여섯은 1인 것이고 건곤만 1/2인 것이다.

우리가 1로서 소멸할 때 건곤은 1/2에 있는 것이다. 왜냐하면 1은 1/2 안에 있는 것이니 1은 죽어도 1/2만 알고 죽는 것이다.

우라늄이 납으로 변하는 동안을 반감기라고 하는 것은 납의 반감기는 아닌 것이다. 반은 그대로이고 반은 감하는 것이다. 그러면 7주기율이 6주기율로 반감이 된다. 이것이 건곤의 관계이다.

한 주기율의 차이라는 것은 헬륨을 지나야 한다. 이는 곧 반감기 사이 이미 건곤의 반감기는 지난 것으로 본다. 건곤의 자리는 변해도 그 원소에 도달하는 것은 원자 순서대로 변했으니 납에 이른다.

이는 이미 여덟 족 상으로 보아 7주기율이 건인 우라늄이면 납은 땅속 금속이 납이다. 실제는 땅이 보이질 않지만 이론상으로는 땅에 묻혀 기가 쇠한 정도가 헬륨이 기가 빠진 것처럼 전기조차, 열기조차 전달이 안 되는 흙의 기세처럼 묻혀 있는 것이다.

우라늄에 비해 에너지적 비중이 없으니 이론상으로는 흙 속에 묻히면 모를 존재라는 것이다. 육효도 동하는 기운을 양성자로 하는 것과 변한 효를 중성자로 할 수 있는 것이 마치 우라늄과 납의 관계로 건곤으로 할 수 있다.

그런데 양효와 음효가 동하는 것으로 양성자, 중성자로 하는 것이 아니냐고 하지만, 남녀라고 해서 움직이지 않는 것은 아니고 또한 DNA도 서로 반대로 흐르는 것이나 둘 다 한쪽 방향으로 바라보고 간다는 것이 있다.

인간에게 천기(天氣)누설은 아무것도 아니다. 문제는

8족과 쿼크

족과 주기율	1	2	3	4	5	6	7	8
2주기율	건1/2	바닥 쿼크1	업 쿼크1	기묘 쿼크1	맵시 쿼크1	다운 쿼크1	꼭대기 쿼크1	곤1/2

주기율과 쿼크

주기율
1주기율
2주기율, 탑 쿼크
3주기율, 업 쿼크
4주기율, 맵시 쿼크
5주기율, 기묘 쿼크
6주기율, 다운 쿼크
7주기율, 바닥 쿼크

순서 74 주제 전이 원소의 십간

갑과 을은 나무 기둥과 줄기를 말하고 갑과 기는 합하는 것으로 마치 나무가 흙과 뭉쳐져 있는 것이다. 즉 전이 원소 모음에는 갑과 기가 합하는 것에서 ㅏ와 ㅑ가 되는 것으로 ㅣ를 분기점으로 했고 위 도표는 무(戊)와 기(己), 두 개를 분기점으로 해서 배포

AI(인공 지능)에 천기가 누설된다 149

한 것이 다르다. 갑과 경이 상대적으로 한 것이다.

이는 자음 ㅏ가 갑목인 것이면 이 목에 흙을 발라 벽을 만들었다면 그 질감은 단단하면서 인테리어가 드러나는 것으로 ㅑ가 된다. ㅑ는 ㅏ보다 흙에 발린 것으로 면모가 혼합적으로 보이는 것과 같다는 것이다.

코는 센터인 것이니 8괘가 8족 순서와 같은 것에서 이를 반으로 접히면 4와 5족 사이가 센터이다. 이 자리가 코라는 것이다.

이 4족과 5사이가 중앙인 것으로 붙은 형국이니 접붙은 것과 같으니 곧 콧구멍 두 개 사이이다. 한 구멍은 신경라인이고 한 구멍은 숨 쉬는 라인으로 이는 곧 두 구멍이 서로 교대하며 균형을 이루고 있다. 코가 핵이라고 하고 융합이라고 할 때 서로 교차하는 것으로 꼬아 나간다는 것이다.

융합 핵이 코인 것으로 하는 4와 5의 대칭인 것이 붙은 것이고, 3과 6이 대칭으로 붙은 것은 곧 눈과 귀가 대칭이다. 그러면 이 대칭이 두 개로 갈라지면 마치 세포가 두 번이나 분열을 한 것과 같다.

귀 두 개 사이의 원판 반지름인 6인 것이고 그 위에 두 개 사이의 반지름이 3인 것이든가 아니면 양 눈을 합하여 3인 것이면 양쪽 따로 하면 1, 5가 두 개라는 것이 된다. 다만 3을 두 개로 6이 되는 눈이 되고 6은 두 개면 12가 되는 양귀 지름이 된다.

그러면 이 6이 감수 물이라는 것의 수면이면, 이 수면 위에 3 태양이 떠 있는 것처럼 하여 서로 간의 대칭으로 하나같이 일렁이고 있는 것을 말한다. 이것이 대칭적 분리인 것에서 눈은 또 눈끼리 갈라진 것으로 분리가 되면 마치 감리의 대칭으로 분리가 된 것이 다시 눈끼리 분리가 되어 2차 분리가 되는 것은 마치 세포가 두 번의 분열을 일으키는 것과 같다.

2족과 7족의 대칭인 괘는 2족은 얼굴 전체를 말하고 음으로 패인 것을 말하는 이목구비이다. 이는 마치 둥근 원이 원심에 찢어지는 속도면 하나의 눈이 두 개의 눈으로 보이는 시차의 간격이 보인다는 것이다. 이를 코로 보면 마치 한 반죽 알이 만두피가 되도록 넓어지면 두 개의 눈이나 귀가 보인다는 것이다.

두 개의 시공이 따로 있는 것이나 동시적으로 두 개로 보이는 것인데, 이것을 두뇌는 양뇌로 중심을 잡아본다는 것이다.

2족은 원심으로 찢어진 만두피와 같을 때 두 개로 보이는 2족인 것이고, 이것이 원심이 아닌 구심으로 굵어지면 7족인 것으로 코가 솟은 듯이 쌓인 산맥과 같은 것이 된다. 이 2와 7의 대칭은 그렇다는 것이다.

또한 1은 머리 전체를 1로 한다. 코의 일직선 신경은 곧 아래 중추신경으로 바로 일직선으로 내려간 전체가 곧 복부인 곤(坤)인 것으로서, 머리인 건(乾)과 복부인 곤(坤)의 사이로 건인 1의 관상으로 이목구비의 8족적 대칭성을 말한다.

그러니 우리가 눈물샘이 6족인 것으로 하면 바다와 같이 깔린 머리칼 아래 3족인 태양이 잠겨 있는 것 같은 안광(眼光)으로 바라고 있다는 것이다.

대성괘(大成卦)는 상하괘를 말하는데 상하괘 상괘는 양성자 하괘는 중성자인 것으로 한다.
본래 양성자는 양(━)효 세 개인 것으로 건괘를, 중성자는 음(--)효인 세 개를 나타내는 곤괘를 뜻한다. 이러한 기호를 띤 효상이 세 개인 것이 괘상이 되는 소성괘(小成卦)인 것이 두 개면 육효(六爻)인 대성괘가 된다.
이렇게 두 개의 음양효가 있는 기호는 곧 괘의 강력인 괘상에 붙은 전자기력이 붙은 것으로 상하괘는 강력에 해당된다. 육효는 전자기력에 해당이 되는 것인데다 이 육효의 기호에 붙은 육신(六神)인 12지지(地支)는 약력에 해당될 수 있다.
전자기력인 기호의 음양에 육신이 붙은 약력은 강력의 음양을 따르는 육신인 것이고, 기호의 효상은 괘상의 육신과 반대일 수 있다는 것에서 따로 놓인 것이 된다.
괘상의 음양에는 따로 음양이 있는 효와 함께 이뤄진 것이니, 괘가 양이어도 그 속에 음효가 있으니 이는 곧 양괘에 음효만으로 독립적으로 움직이는 것의 전자기력이 있는 것이다.

또한 음괘여도 음효가 독립적으로 일어나는 전자기력인 것에서 따로 나올 수 있다. 그러면 효상 하나의 전자로 전체적 부분이 괘상의 한 부분인 것에서 변해 부분적 다른 모습을 보이는 것이 된다.

이목구비 중에 어느 한 곳이 감응을 하는 것이 효인 것이고 그 효 중에 대표적 기본형이 입 속의 혀이다. 혀란 곧 효의 어원에서 나온 것과 같다. 이목구비 중에 어느 한 곳만 감응하더라도 곧 혀의 신경과 같다. 그래서 효는 얼굴 전체의 괘상에 효상이 느끼면 동하는 부분인 것이다.

또한 약력(弱力)은 육신인 것으로 강력에 붙었다 떨어졌다 하는 중개인과 같다. 결국 중개인도 강력의 면모를 달리 할 수 있다는 것이 된다. 효가 동하면 형상이 달라진 강력인 것이나 달라진 물상도 강력에 해당된다.

강력은 변하는 것이 아닌 듯이 보인다. 강력도 물상이 변하면서도 강력을 유지하는 몸이 되는 것이다. 육효에 육신이 약력으로 강력에 붙어 정보를 주입하듯이 붙어 있다가 다시 이동하는 변화의 매개체와 같은 것이 된다. 이런 약력을 뮤온이라고 한다.

이는 대성괘가 쿼크인 것에서 쿼크의 강력에 해당되는 부분이 업 쿼크와 다운 쿼크로 강력에 해당이 되는 부분이면 이 업과 다운 사이를 막대처럼 서는 것에 육효가 있다.

그러면 이는 전기력인 것으로 하는 것에서 막대를 감도는 것이 되고, 이 감도는 막대에 전체 괘상의 면모를 보이는 것이 육신(六神)인 12지지의 반이 붙는 것에서, 이를 약력인 효상이 괘상으로 붙은 것을 말한다.

뮤온의 매개 역할을 미시적으로 상세히 설명이 되자면 이미 괘상의 면모에서 이미 뮤온의 메커니즘을 본다는 것과 같다.

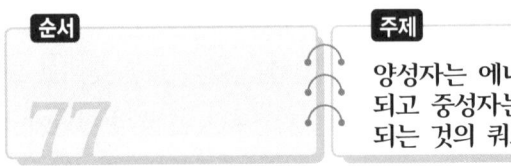

순서 77
주제 양성자는 에너지의 가중치가 되고 중성자는 질량의 가중치가 되는 것의 쿼크이다

대성괘의 상괘는 두 효가 간괘3)이고, 나머지 하나가 중첩이 되지 않는데 이 하나가 곧 기다. 즉 간괘는 중첩으로 묶여 있는 것이고 나머지 하나가 반인 것으로 기를 발하는 것이라 봐야 한다.

그러니까 쿼크의 업이 양성자 2/3인 것이면, 이는 에너지량이 2/3인 것이고 나머지 1/3인 다운 쿼크는 질량이 되는 것을 말하는 것이다. 즉 2/3는 간괘인 것이고 효의 중첩이 두 개인 것으로 서로 물고 있어 기력이 되지 못한다. 만일 1/3이 양이면 에너지량의 활력인 것이고 1/3이 음이면 질량화의 비중이 늘어나는 것을 말한다.

양성자 상괘에 있어 간괘(間卦) 두 개와 나머지 하나의 관계로 1/3과 2/3가 형성이 되는 것을 말한다. 그러면 자연 하괘는 중성자인 것으로 하면 하괘의 간괘 2개의 효는 2/3가 중량이 다운 쿼크가 되고, 나머지 하나 초효는 질량상으로 줄어든다.

양이든 음이든 하괘는 효가 많으면 질량이 많다는 것이고, 상괘 양성자는 양이든 음이든 수가 많을수록 에너지량이 많은 것이

---

3) 간괘란 상효와 초효를 뺀 2, 3, 4, 5효의 중첩으로 상효인 머리와 초효인 꼬리는 자른 사이의 4개를 말한다.

된다.

대성괘는 양성자대성괘 중성자대성괘로 따로 볼 수 있다. 이는 중성자는 질량성으로 치우치는 것을 보는 것이고, 양성자는 에너지화로 치우치는 것으로 보니, 업 쿼크는 양성자로 보면 2개의 효가 되는 것이고, 중성자로 보면 하나의 효만으로 되어 오히려 다운 쿼크에 1을 보태 주는 것으로 에너지 1인 질량화로 무거워진 쪽으로 빠졌다는 것이 된다.

양성자의 육효인 것에서 2/3 나머지 1/3이 다운 쿼크인 것이 되는데, 그러면 1/3이 양이면 양괘가 되는 업과 다운의 쌍인 음인 쿼크가 되는 질량이 된다. 만일 중성자인 업과 다운의 경우로서 업이 1/3인 것이고 다운이 2/3가 되는 것이면 질량화의 비중이 많은 것이 된다.

이는 1/3인 업 쿼크가 에너지량이 되는 것이고, 다운 쿼크인 2/3는 질량이 되는 것으로 그 편차를 보는 것이다.

쿼크와 간괘(間卦)의 피스톤 원리

쿼크는 에너지를 퍼 올리는 것과 질량의 에너지화와 에너지의 질량화를 오가는 것에서 이는 곧 1/3인 것에서 2/3인 것으로 오가면 피스톤처럼 왕복하는 것과 같다. 그런데 이 피스톤은 3을 벗어나지 못하는 것, 즉 이 3은 이허중(離虛中)인 것으로 피스톤이 있는 공간을 말한다.

  피스톤은 회복성이니 이는 단절성인 것을 실린더의 회전으로 이어진다. 이 단절을 아무리 이어가더라도 단절성은 회전체의 정류자에 의해 전기도 단절성에서 이어져 가는 것을 말한다. 곧 정류자는 쿼크의 상하괘 피스톤에 전자기가 둘러싼 육효가 두른 것이다.

  이 육효마다 음효의 기호(--)인 것이면 단절성이 있는 것이고, 양효의 기호(—)이면 이어가는 정류자가 된다. 헬륨족은 족의 단절성인 것으로 정류자가 갈라진 것과 같다. 그리고 계속 주기율이 이어지면 다시 반토막인 음효(陰爻)가 이어져 가는 음효(--)가 양효(—)가 되는 것인 헬륨족이 수소족으로 이어진다.

  즉 두 개의 주기율이 쌓인 것으로 정류자의 반쪽인 절단성을 갖는다. 이는 회전적 영속성으로 이런 절단성을 전자기장으로 부풀며 이어가는 것과 같다.

  여섯 개의 트랜지스터 중에 통하고 안 통하고 하는 여섯 줄이 육효인 것에서 각기 독립적 개체로 다르다. 이는 곧 부도체와 전도체를 혼합형인 컴퓨터의 이진법과 같다. 이러한 육효의 입자들은 결과적으로 전자공학적으로 오일러 공식이 적소에 맞아 들어가는 것과 같다.

  즉 E인 자연 상수에 원주 파이의 i제곱 더하기 1이 되는 것과 마이너스 1을 더하여 0이 되는 것과 같은 것의 오일러 공식으로 봐야 한다.

  이도 이진법적 전자공학적 수학성을 띠는 것으로 0과 1안의 상수성을 벗어나지 않은 것에서 공식적 감옥인 것이다. 즉 정류자는 피스톤실과 같은 3인 것인데 피스톤이 1/3과 2/3의 왕복이 3/3 안에 일어나는 2진법이라는 것과 같다.

이 피스톤은 1이 0인 것으로 바닥인 것이고 2는 1인 것으로 진행하는 것으로 2진법인 것의 정류자이다. 결국 이는 1/3과 2/3인 3안에 1과 2사이를 왔다 갔다 하는 것이다. 정류자는 쿼크와 같다는 것이다. 즉 피스톤의 직선형이 곡선형으로 돌아간 것이 오일러 공식이라는 것이다.

순서 79 | 주제 괘상으로서의 실수와 허수

상괘의 세 개 효 중에 두 개인 짝수를 허수로 하는 것이 간괘 두 개이다. 위의 상효는 겹치는 집합이 아닌 1인 것이니 이를 실수로 한다는 것과, 또한 소성괘 세 개의 효는 두 개의 효를 취급하지 않고 한 개의 효를 취급하는 것이다. 그런데 음양 기운을 괘상의 기운으로 하니, 주역 상의 실수(實數)와 허수(虛數)는 괘의 음과 양의 시세의 실세와 허세의 차이는 분명이 한다.

이는 두 개의 효가 하나의 효를 능가해야 하는 것인데 오히려 둘이 만나면 기세가 희석이 되고 하나만 남은 것으로 실세로 하는 것이다.

　진괘(震卦)의 상형이 아래 도표로 이를 세 개의 효인 것에서 두 개의 효가 음인(--)이 두 개인 것이니, 이 두 개는 허수인 것으로 빼고 하나 남은 아래 양효(—)를 취하여 세 개의 효 진괘는 양괘이다.

혼인, 애점점 O亥月 O丑日

	孫戌 —	應	구진
	財申 —		주작
	日墓		
	兄午 —		청룡
	官亥 --	世	현무
	月建		
父寅	孫丑 ✗	伏身	백호
	日辰回頻		
	剋		
	父卯 —		등사

　위 도표는 한 토막선이 양효이고 두 토막석이 음효라는 것으로 여섯 개를 뜻하는 것이고, 12지지가 징검으로 놓인 것이 육신이다. 이는 여섯 개인 것으로 육효에 붙은 것이고, 이것에 오행이 붙은 것이 육친이 되는 것으로 여섯 개가 된다. 이 육효 중에 하

나를 가로로 그은 것을 동효라고 하는 것이고, 동해서 변한 것을 변효라고 하는 것이고 화한 효라고 하는 것이다. 그리고 세(世)가 나인 것이고 응(應)이 상대방이다.

이것은 주역을 육효로 푸는 것인데, 이 구도가 물리적인 쿼크의 법칙으로 풀어 보려고 이 그림을 올린 것이다. 이 그림을 보면 상괘 하괘 대성괘라는 것인데 상하가 두 개로 이것이 쿼크의 1/2인 반반인 것이다.

이것은 또한 상괘 하괘가 떨어질 수 있으니, 양쪽으로 스핀이 일어나 갈라질 수 있어 두 개의 소성괘가 합한 것이다. 이 안에서 좀 더 독립적으로 움직일 수 있은 것이 육효와 육신 육친이 붙어 괘를 이룬 것. 즉 반반이 합한 1이 되는 것이다.

그러니 상괘의 중심 5효와 하괘의 중심 2효가 합하여 업 쿼크와 다운 쿼크가 상대적으로 합한 것이 된다. 즉 괘를 형성하여 묶어 주는 것이 육효로 이를 전자기력으로 보는 것이다.

이는 곧 육효마다 띠처럼 감고 있는 마디를 보는 것이고, 이 마디마디마다 육신이 붙은 것은 뮤온인 것이고 타우온인 것이다. 이것에 전자의 성격이 따로 있는 것에서 오행을 배포한 것이 오행이 붙은 육친을 말한다.

그럼 육효를 한 몸체로 보면 몸은 육효처럼 전체적으로 움직일 수 있다. 이 몸이 육효가 있는 것이 전자기장으로 이는 몸의 신경을 감싸는 것이다. 즉 몸이 신경에 싸여 있는 것이 각질을 뜨는 것이 된다. 원소로 보면 3족이 각질로 3족이 굳어지기 전에 3족이 각질이 붙어 있으면 곧 4족인 신경벌레가 이 각질을 먹으니 섬유처럼 붙어 늘어난다. 이것이 전자장이라는 것으로 싸고 있으니 몸이 살보다 신경이 싸고 있는 자기장을 넘쳐 느끼는 것이다.

즉 파리는 신경의 막은 옷과 같은 덮은 것이 된다. 이렇게 전자기장으로 싼 것이 육효의 양효(—)와 음효(--) 이 여섯 개의 스핀이 원통처럼 세워져 있는 것과 같은 것이다.

그리고 이 각질을 먹은 신경에 살이 붙은 것이 곧 약력의 입자들이다. 여기에는 12지지의 성분인 세포성을 갖는 것인데 이 세포성으로 오장을 구성하니 이는 오행에 의한 것이라고 봐야 한다. 이는 곧 육효가 대성괘를 이루면 그 기준의 머리 부분인 것이 있다.

이 머리 팔괘 부분의 성상에 따라 오행이 육친에 설정된다. 이는 강력이 여덟 개 팔방의 중심에서 배포가 되는 것으로 본다. 그러면 마치 지방 자체와 같은 것으로 몸이 다스려지고 육친이 다스려지는 것이 된다.

이런 구성은 8족의 띠로 보면 1족, 2족이 강력인 것이고, 3족인 격리인 것이고, 4와 5족이 전자기력인 것이고, 6족이 격리인 것이고, 7과 8족이 약력인 것이다.

순서	주제
80	실수와 허수의 변화

상하괘가 곧 반반인 것으로 쿼크의 1/2인 것의 스핀으로 하는 것이면 이 스핀으로 이동하는 것이 동효이다. 이 스핀이 이동하

는 중에 변화하는 중 스핀이 10인 회전인데, 이 회전에서 핵이 두 개인 것에서 나머지 8개가 팔방인 것에서, 그 팔방 중에 하나의 괘로 스핀이 있는 상태가 곧 변괘가 된다.

상하괘가 두 개의 스핀이고, 이 스핀이 각기 도는 중에 회전적 상태가 팔괘의 상태가 되는 것이 진행 중인 것이 변괘이다. 이는 곧 중성자로 보는 것이다. 동효가 양성자괘에서 움직이는 것이 상괘에 있는 것이면 변괘는 중성자가 된다. 그리고 하괘는 중성자가 아니라, 양성자 중에도 탑쿼크와 다운즈쿼크와 바닥쿼크 세 개의 효로 소성괘를 만든 것이 된다.

즉 효가 두 개가 같은 음이나 양인 것 중에 하나가 동하면 이는 허수 중에 동한 것이고 하나 뿐인 양이나 음이 동하면 실수가 동한 것이 된다.

양괘의 양효 하나가 1/3인 것이면 3개의 쿼크 전체가 양인 것으로 하고 효의 1/3선을 따른다. 이는 양성자 쿼크로 하는 것에서 업이나 다운이나 바닥이 된다. 그 중에 2/3인 음 중에 하나가 동하면 이는 양성자 중에 중성자 부분이 양으로 화한 것이니 1/3이 양성자 쪽으로 밀어 주는 것이라 양성자의 시작은 중성자 음으로 2/3가 되고 변괘는 양성자의 2/3이가 되는 것이다.

그리고 음효가 1/3인 것이면 음괘인데 이 음괘에서 변하면 중성자 쿼크에서 동한 것이다. 이 효가 변하여 양효인 것으로 양괘가 되는 것이면 양성자 쿼크인 것으로 한다. 이를 태양이 태음으로 변한 것, 즉 건이나 곤의 세효가 같은 음이나 양으로 변한 것이 된다. 이렇게 본괘와 변화괘를 사이로 하는 것으로 보면 무엇보다 양성자와 중성자의 상호 쿼크의 자리를 어떻게 잡을 것인가를 안다.

　이는 소성괘 만의 변화로 볼 수 있다. 또 다른 시각은 상괘를 하괘와 대조하는 것으로서 대성괘는 2개의 소성괘로 이 두 개의 소성괘가 대성괘로 형성이 되면, 이 두 개가 상하가 같은 중첩의 육충괘가 된다. 이 같은 괘의 오행을 본궁의 오행이라고 한다.

　이 본궁에서 팔괘의 짝으로서 변화되는 것, 보통 본궁이란 중천건이나 중지곤, 중수감, 중화리, 등을 말한다. 즉 상하괘가 같은 것을 본궁이라고 하고, 초효부터 하나씩 변하는 곳에 세(世)가 붙어 본궁을 벗어나지 않은 변(變)의 괘가 된다. 이를 본궁의 괘라고 하니 본괘라고 칭한다.

　이 본괘에는 두 개의 상하괘는 다른 것으로 변하지만 본궁은 상하괘가 같다. 이것에서 아래에서부터 하나씩 효가 동하여 변화가 되면 그 자리를 세(世)라고 한다. 이에 상하가 상대적인 것이 응(應)이 되는 것이다.

　그리고 육효 중에 어느 효가 동하든 위와 같은 동효와 변효의 관계는 양괘의 효가 동하면 양성자로 하고 음괘의 효가 동하면 중성자로 할 수 있다. 그런데 1/3과 2/3에 있느냐에 따라 움직임이 다르다. 소양이나 소음 그리고 태양이나 태음으로 변하는 것이다. 이것을 괘를 그려가면서 설명이 되면 눈에 들어오는 것이나 그렇게 못 하니 못내 아쉽다.

　본궁에서 세(世)가 변으로 괘를 이룬 것으로 양성자와 중성자로 할 수 있다. 이는 본괘보다 훨씬 원초적인 것으로 봐야 한다. 곧 건궁과 진궁 그리고 간궁과 감궁이 본궁인 네 개 궁은 양성자궁으로 하고, 곤궁괘와 태궁괘와 이궁괘와 손궁괘는 중성자궁으로 할 수 있다.

본괘와 변화된 괘 사이를 양성자와 중성자의 관계로 할 수 있고 본궁의 변에 세가 붙는 변 또한 양성자와 중성자의 변이 되는 것이기도 하다.

본궁을 중심으로 양성자 중성자가 나눠진 것에서 쿼크도 양성자 쿼크와 중성자 쿼크가 나눠진 것이나 세가 붙어 본괘가 된 것으로 변화된 괘도 양성자와 중성자로 나눌 수 있다.

이는 곧 음이 양으로 변하는 것이 음괘가 양괘로 변하는 것에서 중성자 쿼크의 변화를 말하고 양괘가 동하는 것이면 양성자 쿼크에 해당된다.

상하괘 대성괘는 그 접착력이 글루온인 것이고 강력에 속하는 중에 상괘 소성괘 세 개의 효가 하괘 소성괘 세 개의 효가 붙어, 업과 다운, 탑과 바닥, 맵시와 기묘로 붙어서 있는 괘의 상태라야 강력이 되는 것이다. 그나마 육효와 육신 육친인 것은 변괘와 매개를 할 수 있는 것으로 이는 오행의 본궁를 벗어나지 않은 여덟 변이 된 괘를 본궁괘로 하는 것에서, 화하여 지괘(之卦)로 변하는 동안의 입자들이 W보손과 Z보손인 약력에 해당된다.

그러니까 강력에서 1/3과 2/3의 간의 이동이 피스톤 내부를 벗어나지 않은 상태로 붙드는 자기력이 마치 관절이 떨어지지 않게 붙어 질긴 인대와 같다. 그러면 피스톤의 왕복이 대성괘와 간괘의 음양 집합에 의한 양괘와 음괘 3안의 1과 2의 왕복에 의해 비중을 1/3에서 2/3 사이의 왕복인 것이다. 그로 해서 양성자적 쿼크와 중성자적 쿼크는 비중이 반대일 수밖에 없다.

머리는 양금으로서 두상으로 건괘(乾卦)로 하고, 얼굴은 음금으로 태괘(兌卦)로 한다. 그러면 이목구비는 얼굴이니 후전수 4로 음금이다. 이는 머리가 1인 것에 이목구비가 네 개의 구멍이 되면 이 이목구비가 연월일시의 반경이라는 것이니 곧 사주를 담고 있다.

눈과 귀의 반경만하더라도 두 배의 차이로 지구 공전과 살 공전의 반경이 반영된 것이고, 입 법령 양쪽 사이가 하루인 것으로 콧망울이 들어와 있는 것이면 입의 양쪽 사이가 시인 것으로 반경이 된다. 이렇게 네 개의 원이 굴렁쇠처럼 턱에 쥐고 있는 형상이다. 그러면 네 개의 이목구비로 천간에 두고 있다. 그러면 이는 괘의 납갑이 12지지에 있는 것을 말한다.

12지지는 중심이 복부에 있는 것이니, 복부의 중심이 위장인 것으로서 이는 소의 네 개의 위장을 기본으로 하는 것에서 진술축미가 오장육부를 소화기로 끌어 붙이게 되어 있다.

즉 이 네 개의 위장이 방합(方合)으로 모인 것이고, 또한 사충이 맹신(孟神), 중신(仲神), 계신(季神)으로서의 12지지 신(神)인 이를 징검으로 하여 여섯 개의 육신이 되는 것으로 본다. 이는 곧 약력인 보손이 삼합으로 12지지를 묶어 놓는 것을 말한다.

이 묶은 끈의 질긴 신축성이 1/3과 2/3이 되는데, 이는 방합의 맹신과 중신은 같은 오행으로 중화된 것으로 두 개의 효가 된다. 나머지 계신의 음양으로 효가 된다. 이는 육신의 원시적 상태를 말한다. 좀 더 분명해진 것이 지장간이 방합으로 혼합하니, 정제된 분리로 순도 있는 무게는 친전되고, 가볍게 흙과 함께 섞여 나온 계신으로 1인 것의 활용성이 되는 것을 말한다.

마치 낚시에 축가 무거우면 찌의 활용도가 없듯이 두 개면 찌가 가라앉은 것이고, 한 개면 찌와 함께 공생하는 것의 활용성과 같은 것으로서, 상하의 활용도가 피스톤의 왕복과 같은 기능성이라는 것이다.

RNA의 아미노산 단백질의 선택은 과연 선천수에서 제외인 1, 2, 3의 숫자인 것인가 하는 것이다. 이는 또한 원소 3족까지의 DNA영역으로 봐야 하는 것인가 하는 것이다. 또한 전이원소가 원주율에 따른 달 공전인 것에서 란탄 악티늄족은 자전의 한 달치를 말하는 것인가. 왜 얼굴은 이목구비 네 개만으로 12지지 중 네 개를 건져 올려놓은 듯, 마치 대장(大腸)이 창자 한 바퀴를 두른 12지(支)에 그 중 4개만 추출한 사주가 곧 이모구비와 같은 것, 곧 하나에 사주의 천간이 선 것을 말하는 것이다.

그럼 지지(地支)는 대장이 두른 복부를 말하는 것이다. 복부의 지지는 지장간이 있는 것에서 서로 결합되는 동질성과 떨어지는 동질성의 합하고 분산하는 것에서 소화액과 호르몬의 영향, 즉 계신인 토의 지장간은 당질이고 기름이다. 또한 맹신의 지장간은 호르몬이 되는 것이다. 즉 핵(亥) 중의 수(水)는 부신 호르몬에 해당이 되는 것이다. 그리고 자수(子水)는 중신(仲神)으로 중앙의 순도로 자리 잡았기에 신장(腎臟)이 된다. 또한 중신 중에 금(金)이면 무기질이다.

일간이 사주에 기준이 되듯이 이목구비 중에 하나를 기준으로 한다. 이 하나의 간(干)인 나라는 인간은 괘의 납갑이 중심이 되는 괘 전체상을 의미한다. 이는 곧 병(丙) 일간이라면 병은 납갑이 간괘(艮卦)의 납갑이니 병 일간 하나에 간괘의 내부성을 갖고 있기도 하다.

그래서 사주의 천간을 괘상으로 보는 주역으로 푸는 것도 다 이런 정밀성도 들어가 있는 논리인 것이다. 또한 이는 천간의 회전은 지지의 회전과 시차가 있는 것에서, 천간을 머리로 했을 때 지지는 배에 복장된 육효의 육신이다.

머리와 몸의 신경은 회전의 시차성으로 X자형으로 꼬인 것이 된다. 즉 천간과 지지의 무게 비중 때문에 꼬인 형태가 되는 것이다. 이는 전형원소가 간(干)인 것으로 보면, 전이원소는 신경인 것이다. 그러니 신경은 전자기장처럼 꼬이는 것의 목에서 전신으로 얽히는 망이라는 것으로 하는 것이다. 이를 중심으로 하는 전이원소로 하면 란탄, 악티늄족은 지(支)인 것이니 계신(季神)은 살집으로 하는 전신으로 한다.

이는 여섯 주기율을 삼단으로 나누는 인체와 또한 8족을 2등분으로 1~4까지와 5~8까지의 2등분으로 신경계와 육질계를 나누는 것도 있다.

또한 천간과 지지가 세 배의 무게 차이를 갖고 함께 갖고 있다는 것은 여섯 주기율의 쌍을 세 개로 했을 때, 전형원소와 전이원소의 차이가 2배, 전형원소와 란탄, 악티늄족이 3배의 차이가 난다는 것을 의미하는 것에서 보는 것이다.

인간에게 천기(天氣)누설은 아무것도 아니다. 문제는

순서	주제
81	힉스의 정체성

　역학상(易學上) 힉스는 9를 태양이라고 하고 10을 태음이라고 한다. 이는 만일 수소 한 알이 주기율 전체의 내부를 갖고 있다면 당연히 1족인 수소는 수소 안의 양자 입자의 기본이 되는 것이다.

　그런데 우리가 에너지라는 것의 발현은 원소 3족인 것의 빛을 나게 하는 4족인 나무가 에너지의 발원점이 되는 것이다. 그러면 에너지의 시작점은 원소 8족으로 보면 4족인 것에 있는 것인데, 이를 미시적으로 보면 전자가 양전자가 되는 것에서부터 힉스의 시작이 된다.

　그런 이 양전자가 일어나는 시점인 것으로 힉스로 하는 것이면, 과연 우리는 전자에 잠기는 양전자를 얼마나 아는 것이면 이 양전자는 물에 잠긴 태양과 같은 것이다. 결국 물속의 태양은 물을 덥히는 에너지가 있는 것이라 전자 바닷속의 태양은 양전자가 떠 있는 것과 같다. 우리는 10까지의 숫자 중에 어떤 숫자가 힉스 입자의 준위가 되는 것일까?

　즉 어떤 숫자의 위치도 힉스적 위치일 수 있다. 10까지가 연료라면 7까지만 찼다고 연료가 차이가 나는 것은 아니다. 에너지는 같은데 연료량이 10에서 7로 감해져 있다는 것이다.

　힉스 입자라는 것은 그 연료 자체로 보는 것을 육효라고 볼 때, 그 연료의 환경적 탱크가 8괘의 주변성을 갖고 있는 것에서 이 주변성이 감해지는 형상이 육효의 연료가 줄어드는 것에 따라 달라질 수 있는 주머니와 같은 것이 된다.

즉 3족으로 팽창이 된 각질이 결국 무너지는 것이 8로 점점 소모되는 형태로 선천수가 준다고 보면 된다. 이 한자 무자(無字)도 장작이 얽힌 것에 밑에 불을 피운 것을 말한다. 3족인 불에는 4족부터 6족까지는 입자성을 태우는 것이다. 물을 연료로 하는 것이고 나머지 7과 8족은 내화벽돌인 것이다.

그러니 실제 힉스 입자라는 것은 4족인 연료를 말한다. 그 바탕은 6족인 것으로 원자 단위의 물인 것이 힉스 입자이다. 이는 수소를 원소 7주기까지의 몸이라면, 그 몸집 안의 3족인 것이 힉스적 위치가 된다는 것이 미시적 것의 거시적 확장이 된다.

대성괘의 본궁은 육충괘로 세포가 분열한 것을 말하는데 이 갈라진 본궁은 하나의 원이 되는 것이다. 원의 반쪽이 곧 세포 분열인 것이고 또한 본궁의 변이 셋이다. 이 셋이 다시 분열을 하면 응이 다시 분열을 하는 것이다. 그러면 네 조각이 되는 세포를 뜻한다.

소성괘 3개에 1개만 움직여도 그 움직임 속에는 3이 있는 것이다. 1/3 속에 3이 있는 것이면 곧 세 조각의 감자를 심어도 하나의 감자로 큰다. 이 큰 감자는 성숙한 것에서 건이 아니면 곤인 것으로 뽑히든가 해도 산다.

동하는 효가 되는 것이고 1/3의 조각은 스스로 누출되면 말라 섞는다는 것을 의미한다. 그러면 완전한 감자는 괘상인 것으로 세 개의 조각이 붙은 것이고, 이를 페르미온(Fermion)이라고 하며 또한 이 세 조각 중에 한 조각이 땅에 심어지면 다시 완전한 감자로 자란다. 곧 이는 괘가 효로 1/3로 나눠도 효는 3으로 자라는 것이다.

괘도 3인 것이고 효도 3인 것이다. 결과적으로 다 괘상이라고 본다. 곧 소성괘 세 조각을 심으면 9개의 소성괘가 된다. 또한 대성괘면 18개의 소성괘가 자라게 된다. 이는 곧 하나의 소성괘 유전자라고 보면 18개는 같은 DNA유전자라는 것이 된다.

이것이 강력의 결합이라는 것이고 소성괘의 결합이 쿼크의 결합을 말한다. 여기에서 페르미온이라는 것은 유전적으로 18개의 유전적 결합은 결하게 붙어 있다. 이 중에 동효는 18개의 열매 중에 하나가 따로 이동이 되는 것으로서의 상황을 보면 경입자(뮤온)라는 것이고, 육신과 육친이 붙은 음양의 효들은 전자에 붙은 중성미자, 뮤 입자, 타우 입자 등을 통털어 말한다.

우리가 세응(世應)까지 설포(設布)하면 정한 것을 본괘로 하면 이 중에 효가 동하여 변하면 변괘가 된다. 즉 지괘(之卦)라고 하는 것으로 이 또한 효가 상하 1/2인 관계여도 움직이지 않은 상태는 스핀의 상태가 아니라고 본다. 그리고 움직여 화한 효가 되어야 스핀적 소모성으로 인해 변화된 상태를 지괘(之卦)에 있는 하환 효로 한다.

우리가 풍륜 위에 수륜, 수륜 위에 금륜인 것을 보면 이 우주가 일반 사물의 원리대로 흐른다는 것을 말하는데, 원소 주기율로 보면 원소 4족에서 핵이 융합적으로 생기는 것에서 풍륜이 생긴다. 이 풍륜이 6족이 되면 수륜이 되는 것이고 이 수륜이 덮개를 거두면 8족인 것이고, 이 8족이 다시 1족이 되면 금륜이 되는 것이다. 본래 1과 8족은 같은 하나로 하면 수륜 위에 금륜이 된다.

그리고 남쪽 이방(離方)이 제일 가벼운 허공인 것에 동남쪽 손방이 풍륜의 입자인 것이고, 시계 방향의 역순으로 북방이면 수륜이 되고, 다시 서북으로 돌면 금륜이 된다. 그 위에 남쪽이 수미산과 같은 것이 도리천이 꼭대기에 있는 것을 말한다.

우리가 건곤감리 중에서 건곤은 핵으로 붙어 있는 것을 헬륨족과 수소족이 붙어 있는 것으로 한다. 이렇게 붙어 주기율이 붙어서 머리가 생겨 주기율이 늘어난 시점이 되는 것이고, 감리를 3족과 6족의 상대성인 것으로, 3족은 화이트홀이면 6족은 블랙홀로 칭하게 된다.

곧 감(坎)의 끝은 리(離)이고 리(離)의 끝은 감(坎)인 것으로 상대성이 다하는 것으로 우리가 말하는 블랙홀은 6족인 끝을 말한다. 이 끝이 사건의 지평인 것으로 광자만이 있는 것인가 하는 것이다. 이는 블랙홀이라는 것이 상대적으로 화이트홀로 일어날 때, 호킹 복사라는 것으로 일어날 수 있는 것은 바로 6족이 유리라면 7이나 8족은 거울의 바닥과 같은 흙이라는 것으로 지평을 이루어 나간다. 우주는 돈다. 이런 평면성을 원주율로서 지평이 말려들어간 것이 되는 것이다.

또한 이 사건의 지평이 6족인 것에서 일어나면 호킹 복사라는 것은 2족과 이온적으로 연결이 되어 간다. 즉 8족의 주기율적 순환에 있다는 것이다. 블랙홀의 씨앗이 이온으로 2족인 그릇에 담긴 것이면, 이것이 꽃으로 공간을 넓혀 퍼져 나가는 것이 3족인 것으로 화이트홀이 된다.

그러므로 블랙홀이라는 것도 약한 기울기와 같다. 그런데 이 한쪽의 회오리도 그릇의 중심으로 가게 되어 있다. 이것이 이온 합력이라는 것으로 이 합을 중심으로 꽃을 피우는 것이 3족이다. 이 3족과 6족은 직접적인 상대적 끝인 것이나 2족으로 이온으로 휘면 마치 6족의 바닥끝은 2족에 붙은 것이다. 이는 또 다른 지평이 열린 것과 같다. 그러면 2족의 이온이 열리는 3족인 것이면 오직 광자만의 꽃들만 있는 것이 된다.

제7장

양전자와 전자와의 관계

순서	주제
82	양전자와 전자와의 관계

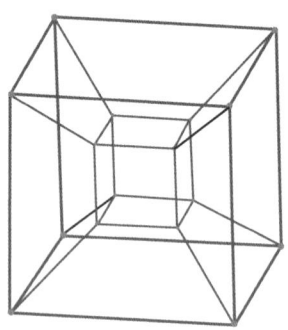

 위 그림은 3차원 속의 4차원을 그린 것이다. 상자 3차원과 작은 상자 3차원이 연결된 구조가 4차원이다.
 이는 매우 인체와 흥미를 더하는 것으로서 머리는 3차원인 것으로 네모가 둥근 것으로 할 때, 그 속의 작은 상자는 입이다. 즉 큰 상자는 머리통이면 이빨과 입인 법령 안은 작은 상자라는 것이다.
 머리는 4차원의 우주로서 3차원인 물질계보다 앞서는 것에서 작은 상자와 큰 상자 사이를 넘나드는 것이다. 즉 영과 육체를 함께 연결되어 있다는 것이다. 머리는 이목구비로 4를 펴는데 반해, 몸은 팔과 다리로 4를 편다는 것이다. 그리고 머리는 빨아들이는 이목구비 음인 것이고 몸은 펼치는 양인 팔다리가 되는 것의 신경과 영혼이다.

174   인간에게 천기(天氣)누설은 아무것도 아니다. 문제는

이는 양성자를 중성자가 빨아들이는 질량성인 것 같고 중성자
르 양성자로 펼치는 에너지와 같은 것이기도 하다. 마치 영혼은
이러한 변화의 흐름을 체감하는 것 같기도 하다.

四
| | |
| | |
| |
| |
一

위 그림으로 4차원의 세계가 포개지는 것으로 하면,

정방형 사각 입체형과 그보다 더 큰 입체형이 둘러싸고 있는 짜임새는 결국 육면체로 보면 중앙의 육면체에 나머지 변방의 똑같은 조각은 사다리꼴로 싼 것이 되는 것이다. 이는 곧 크기가 다른 입방체가 안과 밖이 되는 것으로 연결이 되면 아래 도표와 같은데, 이는 곧 크기가 다른 입방체가 안과 밖이 되는 것으로 연결이 되면 위 도표와 같다.

4차원은 8개의 입방체라고 하나 입방체 안에 입방체로 하나의 점에서부터 차원이 커지는 것은 곧 육방의 껍질인 사다리꼴 안에 정육면체가 되는 것이다. 다만 점과 최종의 입방체 간의 일직선은 그 사이의 입방체와 함께 과정을 밟는 것이 된다.

그리고 4차원은 여덟 개의 정입방체가 된다. 이는 팔괘와 같은 것이 천복지재라고 하는 것이 사방의 중앙이 지인 것이고 이를

덮은 것이 천인데, 이는 곧 4차원을 3차원으로 함축하면 6효가 된다. 이 육효에는 여덟 개의 괘가 있다. 이 여덟 개의 괘는 입방체의 여섯 면을 펴면 중앙 정방체 핵과 좌우상하 그리고 앞뒤를 합해 일곱과 뚜껑을 더해 여덟이 된다.

    이것이 팔괘를 의미하는 입방체 4차원이다. 이를 3차원으로 육면체 안에 육면체로 하니 또한 입방체 안에 입방체로 3차원적 육효로 해설이 된다.

    7까지는 중앙인 것을 헬륨으로 하는 것이고 곤으로 하는 것으로 지구가 중심으로 하는 지동설적 구조론이 된다. 여기에 뚜껑이 따로 떨어져 나온 것이 수소족인 것으로 건으로 하는 것이다. 다음에 그림을 보면,

사건의 지평에서 일어나는 길목

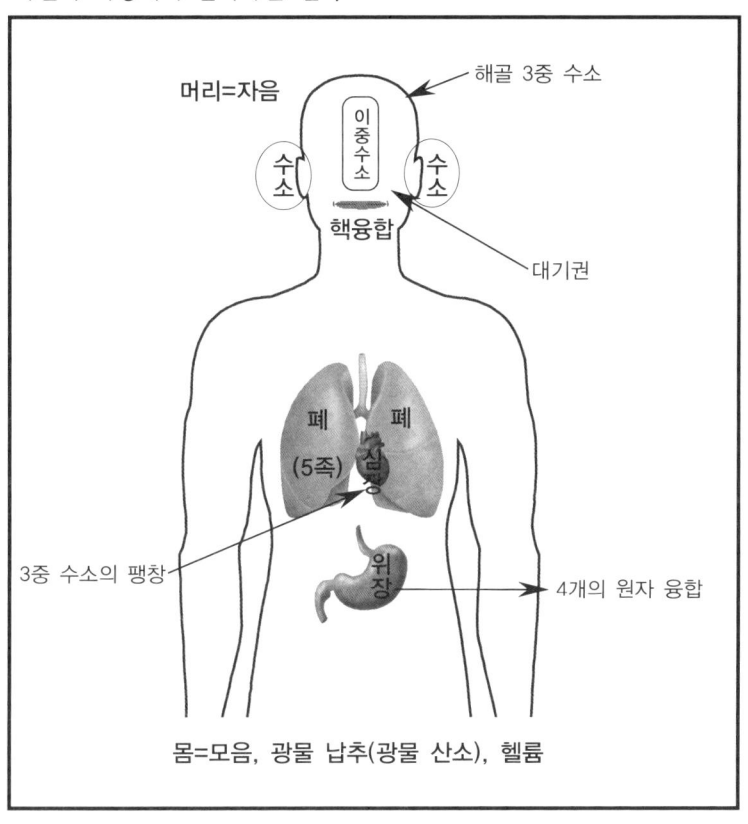

이목구비= 중성자

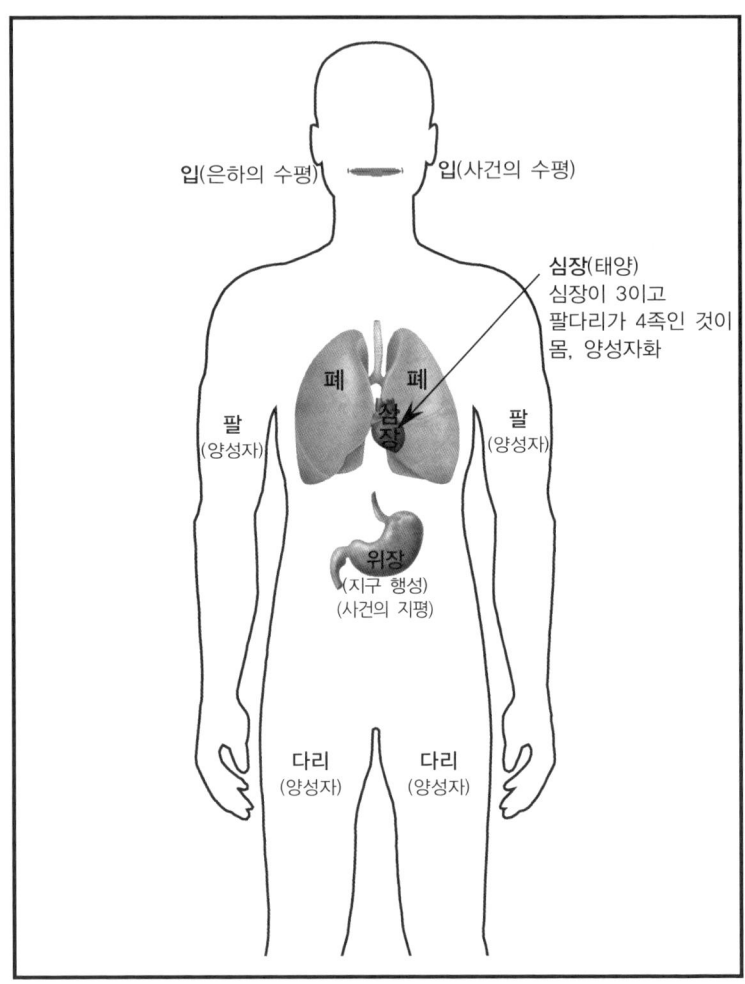

   1, 2, 3, 4족은 머리인데 모두 받아들이는 음(陰)이니 중성자 즉 이목구비는 양성자의 팔다리와 같다.
   해골이 3족이고 이목구비가 4족인 것이 머리 중성자화.

178   인간에게 천기(天氣)누설은 아무것도 아니다. 문제는

중앙이 가늘어 지는 그림은 마치 에너지가 중량으로 늘어지는 대신 에너지로 넓어지는 형상과 같은 것이다. 이는 마치 양성자가 에너지가 줄고 중량이 커지는 것에서 다 소멸되는 것이 아니라 중성자로 남은 것에 하나의 상하 통로를 제공하는 것도 되는 것이다.

중성자도 일종의 여과지처럼 마치 납에 산소배출과도 같은 것이기도 하다. 목구멍에 기관지가 통하는 것과 같은 것이다. 이는 몸과 머리가 다른 것 같으나 1족인 두뇌가 3족으로 확산되었다가 4족으로 팔다리가 난 것이다. 이 팔다리가 난 공간이 하나의 점으로 했을 때 5차원이 될 때, 이를 5를 중궁으로 하는 차원의 기준이라고 한다.

이 5차원의 중궁에서 다시 6차원인 건궁으로, 실날의 머리가 나가는 것이다. 그러면 여기서는 실날이 난무하는 차원이라는 것이다. 이렇데 누적되는 두께의 점 둘레를 싸고 다시 겹의 점이 되면서 결국 10차원이라면, 다시 중궁 5에 돌아오는 것이다. 하지만 이 10은 5에 5를 더한 겹이 되는 것으로 하나가 된다. 여기서 다시 실날의 머리를 내밀면 11차원의 공간에 있는 것이다.

순서	주제
83	새끼줄과 차원

새끼는 어미 자궁에서 나온다. 즉 구궁도의 중궁에서 나온다는

말이다. 중궁은 5와 10이 겹치는 것으로 하나로 하는 것인데 이는 새끼틀을 보면 두 개의 구멍으로 하나로 만드는 것을 말한다.

즉 5양토와 실날이 난 것이 고환과 같은 건궁이 형성이 되는 것인데 이 6에서 출발하는 성수가 다시 5로 돌아오면 10이 되는 것으로 겹치는 것인데 이것이 여자의 자궁이다.

이 여자의 자궁에서 두 개가 겹쳐 꼬이는 것이 자식이다. 이 자식이 11차원이라는 것의 실날인 꼬인 새끼라는 것이다. DNA도 이런 형상에서 볼 필요도 있다.

원소 주기율은 8족지만 이 8에 2족을 더해 10인 것으로 하나의 주기율 덩어리가 된다. 여기서 1차원의 실날 하나가 다시 나면 11인 것이니 곧 수소족 11이 된다. 리튬은 11이 되는 것이 또한 네온이 10인 것이면 다시 나트륨이 11이 되는 것인데, 이는 4차원의 바닥면과 뚜껑이 상하 하나로서 좌우를 거느리는 자식으로 하는 것이니 이 둘은 주기율이 반복될 때마다 두 개의 면은 핵으로 들어가는 것에서, 8방의 변을 더한 10인 것으로 10차원이다. 여기서 다시 1차원을 더한 실날이 곧 11차원으로서 끈이 되는 선의 반복이다.

식물이 자라는 것도 건곤이 핵인 것으로 뿌리에 두고 자라는 것에서 다시 열매로 건곤으로 하는 것이니, 씨앗은 지금의 건곤인 것이면 씨앗은 지금의 건곤이 된다.

공간성이 이전의 공간성은 씨앗 하나가 심어진 것으로 땅의 대표성으로 하늘이 되는 것이고, 지금의 공간성은 나무에 걸린 수많은 과일들이 하늘의 대표적 공간성을 가지는 것으로 한다.

순서	주제
84	부모가 자식을 품은 것이 4차원인 것이 인간과 영혼은 차원처럼 즉식하며 땔 수가 없다

　차원의 논리란 곧 자연 순리의 유전적 거울상과 같다. 4차원은 3차원인 입체성을 둘이 합해 그 크기가 같거나 아니면 크기가 달라도 하나의 입체 안에 넣어 서로가 같은 하나로 어미와 자식이 유전형이 그대로 입방체가 되는 것으로 품을 수 있다.
　결국 이 입체성의 두 개가 제곱이 되는 것으로 마주하는 것이면 결과적으로 3차원의 함축성으로 4차원이 줄면 5차원도 줄게 되어 있다. 이는 차원이 늘수록 수축하는 것, 즉 차원이 늘수록 소수점을 곱하는 꼴이니 줄어들 수밖에 없다. 0안의 해프닝이 된다. 결국 차원이 전체적으로 일원화에서 준다기보다 낮은 차원에서 줄어든 수량에 전체의 면모가 함께 주는 것으로 보인다.
　이는 5차원이 0인 것으로 0차원으로 줄다가 5차원에서 한 점으로 하는 것에서 쉬는 것으로, 하나의 밤톨처럼 핵으로 부드러운 것으로 할 때 이를 원소 8족으로 보면 1족이 되기 전의 헬륨인 것을 말한다. 그런데 원소 3, 4, 5족에서 밤의 가시 부분이 3족인 것이고 2족이 갈라진 밤 껍질이고, 원소 1족이 밤톨인 것에서 헬륨족과 함께하는 것이다.
　즉 원소 8족의 역순이 나무가 자라는 것으로 볼 수 있다. 원소 5족이 밤송이가 부드러운 것이고 4족이 뾰족하게 나는 것인데, 성게처럼 알톨 보다 긴 것은 3족인 것으로 이는 마치 차원이 높

을수록 길고 날카로운 가시가 늘어나는 것과 같다. 그래서 10차원이면 가을의 밤과 같으니 가시는 껍질과 함께 벗겨지는 것으로 이 밤톨이 싹이 나면 초끈이 된다. 이 끈의 공간을 싸고 있는 것이 11차원의 M차원이 된다.

다 이러한 도형이 원소적인 맛을 내는 것이면, 아마 맛만 봐도 형의 기하학을 알 수 있다. 마치 빛을 가루로 낼 수 있으면 인간도 뱀처럼 혀로 눈으로 보는 입체성을 볼 수 있지 않나 한다. 그런데 이렇게 논리가 별나다 해도 내 머리가 하얘지는 것보다 자연스럽지 못하다.

암흑물질은 블랙홀처럼 압축의 극에서 더 이상 줄지도 않은 상태로 상수성을 갖고 다시 팽창이 되는 것으로 하는 것의 중간점, 즉 응축의 기준이 극이 한 쪽 끝인 바닥이 아니라 두 대칭의 벽이 함께 압축한다.

그 중간에서 암흑물질을 형성하는 것으로 상수로 하는 것으로, 여기서 팽창이 늘어나면 진공이 늘어난다. 또한 에너지 파장이 들어나는 것에서 암흑물질 또한 늘어나는 것처럼 보일 수 있다.

즉 암흑물질도 팽창의 신축성을 따라가기 때문이다. 이는 마치 나무가 자라면 물이 흡수되어 자라는 것처럼 그 진공을 따르는 것이 된다. 그러면 에너지는 파장인에 어떻게 그 안에 진공이 있느냐 하는 것이다.

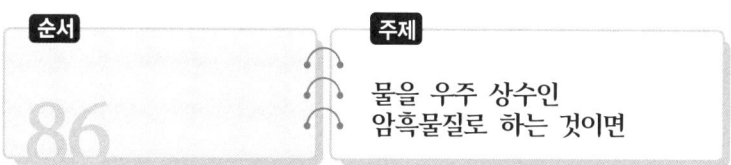

순서	주제
86	물을 우주 상수인 암흑물질로 하는 것이면

 구궁도 낙서(洛書)도 감수궁(坎水宮)에서 출발한다. 이는 곧 감수궁이 검은색을 의미하는 것이고 또한 암흑물질이다. 또한 우주 상수가 암흑물질로 시작점을 둔다면, 곧 감수궁을 암흑물질인 것으로 1이 되는 상수가 된다. 우주의 상수가 곧 암흑물질인 감궁이라는 것이다.
 상수의 기본이 1인 자리가 두 면 사이의 중앙에서 압축되어 중앙에 머문 것으로 실제 압축의 바닥은 블랙홀이라는 개념이다. 그 압축은 모래시계의 몸에 블랙홀이 집중되는 듯이 보이나 한쪽의 바닥이고 양쪽의 중앙인 목이다. 암흑물질의 시작은 바닥에서가 아니라 모래시계 목 부분과 같이 중앙에 있다.
 이것을 허공으로 보면 허공 중앙에서 양쪽에서 압축되어 점이 된 것이 암흑물질이다. 그러면 어떻게 암흑물질은 우주 공간에 산재해 있는 것으로 보이는가 하는 것이다.
 또한 이를 잘 보면 1 감궁에서 물이 되는 것이 중간에 나무가 되는 것으로 흡수가 되고, 끝으로 9 이화궁(離火宮) 꽃잎이 된다. 이 꽃잎에서 중궁인 5로 주저앉으면 꽃받침이 되는 것으로 꽃가루가 된다. 이 꽃가루에 과일이 자라는 것이 건궁인 6이 된다.

　즉 감궁이 물인 것에서 흙과 나무가 흡수를 한다. 그 흡수하는 공간이 통로가 있는 것이고 반진공 상태라고 봐야 한다. 이 공은 건고하여 차원이 가시 같은 성게와 같은 가시가 되는 차원을 보이는 것과 같다.

　암흑물질이 진공이 넓어질 수 있는 것은 암흑이 진하게 퍼져 있어 보인다. 실제 블랙홀의 바닥처럼 목에서 물처럼 암흑물질이 차원에 물이 배는 것과 같다. 그러니 암흑물질이 퍼져있는 것처럼 나무에 퍼져있는 것이고 꽃마저 암흑을 머금고 있으나 자체적으로 밝으니 암흑을 밀어내는 것이다.

　내 몸의 물이 진공을 메워 오른 것이니 암흑물질이 많아 보이는 것이다. 빛이 아무리 암흑물질을 씻어도 검정은 계속 나오게 되어 있다.

　나무는 머리가 뿌리에 있는 것으로 보이는데 결과적으로 머리를 상실하는 듯이 사라져도 그만이다. 어쩌면 인간도 주검을 이렇게 받아들이면 훨씬 원소주기율도 순리적인 면이 있다는 것이다. 즉 인간의 몸이 땅으로 돌아갔는데 오직 씨앗 하나 남은 것이 싹이 난 것이다. 그러면 이 씨앗에 나무가 나를 품고 있다면 오직 떡잎만으로 품고 꽃처럼 사라지는 것이면 그래도 이 씨앗은 이미 자신을 품은 뿌리는 키우는 것에서 알과 같다.

　이는 괘상으로 풍택중부괘라고 한다. 이 이치를 잘 보면, 원소 1족에서 3족까지는 이런 알을 품은 형상인 것으로 3족과 같은 것이다. 이는 껍질이 아니더라도 뿌리가 씨앗을 어미가 상하지 않게 품는 것으로 발가락 속에 품고 있다. 이 또한 이허중이라는 것이다.

떡잎은 씨앗으로 나지만 떡잎이 지고부터는 뿌리가 스스로 씨앗을 보호하고 자란다는 것으로 이렇게 성장하여 다시 열매를 맺을 때 쯤 씨앗은 쭉정이가 되어 껍질은 가라고 해도 나무는 열매로 자란다.

그러니 인간은 씨앗인 머리가 거꾸로 자라는 것이다. 이는 마치 식물은 8족을 역으로 4족까지로 자란 것으로 하는 것, 인간이나 동물은 순리로 수소인 머리에서 팔과 다리 4족으로 뻗은 것이 서로 만난다.

여기에서 서로 모자라는 반을 만나 채우면서 생명이 되는 것과 같다. 그래서 식물은 탄소 4족을 산소를 뿜어내면 당겨야 알카리성을 부지한다. 동물은 산소인 6족을 끌어 들이지 않으면 3족인 풍성으로 허중이 된다. 또한 중간적 4족의 무게감인 탄수화물이 산소를 순환시키지 못하는 것이 된다.

이는 머리통은 씨앗보다 크기가 곧 이허중의 비중이기 때문이다. 머리통이나 씨앗은 중성자를 띤 것이기 때문에 곧 8족에서 수소족이 머리인 여느 족에 비해 작다.

즉 하나의 수소족과 같고 DNA로 보면 오탄당이 땅인 것에서 수소점을 중앙으로 오탄당이 있는 것으로 보면 마치 DNA도 수소를 중앙으로 평행이 되는 것과 같다. 그리고 선천수 3까지는 없으니 씨앗이다. 나머지 수는 나무로 8족을 너머 9라는 숫자는 8을 뺀 1이 되는 것으로 과살이 8인 것에 씨앗이 들어 있는 9가 된다. 그리고 3까지의 숫자가 없다는 것은 중력 안을 볼 수 없는 껍질인 것이고 이 껍질 중력 밖에는 과살이 붙은 것과 같다.
 그러니 우주의 변이 중력이라면 이는 그 밖에 중력살이 얼마나 두터운가도 의심된다. 융합도 이 벽 위에서 2차적 융합이 이뤄지듯이 결국 중력 안이 원소 3족이고, 1과 족이 씨앗과 떡잎까지로 보는 것이다. 그리고 다시 뿌리의 버팀목이 새의 발바닥과 같이 옹호하니 여기가 곧 융합과 분열을 분기점이 되는 것으로 중력이라는 것과 같다.
 그러니 이 중력 밖은 섬유성이 굳은 것이고 섬유성이 유연해지는 것이다. 마치 3족 안은 빈 해골이 아니라 조개껍질 속에 주꾸미가 사는 것이 이목구비라는 것이다. 이 중성자적 구멍 입구는 이목구비의 역할은 마치 블랙홀이 여의주를 머금은 것과 같다.
 헬륨의 유전자는 결국 헬륨으로 돌아오게 하는 것으로 열매가 되기 때문이다. 이는 땅의 비중에 씨앗의 비중인 헬륨의 에너지 비중과 같다. 그 중에 하나가 세포인 것으로 그 세포가 머리를 내밀면 수소족인 것으로 한다.
 즉 나무는 머리가 뿌리에 있는 것에서 씨앗으로 한다. 곧 헬륨인 땅에 씨앗이 뿌려진 것 즉 헬륨은 과살이 뭉개진 거름이다. 마치 동물의 변에 씨앗이 있는 것과 같다.
 그러니 뿌리에 머리가 있는 것이 1족인 것이 나무가 되는 과정이 1~4족인 것이고, 이는 5~8까지의 진행인 것이 나무에서 꽃이 피어 3족이다. 그 꽃에 암수가 있어 2족인 것이고 그것이 하나가 되어 1족이 되는 것에서 씨앗이 다시 8족인 헬륨인 것으로 역행을 하는 것이 된다.
 3족인 볕이 있으면 6족인 물을 빨아들인다. 만일 볕이 없으면 물을 빨아들이지 못하니 기둥을 세우지 못해 녹아내는 것이 4족의 거울인 균형이다.

나무가 머리를 뿌리인 땅에 두는 것은 헬륨족이 끝에 있는 것에서 족의 역행으로 자란다. 실제 사람의 머리가 하늘에 달린 수소족인 것이니 그렇게 다를 수밖에 없다. 나무가 산소를 뱉는 것도 나무 머리가 헬륨족에 가까우니 6족인 산소가 4족인 탄소를 뱉을 수밖에 없다. 탄소는 수소족에 머리를 둔 것이니 4족인 탄소가 6족 산소 쪽으로 뱉는 것이다.

순서 87

주제
인간은 다른 동물에 비해 머리통이 크다

그러나 몸보다 작은 것이 중성자와 양성자의 차이로 볼 수 있다. 즉 수소족은 머리통에 있는 이목구비인 중성자인 것이고 헬륨족은 가슴과 복부인 것으로 하는 양성자이다.

그러니까 중성자적 태양이 되기까지 양성자로 뻗은 우주는 몸과 팔다리인 것으로 한다. 가슴은 또 양성자 2이고, 배는 중성자 2인 헬륨이 내포하고 있는 것이고, 머리는 양성자만인 수소의 양자적 이목구비로 본다. 이처럼 상대성의 시각은 각이 다른 측면이 있다.

이는 앞서 이야기한 대로 DNA의 중앙 수소가 씨앗인 것이면 오탄당이 8족인 헬륨으로 5가 땅이다. 이는 곧 1주기율은 중앙과 사방만인 오방을 뜻하는 것이다. 이는 아직 8방이 적립되지 않는 것이고 또한 이중 슬릿에 있어 여덟 폭이 되지 않는 병풍과 같은 것에 그 중간에 네 개의 겹치는 부분이 헬륨이다. 이 부분이 여덟 편에 이르러야 8족의 그림이 선명한 윤곽과 같다. 곧 2주기율부터 사방의 헬륨이 네온으로서 8폭이 선명한 것이 된다.

오탄당에 묻힌 수소는 1주기율에 묻힌 1족이 되는 것이다. 씨앗의 벽은 원소 3족인 것이고 이는 중력의 경계와 같은 안은 눈이고 밖은 과살인 것에 있는 것에서, 과살에 붙은 살은 섬유성이 질긴 것에서 벗기면 쉽게 벗겨지나 살을 당기기는 어렵다.

그래서 선천수도 3까지는 씨앗인 것이니 건드리지 않는 4까지로만 역행한다. 또한 3족까지는 삼중수소가 삼원색의 원소성을 가진 것으로 품고 있는데 빨, 노, 파랑은 양성자인 것으로 하는 것이고 동쪽과 남쪽인 하루의 반이다.

그러면 오후인 저녁 무렵인 경우는 흑백인 무채색으로 치니 흑백으로만 가야한다. 그러면 색은 서쪽으로 넘어가면 안 되는 것이다. 그 안에 중성자가 되어야 하는 것에서, 정방의 색은 간방의 색인 흙이 들어가는 중성자 색이 된다.

서방은 색이고, 빛이고 소멸되는 것이니 양성자도 소멸이 되는 것을 말한다. 그런데 양성자는 중성자가 되어 소멸되지 않는 숯처럼 남는 것이다. 색이란 본래 빛의 영역이기 때문에 이 반쪽만으로 볼 수 있게 되어 있는 것에서 중성자로 한다.

이것이 삼원색의 사이에 중간색이 있다는 것은 삼원색이 소멸하고 흑백으로 돌아가는 것이 아니라, 삼원색의 사이 색, 즉 주황이나 녹색이나 하는 것으로 띠를 이루는데 다만 보라색은 사이에 노란색이 흙이 들어가지 않으니 끊어진다. 이는 보라색은 양성자인 것이라 중성자인 흙에 들지 못하는 것으로 자외선은 공간으로 비는 것이다.

색도 자외선의 자리가 고갱이 자리라고 한다. 이 공간이 원소 1~3쪽까지의 선천수가 빈 공간으로 본다. 보라색은 4족인 것으로서 3족으로 타는 나무이다. 그런데 3족은 빈 공간이니 보라색은 이어지지 않는다. 4족부터는 속도의 차이 때문에 같이 가도 서로 반대로 가는 듯이 보인다.

사방의 사이가 간괘(間卦)인 것으로 볼 때 간괘는 토(土)가 들어가는 것이다. 그러니 색이 노란색이 섞인 주황과 녹색이 있는 것이고 나머지 보라는 노랑과 섞이질 못하니 양성자의 중력권에서 먼 것이라 공간적으로만 보이는 것이다.

나무는 뿌리가 머리인 것으로 씨앗이 머리인 것이니 뿌리에 비해 아주 작다. 즉 나무가 그냥 발바닥인 것이면 주저앉아 씨앗은 나오지 못한다.

그런데 새가 알을 다리로 품어도 부드러운 것이 풍택중부라는 것이니 알이 예쁘면 발로 품어 되는 것이다. 즉 알이 품는 것까지가 원소 3족인 이허중이라는 것이다. 그리고 4족이 팔다리로서

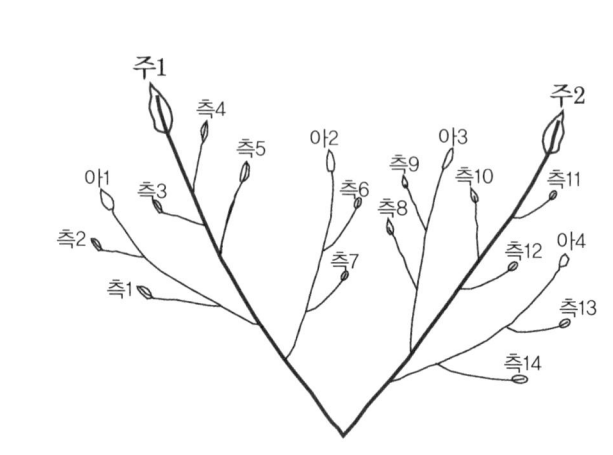

정이십면체와 모서리수 : 30
쌍정이십면체 모서리수 : 60
플라톤의 정이십면체 : 물(H$_2$O) 상징
나무는 정이십면체×2

주 지 : 2
아주지 : 4
측 지 : 14
합 계 : 20

전정이 완료된 측지수=40
단면 측지수 20×2=40

거칠어도 이 알만큼은 자신을 태울 수 있는 것 다리로 사냥은 못 하더라도 알을 위해서는 굶는 것과 같다.

4족은 3족으로 융합으로 감싸 안는 쪽이 있고 5족으로 멀리 떠 나는 것이 있다. 즉 자식이 날개를 가지면 4족이 구비된 것이니 5족으로 떠나는 것을 말한다.

이 모든 과정이 그림처럼 촉이 발달한 것에서 매우 수학적 두

뇌의 기능으로 자라는 것이다.

 다각성이 4차원인 것은 4차원도 3차원을 품은 채 구성이 되어야 한다. 어머니가 자식을 낳는 것이 아니라 자식이 어머니를 구성하는 것이다. 그런데 이를 역으로 뒤집어 자식으로 낳을 수 있는 것이 어머니이다.
 그리고 빛이 원소 8단계 중 3단계인 것인데 이 3단계도 공간인 것이라 압축이 되는 것이면 이는 3족의 공간이 2족의 농축으로 된다. 이 농축의 밀집도는 공간상의 빛의 속도보다 더 빠른 긴밀도를 가진 것이 된다.

 이 3차원을 깨든가 통과하여 하나의 몸체를 만들면 이것은 4차원인 것이다. 그러니 3차원을 관장하는 것은 해골을 뜻한다. 그리고 이목구비가 나온 것이 4차원의 두뇌에서 나온 것이고 5차원을 따로 중심을 잡은 것에서 4차원이 5차원의 하나가 따로 머리는 내민 것이라고 할 수 있다.
 이 5차원에 다시 이목구비처럼 4차원을 더하면 9차원인 것이 되니 이는 9차원인 팔과 다리가 5차원인 배를 감쌀 수 있다. 또한 3차원의 알이 4차원의 부피로 크려면 얼마의 3차원적 규격이 필

요할까. 즉 3차원의 세포 분열이면 4차원의 몸은 얼마나 자라는 것일까.

세포 분열로 꽉 짜여진 증식을 구궁도 상으로 보면 구궁도 반인 1, 2, 3, 4까지는 신경계와 유동성의 머리를 이루는 것을 말한다. 이것이 한글의 자음에 해당되는 것이면 5족부터는 배를 중심으로 하는 것에서 모음에 속하는 것으로 6, 7, 8, 9가 되는 것이다.

몸의 굴곡과 확대의 끝을 말하는 것이고 모음처럼 싸서 안은 형상을 띠는 상태를 말하는 것이다. 그리고 구궁 순서 1, 2, 3, 4까지는 뇌의 신경까지를 말한다. 이 신경은 영혼의 차원과 같은 것으로 본다.

5족부터는 5차원의 자리로 보는 것에서 다시 4차원인 신경을 팔다리의 신경을 더해 9차원인 것이다. 이것이 4차원이다. 그러면 이 4차원은 모형이 각각인데 이 4차원이 제곱이면 최초의 분열인 것인데 몸의 피부성으로 다 채우면 즉 위장을 중심으로 몸의 세포를 다 채운 것이 5차원이다. 다시 물과 신경이 팔다리로 채우면 9차원이 된다.

구궁도는 5차원인 것이 반반인 것으로 10차원인 것인데 9차원으로 중복성을 띠고 돌아오는 것이니 9차원이다. 다시 태어나는 것이 보이면 11차원이다. 이는 마치 바다에 실뱀장어들이 너울대는 것이니 띠 이론 같기도 하다.

원소 3족은 부화할 알을 의미한다. 그래서 원소 3족에서 전이 원소가 생기는 것은 한 달 주기로 태어나는 것과 1년 주기로 태어나는 것이 다르다는 것이다.

즉 알을 열 개로 낳을 속성으로 할 것이냐, 한 알을 10개월로 해서 낳을 것이냐는 마치 짐승과 사람의 차이처럼 난다. 달의 1년 주기가 12달인 것에서 두 달이 빈, 10달이 빈 것으로 대기권으로 하는 것의 공인 것이다. 이는 10달의 원주율이 수용하는 대기권이 된다.

그런데 코끼리가 12달 만에 낳는다는 것은 아마도 코끼리는 대기권 밖의 태양풍에 호흡하느라고 코가 늘어난 것과 같다. 즉 그 진화의 유전체가 더 자라야한다.

포유류는 곧 달의 잉태라고 한다. 포유류는 초승달 형태의 신금(辛金)을 의미하고 눈을 의미한다. 눈은 속이 빈 형태의 벌집과 같은 것이다. 마치 달의 무한 복사와 같다.

중궁의 진공은 5차원적 진공이다. 이 대칭적 진공은 5차원과 5차원의 대칭적 제곱인 것으로 10의 반이 서로 만나는 것이다. 또한 5차원의 대칭이 10인 것에서 결국 5차원의 출산은 6차원인 것으로 건궁으로 하는 것에서 1로 한다.

그러면 이 건궁 점이 6차원으로 핵으로 하면 마치 얼음의 한 입자로서 본다면 이 얼음이 녹으면 물이 되는 원주로 시계 방향으로 흐르면 자연 서북인 얼음이 북쪽으로가 물이 되어 입자가 파장으로 펼쳐지는 것이 된다.

삼각형은 쓴맛이 되는 메커니즘인 것이고 사각형은 신맛이 되는 메커니즘이 되는 것이다. 오각형은 단맛, 육각형은 짠맛, 허공의 맛은 매운맛이다.

우리가 꿈에 바다로 들어가 용궁을 만났다면, 이는 곧 물인 H_2O에 들어가 수소를 만난 것과 같다. 산소 O가 되기 전에 H_2가 하나인 이중수소가 벌어진 떡잎으로 난 것도 다 같은 맥락이기 때문이다.

천상 세계에는 관절 사이로 아이를 낳는다는 세계가 있다고 한다. 이는 곧 관절을 4족인 것으로 하는 것이고 4차원으로 하면 이는 3차원의 대칭인 제곱 사이에 공간이 있는 것이 관절과 같은 것이다.

대칭이란 관절의 대칭성을 말하는 것이고 사이에 알을 넣을 수 있는 것으로 할 수 있다. 이는 마치 대칭형 사이에 같은 형태가 중간에 들어 세 개가 되는 것에서 다만 중간의 것은 각뿔을 둥근 것으로 한 것의 알로 넣은 것이라고 할 수 있다.

만일 이러한 것이 4차원적으로 가능하다면, 마치 TV의 주사선에 중간에 화면을 넣어 확장면으로 보듯이 이는 2차원적 삽입의 평면을 투과하여 나오는 것이다. 하지만 이렇게 양쪽 사이의 중간에 입체적인 것으로 비춰지는 것이면, 이는 그림자도 입체적일 수밖에 없다. 그런데 그렇게 입체적이면 이미 3차원적 물질에 되어 있다는 것이다.

다면 이미 5차원이 중앙인 것으로 진공의 공간인 것이면서 점과 같은 주사선인 것이면 6차원은 곧 이 5차원적 진공은 이미 비었으나 차 있는 것으로서, 입체적 투명성을 가진 것으로 잠긴 유체와 같은 것이다. 어쩜 그 유체가 누른빛을 띨지도 모르는 것이고, 다만 6차원으로 넘어온 것은 육질인 5보다 영혼의 질이 좋은 6의 차원인 것이니 빛은 더 휠 수도 있다는 것이다.

이는 6차원의 시공을 넘나드는 영혼이 되는 것으로 실제 5차원 이하로는 보기 어려운 시각성인 것이라 이 신을 보는 시각이 아니면 보기 어려울 것이 아니냐 하는 것이다. 즉 관절 사이로 아기를 낳는다는 시공은 과학성의 일부라는 것이다.

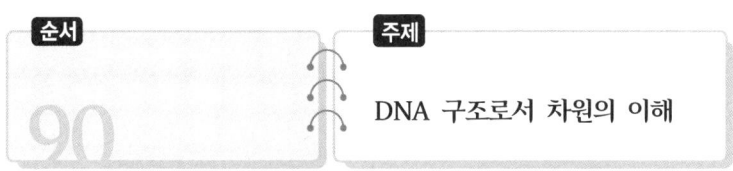

순서 90 | 주제 DNA 구조로서 차원의 이해

우리가 DNA를 평면적 2차원으로 보기보다 일체적으로 보아 하나의 성질이 되는 것이면, 3차원까지는 수소의 눈만으로 3중수소까지 볼 수 있는 것과 같다. 실제 4중수소는 보이지 않는 것과 같다. 다만 4중수는 핵융합에 의해서만 가능한 것으로 이는 별다른 것이 아니라 그렇게 자연스럽게 4라는 숫자가 합리적으로 이어가는 것이다.

입체성을 가진 것만으로 그 각의 순수성만으로 이뤄지는 것으로 성질이 단단한 것으로 볼 것인데, 4차원이면 선마다 하나의 선이 아니라 쌍으로 병행하는 것이 각이 달라질 때마다 스핀이 분리가 된다. 마치 평행이다가 다시 다른 각의 평행으로 갈 수 있다. 마치 오각뿔의 체적이 수소 하나를 오탄당이 뿔처럼 집중이 된 것이면, 여기에서 거울처럼 비치는 것이 상대 병행의 오탄당과 마주한다는 것이다.

즉 수소점에서 두 갈래와 세 갈래인 것이 이중수소와 삼중수소가 된다. 이 수소가 합하여 네 개의 염기를 만드는 것이 4염기라는 것이다. 이것은 다 오탄당 안에 있는 것으로서 쌍이다.

그러면 만일 오탄당이 서로 마주한 것이면 이는 4차원상의 오각의 제곱이 마주한 것이 되는 것이다. 그 오탄당이 마주한 오탄당은 중앙 하단에 있는 모형과 같은 것이 되는데 이 오탄당의 끝이 6인 인산기(燐酸基)를 말하는 것이다. 그러므로 이는 서로 이어가는 점인 것이고, DNA가 이 인산기소 접으면 하나의 것이 되는 포개지는 점이다.

이렇게 6을 이어 7과 8이면 하나의 세포인 염색체로 하는 것이다. 이것이 곧 당질이란 것의 차원적 모형은 상단 중앙의 하단 부분인 것으로서 상수적 불변성이 자고로 4차원적 크기로 묶여 있다. 그러니 단순히 하나의 입방체로서 떨어질 것이 아니다. 그럼 과연 영혼이라는 것이 아니면 그 공간을 어떻게 넘나들 수 있겠는가 하는 것이다.

91 내가 이해하기론

나는 11차원이라고 하는데 2차원인 세포와 같다. 세포 하나가 2차원에서 띠가 둥근 것인데, 이는 현재의 내가 차원을 하나씩 줄여 2차원까지 가면 11차원으로 성장할 세포 하나가 된다.

그래서 이 초끈이라는 것이 1차원적으로 10으로 보는 것에서 인간은 기본적으로 10세 이하까지는 줄지 않는다. 이는 끈의 2차원적 바탕까지 돌아와도 1차원으로까지 줄지는 않는 것이 된다.

인간에게 천기(天氣)누설은 아무것도 아니다. 문제는

즉 타입 1+타입, 2A+타입, 2B+헤트로틱, A+헤트로틱, B=M 이론 즉 2차원으로서의 쌍의 대칭이 되는 것에서 그 사이 공간이 생기는 것이 3차원이다. 이 3차원은 시공간을 부피로 늘리는 것은 맞으나, 이렇게 11차원적으로 가면 다시 역순으로 제하면 결국 2차원으로 돌아가서 내가 세포로 나와 같다는 것이다.

우주는 1차원만으로 파장인 것이다. 이것이 2차원으로 보면 주름이 되는 것으로 보는 것이고, 이 주름이 대칭이 되는 것은 2차원이 다시 2차원과 마주하는 것에서 그 사이에 3차원이 생기는 것이다. 이는 곧 머리와 몸을 대칭으로 1/2인 스핀으로 볼 수 있는 것이 9차원이면, 이목구비가 짝으로 대칭이 되는 것은 8차원이다.

몸의 오장이 대칭인 것에서 6차원인 것이 되면 7차원이 되는 것이고, 7차원은 육부인 것으로 쓸개나 부신 갑상선 등을 말한다. 소화기가 5차원인 것에서 입 밖의 음식은 4차원이 되는 것과 같다.

순서 92

주제
가설의 공유, 리만 제타 함수의 해석적 연속

다음에 그림은 제로점의 가로선을 돌려 세로로 세우면 제로의 원은 곧 얼굴의 턱에 해당이 되는 것이고, 그리고 모든 굴레가 하나의 점으로 모인 부분이 이빨이 물린 지점의 4족에 해당된다.

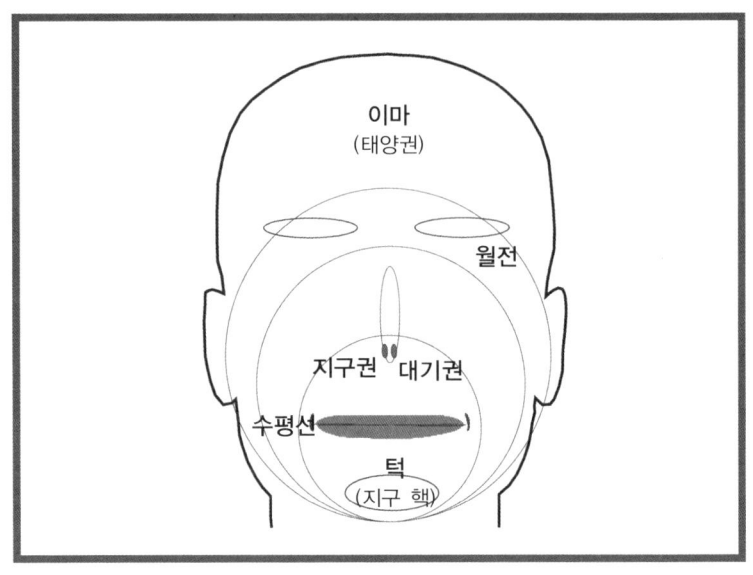

여기서 다시 원이 커지면 5족인 것이고 다시 커지면 6족, 다시 커지면 7족, 다시 커지면 8족이 된다. 즉 8족은 곧 1족과 같은 것이니 두개골의 피부로 돌아간 것에다, 두개골의 피부는 곧 두개골과 같다. 피부가 벗겨진 해골이 1족인 것이다.

여기서 환골탈태가 일어나면 여기서 새로운 얼굴의 8족이 다시 형성이 되는 것인데, 땅은 미숙하니 아직 완전한 생명체는 환골되어도 보지 못 한 것이다.

다만 어미의 자궁인 흙토에는 전생을 환골탈태하고 완전 생명체로 복구가 되는 것을 말한다. 즉 리만 제타 함수의 자연적 적용은 곧 풍수의 환골탈태에 인용이 되는 것으로서, 마치 썩은 시체가 다시 산 시체처럼 형성이 다시 붙은 것을 말한다. 이는 곧 아래 그림처럼 어떤 원리의 규칙성이면 충분히 가능하다는 것을 의미한다.

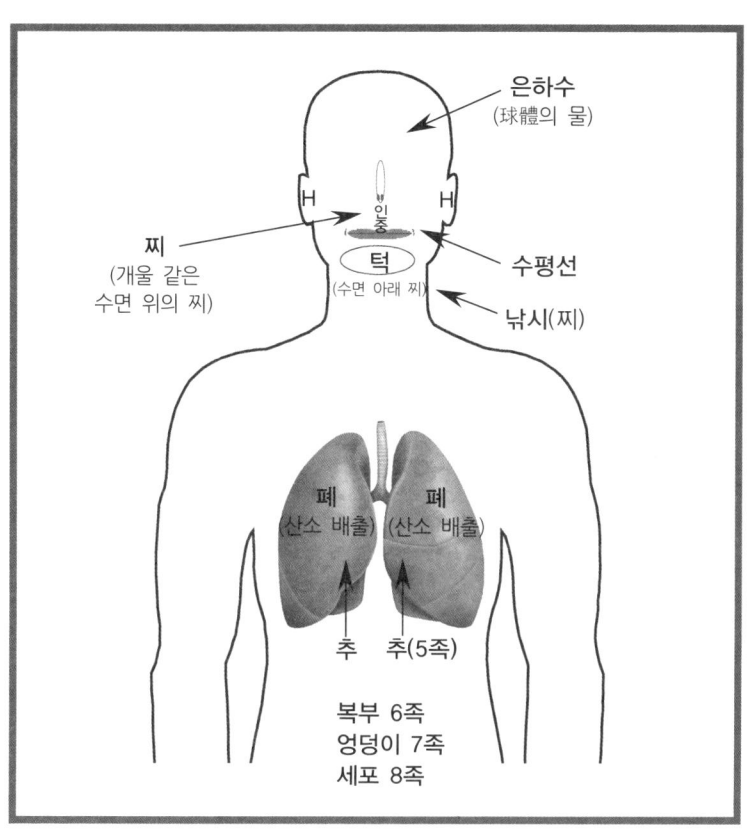

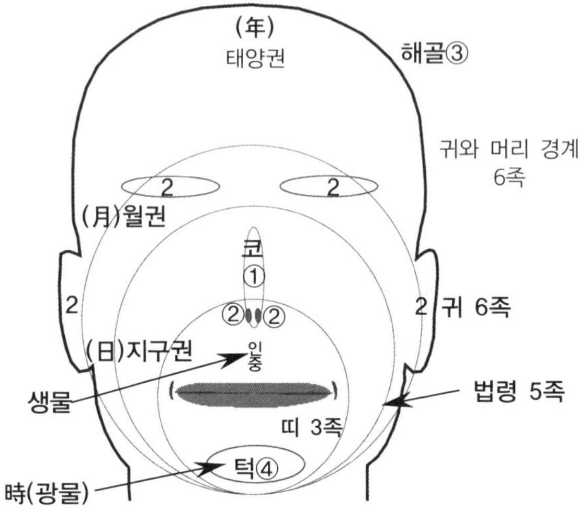

① = 코
② = 콧구멍
③ = 해골
④ = 턱
⑤ = 법령선 안(굴레, 숨구멍을 둘러쌈)
⑥ = 귀와 입을 두른 굴레
⑦ = 정수리
⑧ = 머리통, 뇌

ㅋ

순서	주제
93	원소 3족의 수학적 위치

자연상수란 것이 있다. 즉 1안에서 곱으로 늘리고 늘리다 해도 2.178을 넘지 못하는 고정된 숫자를 말한다. 이는 마치 원소 3족

200 인간에게 천기(天氣)누설은 아무것도 아니다. 문제는

까지는 씨앗이고 나머지는 과살이 붙은 것과 같다. 이것이 자연상수의 자연미라고 볼 수 있다. 수학적으로 보면 숫자가 3을 넘지 못하는 것이라 과살과 같은 선천수도 근접을 못하고 4에 멈추고 만다. 그러니 전형원소가 3족을 벗어나지 못하는 것도 자연상수 2.178을 벗어나지 못한다. 또한 란탄 악티늄족도 3족을 벗어나지 못하니 자연 상수를 벗어나지 못한 결과이다.

즉 3까지는 허중(虛中)인 것으로 씨앗 하나로 하는 것이고 나머지가 과살인 셈이다. 그리고 전이원소가 달 공전으로 보는 것은 하나의 원주로 보는 10인 것에서 10진법의 반복을 뜻하는 회전을 말한다.

3족에서 있다는 것은 마치 9가 태양인 건(乾)인 것이면 이를 우주라고 할 때 이 우주를 n이라고 하면 그 중에 하나가 달 공전인 것으로 하면 곧 1/n이 되는 것이다.

그리고 1/n=e라고 하면 e라는 자연상수는 곧 우주 중에 달 공전이라는 것인데, 이는 곧 자연상수 2.178이 1회전율인 것으로 하면 그 회전율은 곧 10인 것과 같다는 것이다.

그러면 선천수 9의 우주 크기가 9차원의 크기인 것에서 하나씩 줄면 마치 차원이 하나 씩 줄어 4까지 온 것이 되는 것인데 4까지 오면 3부터 자연상수는 땜에서 줄지 않는다는 것이 된다.

세상의 종말이 올지라도 자연상수에 걸려 더 이상 나이가 줄지 않는다는 종자가 있다는 것과 같다.

순서	주제
94	양전자와 전자와의 관계 그리고 구궁도 낙서(洛書)와 색전하의 관계

공즉시색이요 색즉시공이란 말이 있다. 실은 우주 원주율 파이 중에 1/4만이 색으로 나타낼 수 있음을 뜻한다. 이는 곧 동쪽과 남쪽을 합한 중에 동남쪽을 세 조각으로 합한 것을 말한다.

쿼크의 삼원색인 양전자는 빨강, 노랑, 파랑색을 의미한다. 이는 동쪽 파랑, 남쪽 빨강 동남쪽 녹색을 의미하는 것으로 이것이 곧 쿼크적 삼원색이 된다.

색이 곧 물질이라면 우리의 물질계는 이 원주 파이 중에 한 쿼터에 해당되는 것이다. 그리고 이 색을 합하면 흰색이 된다. 그러면 이 쿼크가 되어 하나로 되면 흰색이 되는 것으로, 이는 곧 서쪽을 말하는 것으로 곧 낮 시간 6시간을 말한다. 이 여섯 시간 중에 반인 오전 시간만이 물질계 색이고 오후 시간은 백색이니 백지가 된다. 그래도 이는 부피가 눈과 같은 것이다.

즉 백색은 금속인 것인데 금속으로 있는 동안은 백색으로 치는 것이고, 이 눈이 녹으면 면이 되는데 은하로 치면 정말로 은하수의 모든 별들이 백색왜성(white dwarf)으로 되었고, 별들이 온갖 색을 띨 때는 남쪽과 동쪽의 별이 되었다가 폭발하여 백색왜성이 되면 곧 서방이 백색인 것인데, 우주의 입자성으로 보아 백색왜성은 작은 것으로 이는 금속으로 보는 원소 알맹이와 같다.

이 원소마저 수소로 다 녹아바래면 그로 암흑물질이 양성자마저 전자로 다 풀려버린 상태에서의 암흑물질이 보인다.

오존(O_3)이 세 개의 물방울을 만들려면 산소 하나에 수소(H) 두 개를 붙이면 된다. 그러면 오존 밖의 우주 수소 2를 귀로 붙여 마치 내 귀는 H에 양성자가 붙어 소라 껍질로 전자의 바다를 당겨 오도록, 얼마나 많은 긴 기다림의 귀 회오리 띠의 나이를 감는다. 즉 쿼크가 되기 위해서는 양성자와 전자 사이의 업과 다운으로 이통(耳通)을 끌어들이는 시공성의 영역 범위와 또한 O3이면 세 개의 쿼크 쌍을 양쪽으로 분할하면 여섯 개인 것으로 업과 다운인 것으로 분할이 되는 과정이라는 것과 같다.

세포가 분열하는 이치는 H 두 개가 산소 O에 붙어 있음으로서 분할하려는 힘에 의해서 분할이 되면 업과 다운이 되는 것으로 쿼크가 된다는 것이다. 결국 얼굴은 쿼크가 분할되기 전의 집합된 상태 또한 코가 1인 것에서 두 개의 구멍이 있다.

이는 두 개가 갈라지기 전의 상태를 말하는 것의 H_2O인 것으로 수소 1안의 반인 0.5가 두 개라는 것이 되고 곧 귀 둘레가 O인 것으로 물 한 방울인 것이다. 수소 한 방울은 콧물이고, 1족의 세계인 것이다. 이 수소를 주기율로 1로 하는 것이면 산소 O까지인 것으로 얼굴은 1주기율이다. 코는 1족인 것이 된다.

그러니 1족 안에 구멍이 둘이 있는 것은 곧 수소 안의 양자적 세계로 보는 것이다. 그리고 1주기율이 8족인 것으로 보면, 이는 곧 한 주기율 안의 8족으로 그 안에 이목구비의 안면을 다 갖고 있는 것으로서 6족이 물이다. 이는 얼굴의 모든 수분인 물을 보는 것이다.

수소를 양자로서 보면 양성자는 마치 대장(大腸)은 건조해야 똥이 건조하게 나오는 것이고, 이는 대장이 양성자와 같은 것으로 거기에 전자가 잘 조화가 없으면, 설사를 하는 것처럼 양성자가 전자에 풀려가는 듯이 힘이 풀리는 것이다.

이것을 주기율의 한 판으로 보면 1족이 대장인 것으로 건조한 것으로 양성자를 대변하는 것이면, 6족은 산소이나 1족인 금에 6족은 물이다.

순서 96

주제
어떻게 산소 O안에 그 많은 상의 타일 같은 부분이 붙어 모자이크를 이룬 관상이라 할 수 있는가

이마가 태양권이라면 그 위에 머리칼이 은하권, 눈 아래가 월권, 법령선 안이 지구 대기권, 인중이 땅, 입이 바다가 된다. 그러면 인중이 땅인 것에서 입이 바다인 것으로 일상적으로 닫혀 있는 것이면, 실제 법령선 안이 대지인 것이고 대지 안의 인중이 개울이 된다.

그러므로 입가에서 낚시를 그러니까 인간이 호흡하는 키만큼

이 인중인 것으로 낚시를 하면 찌의 윗부분에 해당이 된다. 즉 개울을 따라 오르는 만큼 수직으로 하면 찌가 올라온 것과 같은 것이다. 입을 닫은 일자선이 수평인 것으로 이는 수학적으로 보면 복소평면이라는 것과 같다. 실제 편각을 이루는 복소수의 끝이 180인 파이가 된다. 이 평면 복소 위에서 찌가 오르락 내리락이 인중과 턱이라는 것이 된다.

　마치 누우면 연어가 인중으로 오르듯이 하는 것이 찌가 눕혀져서 밀어 오르는 만큼 찌가 올라오는 부력의 힘을 받은 것이다. 그러면 이 찌는 아래가 큰 턱과 같으니 턱은 찌의 아래 부분인 것으로 위로 치받는다.

　그래서 산소 배출기 허파는 아래로 무게를 더하는 추와 같은 것이다. 이를 위로 찌가 뜨게 하는 것이다. 마치 입술의 수면에 찌의 반이 잠기고 뜨고 한 상태를 유지한 것에서 추는 떠 있는 것이 복소평면과 같은 형상이다. 곧 그 위에 인간이 자리 잡고 있는 것과 같다.

　그리고 인간이 철거하고 다시 집으로 가 다시 온다고 해도 자연상수 2.178… 을 벗어나지 못하는 인생살이다. 즉 탄소와 질소가 4족과 5족인 것에서 찌라는 것이다. 이는 목을 분기점으로 하는 머리 부분 것으로 하는 것인데, 6족인 수평선을 기준으로 보아 7족과 8족인 추의 무게가 된다.

　이는 수면 아래로 가라앉는 모습이다. 그러니 이 7족과 8족으로 가라앉지 않게 수면 상태로 상하로 하는 것이 곧 4와 5족인 것이 되는 것의 찌가 된다.

순서	주제
97	양 귀와 양 눈이 입으로 모이면 입과 혀가 하나로 된 것이다

　양 귀 사이의 직경 둘레가 H_2인 것으로 H는 곧 은하수를 의미하고 지구 대기권 밖을 말한다. 우주는 수소와 헬륨으로 구성된 것에서 수소가 대부분인 은하계를, 귀를 은하계로 보면 이마 중앙을 태양계 둘레를 말하고, 눈을 달 공전의 둘레를 말하는 것이다. 최소한 달 공전까지는 공기가 없는 것으로 하니 산소(O)가 없는 것이다.

　그러면 O의 형태가 없는 굴레에 귀가 달릴 수 없는 것인데, 얼굴이 H_2O라고 할 수 있는가 하는 것이다. 이는 은하단의 관점에서 보는 것이 아니라 지구의 오존층 기준으로 보면, 오존이 산소 O인 것으로 둥근 것인데, 이 오존이 밖의 어느 굴레이든 있는 수소를 끌어들여 이 오존을 H_2가 양쪽으로 당겨 분리를 시키면 세포분열처럼 3조각이 6조각으로 분리가 된다.

　그러면 인간의 얼굴이 H_2O라는 것은 곧 H_2로 분리되기 전에 세 조각이 각각 독립적으로 H_2가 붙어 있는 상태를 말한다. 즉 세 조각이 곧 3개의 H_2O가 된다. 그러면 이것은 3을 벗어나지 못하고 짝으로 6이 되는 것으로 여섯 개의 쿼크로 결코 강력을 벗어나지 못한다. 그러니 분열이 되어도 꼭대기와 바닥, 업과 다운, 맵시와 기묘의 분열로 가는 것이다.

　이는 마치 양성자 중성자로 분리가 되기 전에 다시 양성자로

인간에게 천기(天氣)누설은 아무것도 아니다. 문제는

붙어가는 것과 중성자로 붙어가는 기운이 각기 양성자도 중성자도 아닌 독립성으로 별을 이룰 수 있는 것이나, 상대성으로 붙어 있는 것이 쿼크라는 것이 된다.

오존(O3)이 양 귀가 당겨 반으로 갈라지면 2개의 O가 된다. 결국 6개의 O가 되면 각각의 육신(六神)인 지지마다 하나의 독립적 O안에 지지가 있다는 것이다.

즉 주역 육효는 두 개의 소성괘가 육효의 쿼크를 이룬다. 그런데 이 육효에 육신과 육친이 붙은 것은 바로 세 개의 O인 오존에서 양쪽으로 갈라진 것에서 H_2O인 것이다.

결국 핵융합이 물이 되듯이 물 한 방울의 유기성이 생명력을 갖게 된다. 이는 곧 물 한 방울이 생명을 살게 한 것이 아니라, 물 한 방울이 생명의 근거를 갖고 우주 수소의 씨앗에서 물 한 방울로 배양이 되어, 생명은 원소 한 주기율의 테두리 안의 몸인 것이다.

이는 물 한 방울임을 입증하는 것으로 1주기율의 수소와 헬륨이 바탕이 되는 것에서, 다시 2주기율로 8족으로 배양이 되는 것에서, 그리고 1과 2는 바탕으로 핵이 된다.

그리고 나머지 6족이면 8족이 구족이 되는 것에서, 다시 7과 8족으로 포장할 이유가 없는 것에서 2주기율은 6족인 수평선으로 볼 수 있다.

머리칼 = 은하,
이마 = 년(年) 항성,
코 = 월(月) 달,
법령선 안 = 일(日) 대기권, 생명,
입 = 시(時) 광물

1과 8의 대칭은 8족적 대칭이란 두개골이 1인 것이면 두피가 8인 것으로 대칭이 하나로 붙은 것을 말하는 것이고, 크기가 작으나 핵으로 보는 것이다.

2와 7의 대칭은 얼굴 면과 코를 대칭으로 한다. 즉 가라앉은 면과 불거진 면의 상대성과 천제 면과 기준면이 있다. 그리고 3과 6의 대칭은 혀와 닫은 입이 합이 된 하나를 말한다. 이는 또한 눈과 귀가 입으로 응축된 하나를 뜻한다.

이는 빛이 물속에 있는 것이 블랙홀과 같아도 떠오르면 별과 은하의 관계로 있는 것으로 마치 은하수 물 위에 별들이 반사되는 떠 있는 것으로 본다.

그리고 4와 5인 것은 턱과 바람길을 말하는데, 이를 잘 보면 2와 7족은 얼굴 면의 요철의 부위로 짝을 이루는 것이고, 3과 6족은 눈과 귀 사이가 입으로 몰려 블랙홀의 바닥에 광자가 있는 것의 혀가 되는 것이 된다. 그리고 4와 5족은 턱과 공기가 식도와 기관지로 짝을 이루는 대칭성이 있는 것이다.

순서 100 | 주제 우주학적 우주인으로 보는 관상

선천수는 9에서 역으로 출발한다. 그러므로 원소 8족의 대칭적 합은 9이다.

1+8=9,
2+7=9,
3+6=9,
4+5=9,

즉 1족+8족=9라는 것이고, 2족 +7족= 9라는 것으로 8족을 반으로 접은 것에서 대칭적 합은 9라는 것으로 이는 8족이 8방인 것에서 9는 다시 중앙이 된 1이라는 것이다.

한 주기율이 8방인 것에서 다시 1주기율을 더하면 9라는 것이, 마치 리튬인 것이 1인 것이면 나트륨은 9가 되는 것을 말한다.

관상으로 1과 8이 더한 9는 두개골과 두피를 합한 것으로 대칭이 붙은 것이고 이는 이마 둘레가 상하좌우 앞뒤를 다 겸한 것을 말한다.

이마에서 눈이 내려 앉아 코의 산근(山根)마저 내려앉은 것에서부터 이목구비가 요형(凹型)을 때는 것에서 2족으로 한다. 그나마 코를 나타내는 것이 7인 것으로 산을 나타내니 이를 2족과 7족의 대칭이 붙어 있는 형국이다. 얼굴은 넓게 오목하게 있는 것으로 양 귀를 직경으로 하는 것에서 7인 코는 그 위에 코가 나타나는 것만으로 2에 7이 섬처럼 일어난 것의 대칭이 붙어있다.

그리고 3은 진공이고 팽창의 진공성을 말한다. 이 진공성이 핵으로 야물어지면 6족인 것으로 이는 암흑물질과 같은 것이다. 즉 우주의 진공성이란 것은 공기방울과 같은 것으로 우주 공간은 암흑물질이라야 진정한 은하수가 된다. 그러나 아직 암흑물질로 녹아내지 못한 공기방울 상태를 말한다. 이 공기 방울이 천둥과 번개를 수반하는 것에서 다시 은하수의 물에 녹아나는 것으로 회오리가 치는 것이다.

즉 풍륜이 바닥인 것에 수륜이 도니 풍륜의 공기 영향으로 팽창하는 것이고, 또한 금륜이 도니 수륜이 또한 팽창의 일원이 되니 이는 곧 암흑물질도 우주 팽창의 근원이 된다.

얼굴이 1이면 코는 7이니, 합이 7인 것으로 1이 남는 것이 코라는 것이다. 그래서 코를 1로 잡고, 그러면 3은 불이고 6족은 물이다. 이 물과 불이 만나 합하면 9이니 결국 이는 눈꼬리 부분에서 만나는 것으로서, 1이 코처럼 완전한 것이 아닌 물과 불인 것으로 이는 불이 물에 불꼬리처럼 보이게 하는 것이다.

그리고 4와 5의 결합은 턱과 바람의 결합이니, 목의 기관지와 식도에 모이는 것이 된다. 1은 정수이고 0은 자연수로 헬륨이 0인 것에서 1를 더한 9가 정수인 주기율인 것이면, 헬륨은 자연수고 수소는 정수이다. 이를 합하여 주기율의 핵이 된다. 이는 정수와 자연수 사이를 왔다 갔다 하는 것도 주기율의 진전은 곧 이진법적 진전인 셈이다.

n=우주
1/n= 지구
즉 분자 1은 지구이고
분모 n은 우주
자연 상수 e에 아이 파이를 곱하면 −1
플러스 1이면 0이다.
즉 xy선의 기준선이 만나는 중심이 0인 것이면 자연 상수가 1이 마이너스된 것으로 1로 한다. 이것이 다시 1로 뒤돌아 가면 0인 것은 곧 1은 0에서 왔다는 것에서 돌아간 것과 같다.
x와 y가 만나는 공간적 허수는 허근이 된 것이다. 마치 그대가 나를 불러주었을 때 꽃이 되었다는 것과 같다.

자연 상수 e
원주+1

원주 1안에 있는 복소수 I,

원 안의 점이 아무리 많아도 그 수중의 비율만큼 작아진다. 이는 각이 줄어드는 것과 같은 것이다. 180도 편각이면 1인 파이와 같다. 즉 원의 직경과 같다는 의미이다.

이는 결국 y선을 센터로 하는 것에서 우는 +인 복소수고 좌는 -1인 복소수의 대칭이 된다. 곧 좌인 -1이 +1이 되면 0이 되는 중앙 센터에 닿는다.

결국 2를 더하면 1이 되는 것과 같은 것이다.

중궁이 0이고
팔방은 1이라고 하면

0과 1사이에 구궁도가 되는 것에서 0이 중궁이다. 그런데 이것을 4차원으로 하면 0인 중궁이 30를 차지한 것이라고 한다. 그러면 구궁도가 10인 것으로 할 때, 그 중에 세 개의 숫자가 선천수에서 비는 것으로 0으로 그러면 최소한 구궁도는 4차원의 세계에 바깥 큐브 안에 작은 큐브가 있는 것으로 0인 것이다.

이는 나머지는 껍질로 보는 것으로 4차원적 큐브가 곧 구궁도가 되는 것이기도 하다. 그리고 5차원은 밤송이와 같이 침만 남발한다고 하나 실제 원소 3족이 빛의 빠르기이니, 가시같이 나는 3차원을 나타내는 것이다.

수직 상의 y선이 서면 결국 코의 좌우가 있듯이 좌우가 있게 대칭성으로 돌아간다. 오일러 등식도 원주율 파이를 따르면 대칭적 삼각합수가 나올 것이다.
 그러면 대칭적 장애라는 것은 곧 y선인 콧대가 없으면 두 눈이 한 쪽으로 기울더라도 같은 것을 보는 것인데, 코가 있어 한 쪽만 보게 되어 있는 것이다.
 즉 원주율 기본값에서 +1이면 0이 된다. 만일 +가 안 되면 −1이 되는 것으로 y선인 수직으로 보면, 좌가 −1인 것이 우에 +1인 것의 대칭이 맞아야 한다. 그러나 코가 있어 한쪽을 0으로 만든 것이니, 결국 한쪽은 못 본 결과가 아닌가 한다.
 즉 한 쪽을 눈을 돌려 +1인 것이나 결과는 코인 0에만 닿은 답이 나온 것이다. 코인 0에서 보면 −1인 한 쪽 눈만의 시야가 들어오는데, 내가 +인 방향으로 눈길을 돌리면 −인 방향은 코에 막혀 0이 되는 것과 같다.
 이건 마치 전류의 방향에 따라 0과 1만의 진퇴만으로 반복이 되는 정류자와 같은 것이다. 피스톤은 왕복하는데 플러스와 마이너스는 중간에 잘린 형태로 반복하는 것에서 피스톤이 휠을 돌리는 원주율에 있기 때문에 원주율 파이에 이런 왕복이 영속적일 수 있다.
 바로 정류자적 반인 y선의 한쪽 차단성의 반쪽만으로 방아질이 되는 것이다. 즉 원은 회전하는 것이고, 이 회전에 피스톤이라는 것은 양쪽 시야의 한쪽을 가리는 것만으로 회전 운동을 왕복 운동으로 영속성을 갖는다.

중천건은 핵과 핵의 충돌을 의미하고 입자끼리의 충돌을 의미한다. 그러나 곤위지이면 이는 면과 면이 충돌하는 것으로 본다. 이는 면과 면이 충돌하여 빅뱅을 일으키는 것이고 점과 점이 충돌하여 빅뱅을 일으키는 것은 그 차원 자체의 충돌로 보는 것이고, 충돌이 아닌 건으로 8족이 1족을 합하는 것으로 주기율이 전환이 되면 주기율이 자연적으로 차원을 낮추면서 이해를 돕는 시야성으로 가는 것이다.

또한 중뇌진인 경우는 충돌이 가장 강하면 핵융합의 차원인 것으로 빛이 나고 불이 난다. 이 차원이 가장 에너지가 민감하게 붙는 곳이다. 즉 4족인 나무가 충돌하여 가루를 뿌리는 것과 같으니 빛으로 잘 탈 수밖에 없는 것이다.

실제 우리가 입자가속기로 충돌하여 빛이나 입자를 보는 것은 4족에서 3족을 보는 것이다. 이는 마치 끈이 솜처럼 뭉쳐진 전자를 보는 것처럼 보일 수 있다. 그리고 우리가 입자의 충돌로서 볼 수 있는 것은 원소 3족에서의 전이원소와 란탄, 악티늄족의 세계를 보는데 우리가 이렇게 해서 보인 세계는 원소 3족의 세계만을 본 것이다.

전형원소의 8족은 1족끼리의 충돌로 갈라져 빛이 나지 않는 것이고, 8족끼리의 충돌은 아예 무너져 빛이 나지 않는다. 자연히 땅속에 강물이 묻혀 있듯이 공생하는 것으로 우주에 남는 것이고, 오직 4와 3족만이 입자놀음을 하는 것은 진목(震木)은 산약(散藥)을 의미하듯이 가루로서 이론의 보약이 되는 것과 같다.

우리가 빛의 속도는 빛의 속도일 뿐이라고 하는 시야성은 3차원인 것이다. 즉 3차원의 공간으로 빛이 그래프를 그리듯이 나는 빛이라는 것을 말하는 것이고 공간성이 있는 것을 보는 것이다.

그런데 우리는 빛을 선이라고 하지 않고 입체라고 한다. 이는 쿼크의 스핀과 같은 것으로 전자가 돈다기보다 핵을 싸고 있는 의미의 오비탈을 의미한다. 오비탈은 3족을 의미한다. 이는 5족인 전자가 불이 붙은 것이 4족인 것으로 양전자로 하는 것이고 양전자의 빛은 3족인 셈이다.

우리가 3족을 남섬부주[4]라고 하면 이를 삼차원의 입체에 있는 우주라고 할 때 4차원의 크기는 3차원의 우주를 태양만 하게 볼 수 있게 하는 것이다. 이는 은하의 눈으로 태양을 보는 것과 같은 4차원이 된다.

그리고 5차원은 은하단 사이를 지나는 바람을 뜻하는 것이니, 모든 은하단을 하나로 했을 때와 같은 것이다. 6차원이면 시간은 더욱 더 가지 않는다. 즉 빛이 태양의 중력에 갇혀 나오듯이 이것이 시간의 줄이라면 6차원이면 그 시공 자체가 시간이 수몰된 듯이 숨을 쉬지 않는 초월한 시간을 말하는 것이다.

7차원이면 시간은 가지 않는데 업은 쌓이는 곳이다. 그리고 8차원은 업은 평등해지는 것이고, 9차원이면 1차원이 소멸되는 것으로 선천수가 역행하는 것이 된다.

또한 10차원이 초끈이론이라는 것이고 M이론이라는 것으로 통일시키려 하는 것이다. 이는 구궁도에서 원점으로 돌아오면 10인 것으로 10차원이다. 이것이 다시 1족으로 나아가면 11인 것으로 수소족이 되는 것의 위치가 된다.

---

[4] 남섬주부(南贍部洲) : 사주(四洲)의 하나. 수미산 남쪽에 있다는 대륙으로 인간들이 사는 곳이며, 여러 부처가 나타나는 곳은 사주(四洲) 가운데 이곳뿐이라고 한다.

순서	주제
102	블랙홀을 너머

머리가 천체라고 한다면 그 머리 하단에 있는 입이 블랙홀인 것이고 그 속에 혀가 블랙홀 속의 광자를 뜻한다.

우리가 눈과 귀가 입으로 몰려 블랙홀에서 하나가 되어 혀가 있다. 이것이 팽창하면 다시 눈과 귀가 되는 것으로 반복이 되는 것으로, 천체가 구성이 되는 것에서, 만일 그렇지 않고 목구멍으로 넘어간다는 것이다.

이는 마치 4족에서 융합이 되면 양성자와 중성자가 되는 것이다. 이는 곧 가슴은 양성자이고 배의 위장은 중성자로서 할 수 있는 것이다. 즉 혀가 블랙홀의 궁극인 것에서 광자인 것이, 다시 목에서 융합하여 가슴인 양성자와 배인 중성자로 싸고돈다.

그런데 중성자는 질량을 위주로 싸는 것이고 양성자는 가슴이 끓어오르는 것으로 에너지로 한다. 그러면 블랙홀의 광자는 맥락이 항성의 별에 있는 것이고 천체 사이가 폐인 것으로 빛나는 심장인 셈이다.

우리가 한 입방체 안에 두 개의 눈이 있다고 하는 것으로 3차원이라고 한다면 천수천안(千手千眼)이면 4차원이 된다. 이는 입방체가 천 개라는 것으로 하나의 핵이 되는 머리가 된다.

과연 4차원은 입방체가 천 개면 하나의 면모가 되는 사 개는 맞지 않다 싶은데, 일종의 한 범주를 천으로 잡는 것이고 다만 만

216   인간에게 천기(天氣)누설은 아무것도 아니다. 문제는

으로 잡지 않는 것은 이 4차원이 천인 것이면 5차원은 만으로 잡아 보는 것이다. 만일 4차원이 천 개의 눈으로 보이는 것이면, 5차원 모래알 속에 점 하나의 눈도 보이지 않는 것이니, 수로는 항하사[5]의 모래와 같은 것이 될 것이다. 마치 망원경으로 봐도 별이 보이지 않은 만큼에 사람이 사는 눈이 있다는 것과 같다.

그러니 이 4차원이면 천수천안의 비유가 된다. 또한 하도낙서도 이 4차원의 핵과 둘레로 순환하는 법칙은 볼 수 있는 가능성이 있다. 그러니 최소한 귀신이 들락날락거리는 경계는 넘나드는 것이 되고, 5차원적인 것이면 지구는 모래알 정도에 있다. 마치 5중궁에서 모래 한 알을 덮은 땅인 것으로 하는 것에서 팔방을 두는 것이다.

그러면 8방은 궁이 된다. 이는 우주에 있어 지구인 모래 껍질을 둘러싼 팔방인 것으로 방향성을 보는 것이 된다. 1수소가 은하수인 것에서 이 1이 되기 전의 0은 수소와 헬륨이 차지 않는 상태의 1이다. 이 1이 찬 것이면 헬륨이 찬 것으로 팔방을 말하니 1주기율이 선 것이다.

또한 1주기율에 1수소는 점인 것으로 0인 것이 되는 것이다. 즉 4차원이면 천수천안은 기본이고, 이 4차원의 핵이 3차원인 것에서 얼굴인 것이니, 4차원의 핵이 3차원이면 이 핵을 벗어나지는 못하는 것이라, 신은 인간을 버리고 싶어도 버리지 못하는 것이다. 3차원을 4차원이 버리고 싶다고 수학적으로 버릴 수 있는 것인가 하는 것이다.

---

5) 항하사(恒河沙) : 불교 갠지스강의 모래라는 뜻으로 무한히 많은 것. 또는 그런 수량을 비유적으로 이르는 말.

4차원은 언제나 3차원을 핵으로 싸야 하는 것이다. 그래서 인간의 32상은 기본적으로 3차원의 최대상인 것이다. 내가 3차원으로 사는 이상은 이런 완벽한 미인을 추구하는 것이다. 내가 4차원의 일원이라면 눈이 천 개고 팔이 천 개라고 해도 못났다 하지 않는다.

시간이 가는 시점과 가지 않는 시점

12지(支)나 10간(干)이나 끝에 공망이 있으니 시간은 가지 않고 공망에 빠진 것이 된다. 즉 지지 공망에 빠지는 것과 천간 공망이 빠지는 절로공망(截路空亡)이다. 공망을 넘어 이어가야 시간이 간다고 할 것인데, 공망에 들기 전에 천간 갑이 지지를 끌고 들어오니 또 공망은 더 뒤로 밀려 있는 것이다.

마치 지구가 끝이 없어 보이나 가까이 가보면 내가 처음 출발할 때, 빈 것이 찬 것이 되는데 그리고 보면 다시 지평선 끝은 진공처럼 끝이 없는 듯이 보인다.

즉 10이 원주율인 것인데 앞으로 가면 10인 것에다 12로서 더 열린 것으로 진공이 열린 것이다. 그런데 가면 10으로 한 바퀴 돈 것이고, 1는 공이 없고, 다시 더 끝머리에 진공이 그대로 있다는 것으로, 즉 가도 가도 그 끝머리만 보인다. 마치 쳇바퀴처럼 돌아와 있다. 그러면 시간이라는 것은 실제 간 것인가 하는 것이다.

귀신에 홀려 아침에 깨어보니 그 자리만 빙빙 돌고 있더란 것과 같다. 이것이 시간이란 없다는 개념이다. 즉 우주의 진공 때문에 시간이 가지 않는다는 과학성이면 정말 나는 수백 리를 간 것 같으나 앞마당만 돌 수도 있다는 것은 홀린 이야기가 아니다.

이는 봄의 첫머리가 입춘이기 때문이다. 그 옛날 동지를 분기점으로 했으면 동지가 감수궁이기 때문에 한글의 첫머리는 ㅁ이나 ㅂ이 되었을 것이다. 그리고 갑자, 을축, 병인이 세 개가 첫머리 한 묶음이 되는 것은 감은 물인 대해이다.

그러나 지구가 물만 이뤄 수평만 보이는 구형(球型)인 것이어도 지구는 물도 둥글게 뭉쳐져 벗어나지 않음이다. 이는 곧 핵이 금으로 되어 있으니 해중이 되는 것이고, 물 위의 거품이 두꺼워져 무너져 땅을 이루니 수평 위에 지평이 있는 것이다.

자(子)는 핵인 금이요, 축(丑)은 핵의 껍질 땅이다. 그리고 인(寅)은 목으로 계절은 봄부터 시작하고 대운도 봄부터 시작인 것이니, 자음 ㄱ이 첫머리가 된다. 원소 8족으로 보면 원소 4족이 핵분열의 시점인 것으로 얼음이 깨지는 시기로서 보는 것이다. 즉 병인, 정묘는 노중화인 것으로 이때 꽃이 움트는 것을 말한다.

무진, 기사는 대림목이라고 한다. 이는 곧 노중화가 봄날의 꽃

봉오리인 것이 지면 자연 나무가 숲을 이뤄 수목이 왕성한 것을 말한다. 경오, 신미는 노방토이니 동물이 지나가는 길이 생긴다. 그리고 해중금을 검봉금으로 만든 것은 유인원인 것이니, 곧 연금술을 아는 인간인 것이다.

이것이 갑자순 10일이다. 이것을 합해 천간 무(戊)라고 하는 것이다. 즉 콧날이 창과 같은 모양새인 것이다.

불은 나무를 빨아 먹고 자라고,
나무는 물을 빨아먹고 자라고,
물은 얼음을 빨아먹고 자라고,
금은 땅을 빨아먹고 자라는 것이다.

그리고 땅은 불을 빨아먹으며 자라는 것으로 결국 불은 낙서(洛書)인 구궁도의 끝 9에서 마무리 되는 것인데, 이 9가 최고조로 팽창한 원심의 굴레의 점인 것에다 이 불이 흙으로 생하면 중궁의 크기로 돌아온다. 그러므로 중궁은 중성자의 뜻이 되는 것이다. 그래서 중궁은 오행의 중앙인 토로 하는 것이다.

다시 이 토가 금을 생하는 것이 5중궁이 6건궁으로 다시 구심에서 원심의 굴레로 중력권이 되는 것이다. 또한 이 중궁의 땅이 딸이란 자형과 연관성이 있는 것은 곧 땅인 자궁에 핏줄이 자라는 형상을 말하는 것으로 곧 ㅇ이 ㄹ로 뜻의 마무리 형상이 된다.

제8장

목숨은 1차원에 있다

순서	주제
106	목숨은 1차원에 있다

코 = 1차원,
얼굴 = 2차원,
얼굴에서 직각으로 꺾인 것에 붙은 뇌 = 3차원,

목숨이란 목을 지나는 숨인 것이다. 즉 코가 중앙인 것으로 수소가 파장으로 쭉 뻗은 것이 코다. 얼굴은 면이다. 면은 베릴륨족이기에 양쪽으로 짝을 이루는 것인 그것이 이목구비를 양쪽에 드러나게 한다.

그리고 이 얼굴의 면이 직각으로 꺾이는 면은 3차원의 입체이다. 이 면인 얼굴에 직각으로 꺾이는 이마에서 뒤통수로 넘어가면 머리인 것이다.

그러니 제일 급한 것은 코인 것으로 코는 우주풍을 들이키는 것이고, 또한 대기를 들이킨다. 아마 귀신도 코가 퇴화되지 않고 있어야 하는 것은 귀신은 우주풍을 들이켜야 하는 것에서 1족이 1차원이 되는 것에서 보면 수소에 콧구멍이 있다는 것이고, 가장 숨이 가쁜 곳이다.

1차적으로 코딱지는 중성미자이다. 중성미자는 우주에 흡수가 되어도 코에 딱지가 남는 것이 중성미자인 것이다. 우주의 언저리가 함축되어 코로 센터를 잡으면 중력의 코딱지와 같다. 그리고 2차원인 것이면 태상절인 반으로 갈라진 것이니, 서로의 호환은 짧은 명을 긴 명으로 늘린다. 그래도 빛의 속도로 접착이 되어야 겨우 길이가 나오는 정도다.

항성 간에 벌어져도 시야가 트이는 것에다가, 4족으로는 눈 깜박한 사이에 있는 눈꺼풀인 셈이다. 그러니 코의 산근에서 양쪽 눈 사이만 하더라도 설령 실명하더라도 목숨에는 지장이 없다. 그리고 심장도 고쳐 쓸 수 있는 여유이니 심장 수술은 가능하다.

또한 인공 폐는 2족에 속하는 숨에 관계된 것이라, 폐의 손상이 더 시급한 목숨 줄이다. 그리고 은하와 은하의 사이도 면에 붙은 것으로서 2차원인 것이고, 양쪽 귀 사이를 말하는 것으로 그 폭이 눈보다 넓은 2차원이다.

사람의 눈알은 코로 모아지게 되어 있다. 이것은 심장의 피가 폐로 모이게 되어 있도록 붙어 있는 집중력이다. 즉 3족이 2족을 따라야 하는 속도성에 있는 것이다. 그리고 그 합수로서의 뇌는 3차원인 것으로서 우주의 깊은 내면을 갖는 뇌를 말한다.

순서 107 | 주제 족과 주기율

원소는 8족인 헬륨족이 소화기를 의미하는데 우리가 입으로 통해서 항문까지로 하는 것이다. 2주기율은 입인 것이고 3주기율은 위, 4주기율은 십이지장, 5주기율의 헬륨족은 소장이다. 6주기율의 헬륨족은 대장이고, 7주기율의 헬륨족이 직장이다. 이는 헬륨족이 한 주기율의 총체인 것으로 그 주기율 안에서는 영향권을 가지는 것으로 오장에 배분해 준다.

일반적으로 소화기 라인은 8족으로 신경 라인은 4족, 림프관은 5족, 수분은 6족이다. 혈관은 3족인 것이고, 지구로 보면 몸의 가슴까지는 대기권으로 볼 수 있다. 4주기율부터는 숲을 이루는 것으로 본다.

호킹 복사와 꿈의 삼자 개입

우리가 꿈이 복사품이라는 것, 즉 내가 만일 꿈이 현실로 보이는 것이면 이는 꿈이 복사된 것이고, 거울에 비친 현실의 나인 것이다.

그런데 만일 복사가 아닌 비유가 되는 것이면 분명 꿈의 형상이 변화되는 것에 어떤 개입이 있다는 의도가 있다. 이는 곧 비유로서 분명히 전달이 된 것이면 중간에 삼자 개입이 있다는 것이다. 그러면 호킹 복사라는 것도 일종의 거울에 반사되어 온 형상을 규명하는 것이다. 문제는 그 비유는 훨씬 은밀하면서도 내용이 충분한 것이다.

꼭 가위에 눌린 듯이 내가 꼼짝을 못하는 중에도 드러낼 수 있는 것이고, 꿈과 생시가 같은 시공간인데도 따로 노는 것이 내면적으로 공존하는 것이 된다.

호킹 복사라는 것도 그 공존이 붙은 것에서 분리되는 시점의 그 복사를 자동적으로 보는 물리로 할 때이다. 그런데 그런 자연성에도 한 쪽을 비유로만 여길 수밖에 없다.

이때 하드웨어적 위치와 그 하드웨어 속의 소프트웨어는 같은 명에 붙은 것이지만 공간성은 어떤 극점을 전환한 것으로 해서 곧 비유로 전환이 되는 삼자 개입과 같은 분기점의 주체가 있는 것처럼 하는 것이다.

그러면 그 분기점이 사건의 지평이 된다. 거기에는 양쪽에 걸린 부동점이니, 가위가 눌려 움직이지 못하게 되는 것이다. 즉 가위가 눌리는 상태가 양쪽의 격리성을 하나로 묶는 그 지평의 선에 있는 것이기 때문이다.

이는 마치 타임머신을 탔을 때 그 분도의 굴절각에 있는 중심인 것으로 그 스타트 선에 머문 부동선에 있는 것을 말한다. 즉 원에 스크린이 있는 배경에서 그 원의 중심이 되는 시점이 잡아주는 것이 곧 가위 눌린 점이라는 것이다.

마치 컴퍼스의 중심은 늘 그 자리에 눌려져야 하는 것처럼 그 중심에서의 굴절각에서 꿈의 방향성이 달라지는 것이고 목차가 달라지는 듯이 할 수 있다는 것이다.

109 — 쿼크의 본체가 주역 간괘(間卦)가 쿼크라는 것

간괘(間卦)는 택지췌괘(澤地萃卦) 육효(六爻) 중에 2, 3, 4효가 5, 4, 3효와 겹치는 부분 즉 상효와 초효를 치지 않고 사이의 겹치는 네 개의 부분을 갖고 6효로 펴면 풍산점괘(風山漸卦)가 되는 것을 말한다.

상효와 초효가 허물을 벗으면 4개의 효가 남는다. 이것이 다시 속에서 고갱이가 나면 다시 여섯 개의 효인 것에서 5효가 상효인 겉 겹이 된다. 그리고 2효가 초효가 겉 겹이 되는 것에서 본괘의 겉 겹의 허물을 벗어 속이 겉 겹으로 통통한 간괘(間卦)가 되는 것이다. 이는 마치 아래 택지췌괘(澤地萃卦)라는 표로 보자면,

```
상효 --
5효  —
4효  —
3효  --
2효  --
초효 --
```

간괘(間卦)는 상효 음효를 빼고 아래 3효 음효를 더해 3, 4, 5효가 합한 소성괘가 풍괘(風卦)가 되는 것이고, 하괘 바닥인 초효를

226   인간에게 천기(天氣)누설은 아무것도 아니다. 문제는

빼고 상괘 바닥인 4효를 더하면 2, 3, 4효가 합한 소성괘가 산괘(山卦)인 것으로 편 것이 된다. 이렇게 겹친 괘를 두 개의 괘로 펼치면 풍산점괘로 곧 택지췌괘의 간괘(間卦)는 풍산점괘가 있는 것을 말한다.

순서 110

주제
배추의 고갱이와 사건의 지평 그리고 꽃은 왜 고갱이에서 광자의 꽃을 피우는가

일반적으로 상하 대성괘를 쿼크로 하는 것인데, 그런 중에 미완성된 고갱이가 나타나면 또한 쿼크라는 것이다. 즉 고갱이는 속의 빈 공간에서 나오는 것으로 이는 마치 블랙홀의 사건의 지평에서 광자가 솟아올라 고갱이 끝에 피우는 자연 현상과 같다.

원래는 고갱이는 봄에 피는 식물이기 때문에 이는 블랙홀이라기보다 웜 홀의 끝인 사건의 지평으로 보는 것이 더 타당하다. 즉 블랙홀의 끝이 아니라 웜 홀의 끝이 공간인 것이 고갱이가 날 공간이다.

그리고 블랙홀은 광자를 바닥으로 까는 것이라고 하지만 웜 홀은 이 광자를 꽃으로 피워 올리는 고갱이가 있다. 그런데 이는 마치 중성자 별의 막대와 같은 것으로 나오는 것과 같은 것, 즉 중성자 별의 막대는 우주의 고갱이가 꽃대처럼 자라 피우는 자연현상과 같다.

순서	주제
111	양성자와 중성자의 연속성

　배추의 겉잎이 두 개로 싼 것이 상효와 초효인 것으로 마르는 것인데, 이는 뿌리 끝이 마르면 겉잎부터 마르는 것의 대칭성인 것이다.

　이렇게 양끝이 마르는 것이 양성자인 것의 마모율, 즉 양성자의 마모로서의 중성자의 량이 되는 것을 말한다. 그러면 겉잎이 마른 부분으로 말라버린 것으로 하고 중간의 4개의 효가 간괘인 것으로 해서 속에서 고갱이가 나오는 두 개인 것에서 중성자적 잠재가 된다. 결국 두 개가 나온 것에서 중성자가 뚜렷해지는 중에 겉잎 두 개가 사라지는 균형이 곧 생과 사의 균형과 같은 것의 자연이치이다.

　그러면 양성자의 무게는 가고 간괘(間卦)는 중성자의 무게만 남은 것으로 하는 것인데, 이 중성자에서 고갱이가 나는 자리라는 것은 곧 핵융합의 자리가 고갱이의 자리이다. 그러므로 네 개의 수소가 남은 것으로 하는 것인데 이것을 네 개의 효 곧 원자 네 개의 호가 모인 간괘(間卦)로 할 수 있다.

　그러면 양성자 2은 겉잎에 붙은 2와 5족을 말하는 것으로 헬륨의 양성자로 할 수 있다. 나머지 3과 4족은 고갱이 쪽으로 중성자로 할 수 있다는 것이다. 즉 양성자와 중성자가 아니라 그 쪽에 가깝다.

그러면 고갱이가 나올 심지가 중성자이다. 이 중성자인 고갱이 자리 4개의 효를 6개의 효로 펴서 다시 중성자가 양성자의 에너지를 발산한다. 그러면 고갱이는 그 허공에서 괘의 일부로 일어나는 것인데 그렇게 괘의 일부가 안 된 것은 그냥 공한 고갱이 자리일 뿐이다.

그러나 자연의 섭리로서 보면 태풍의 눈이나 바깥의 하늘은 같은 것이니 핵의 바깥을 전자로 한다. 그러면 핵의 중심인 고갱이는 곧 전자라는 것과 같다는 이치이다.

고갱이 자리는 태풍의 눈인 것으로 전자에 속하는 것이고, 그 핵을 둘러싼 겹은 중성자와 양성자인 것으로 한다. 또한 양성자 2, 중성자 2, 전자 2는 곧 두 겹의 잎과 하나의 고갱이 자리에서 나오는 꽃이 항성을 만든 것이다.

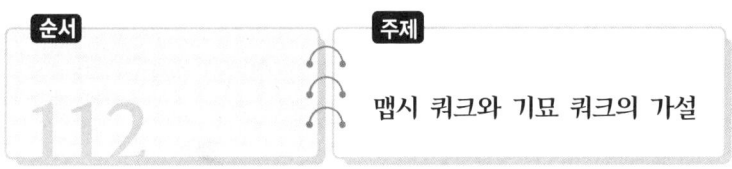

육효를 1과 6인 대칭을 겉껍질로, 2효와 5효의 대칭을 중간 껍질로, 3과 4효를 심인 것으로 대칭한다. 그러면 고갱이는 심에서는 나는 것이니 3과 4족의 사이, 즉 두 개의 소성괘 사이에서 나오는 것을 말한다.

맵시 쿼크와 기묘 쿼크 사이에 고갱이가 나는 것이고, 모든 별들이 태어나는 것인데 이는 사람의 몸으로 보면 관절에 해당된다. 소성괘의 연결 부위와 같은 것이다.

천상계에는 관절 부위에서 잉태를 하여 낳는다는 것은 곧 두 개의 뼈로만 보면 무슨 내용이 있겠느냐이다. 그러나 두 개의 소성괘가 대성괘를 이루는 것에서 다시 64괘가 되고 384효가 되는 유기성의 갖는 사회성의 혼합을 보면 수억의 인구가 각기 다른 것이 된다.

그러니 이 맵시 쿼크와 기묘 쿼크의 자리만 보더라고 그 막대한 쿼크의 태초성을 보는 것이다.

그리고 2와 5족인 중간 껍질인 부분은 업 쿼크와 다운 쿼크인 것에서 인대처럼 싸는 것으로 쿼크를 더욱 강력한 결집력으로 갖는다. 초효와 상효인 1과 6효의 피부성은 때 갈이가 심한 것, 즉 세포갈이가 심한 것으로 하는 것에서 꼭대기 쿼크와 바닥 쿼크가 된다고 본다.

본래 쿼크도 이런 공식이 맞다. 또한 다르게 1과 4인 상대성으로 바닥과 탑으로 하는 것과 2와 5인 상대성으로 업과 다운으로 하는 것과 3과 6인 상대성으로 기묘와 맵시로 하는 수가 있다. 이것도 합리적 구성도를 보일 수 있다.

그러나 이 두 가지를 주역은 함께 취용이 되는 것을 보면 후자처럼 세(世)와 응(應) 간의 관계로서 설정과 변화도 볼 수 있다.

택지췌

　　六六六
　　親神父
　　｜｜｜
6, 父未 --
5, 兄酉 —
4, 孫亥 —
3, 財卯 --
2, 官巳 --
1, 父未 --

전자(電子)가 두른 핵이 양성자, 중성자인 것에서 전자는 전자기력인 것으로 하는 껍질인 것이면 응축력은 당기는 자력인 것이다. 그리고 팽창은 미는 힘인 것이면, 결국 당기는 힘은 중성자적 질량에 치우는 척도성이 된다. 미는 힘은 양성자적 파장의 척도성을 갖는다.

그러면 위처럼 1과 6인 가장자리를 빼고 나머지 2, 3, 4, 5가 간괘(間卦)인 것에서 육효 본괘가 쿼크인 것에 한 개의 쌍이 겉껍질과 같은 것으로 떨어진 것 즉 1과 6이 벗겨진 것이면 구조상 6이 탑 쿼크인 것이고, 1이 바닥 쿼크인 것이니 제외된 것이다. 그러면 여섯 쿼크가 되질 않는 것에도 쿼크라 할 수 있는 것인가 하는 것이다.

가장자리 1과 6은 강력의 언저리인 전자기력으로 싸고 있는 껍질이 아닌가 하는 것이다. 전자기력에 싸인 중성자별이라는 것은 육효와 같은 것으로 볼 때 1과 6은 전자기력이다.

이것을 역설적으로 보자면 본괘 육효는 양성자가 타는 것이다. 그 중에 1과 6효는 중량이 사라지는 분인 것이고, 일종의 반감기 부분인 것으로 결국 남은 부분이 간괘인 2, 3, 4, 5족이 되어 중성자가 된다. 그러면 언저리가 출력이 강한 것이면 진공성이 강해지기 때문에 이 진공이 곧 태풍의 눈처럼 자라는 것이 고갱이와 같다.

이 네 개의 간괘가 다시 양성자로 펴면 간괘가 된다. 또한 본괘 택지췌괘의 간괘는 풍산점괘가 된다. 그러면 본괘가 양성자인 것으로 핵융합이 되는 것일 때가 태지췌괘 구조의 시공간인 양성자 쿼크가 되는 것이고, 간괘는 중성자 쿼크인 것의 시공간이 되는 것으로 384효를 여는 것이다.

그럼 이 과정 중의 해결해야할 요점은 전자기력의 포장은 떨어져 나간 겉잎 1과 6이 강력보다 약해진 것에 있는 것인가 하는 것이다.

1족과 6족인 겉잎사귀는 양성자 쿼크의 탑과 바닥인 것은 맞는데 또한 전자기력인 것이다. 이는 전자가 핵을 벗어나지 않는 것의 비율이 된다.

중성자도 핵이니 육효의 어느 부위이든 전자는 떨어지지 않는다. 다만 강력보다는 약하니 1과 6효는 겉잎이 말랐으므로 떼어내기에는 생떼가 붙어 있는 것이다. 이는 마치 양성자가 다 소모되지 않는 상태로 중성자화 하는 것이다.

그래서 쿼크도 꼭 6개라는 것으로 정의하기에는 불가분의 관계가 얽혀 있다. 마치 양성자 본괘 육효가 중성자 간괘 4개의 육효도 보이는 것이면, 쿼크는 6개인 것이 4개를 더한 10개로 보일 수 있다. 그리고 중앙인 고갱이 나오는 자리가 진공인 중에 머리를 내밀면 이 4개의 간괘가 펴지는 것에서 4가 6이 된다. 또한 10인 것도 12인 것으로 보이는 것이다. 그리고 이 고갱이가 자라면 속을 비우면서 자라는 것은 바로 그 속이 진공이기 때문이다.

이 진공성이 얼마나 강하면 강력한 중력의 형태로 빨아들이는 힘이 되고 중력만큼의 자기력이 생기는 것이다.

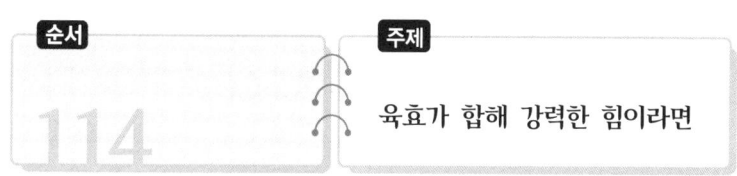

114. 육효가 합해 강력한 힘이라면

육효의 음양은 전자기력인 것으로 양전자와 음전자가 쿼크에 내재되어 있는 것을 말한다.

별에 있어 자기장은 핵에 붙어 떨어지지 않는 것으로서의 비율로 병립이 되는 것이다. 본래 그런 자기력을 쌓은 전자라는 것은 그렇게 붙어 있지 않는 자유로운 영혼과 같다. 그러나 워낙 핵력이 강하니 그 진공성에 딸려 고갱이로 해서 꽃으로 나오는 것이다. 이 상황이 곧 블랙홀의 끝인 사건의 지평인 진공성에 있는 광자를 꽃으로 피운 것이 된 것이다.

그러면 육효의 선은 전자기력인 것으로 (—)와 (--)인 기호로 표식이 되는 것을 말한다. 그리고 육신이라고 하는 선은 이 전자력에서 다시 먼지처럼 전자기력이 옷이라는 섬유질인 것이다. 그러면 거기에 육신이라는 서캐 벌레가 슳은 것을 약력으로 볼 수 있다.

그러면 이 약력이 생명체라는 것이면 육효에 따라 육친으로 분류가 되는 것이니 사회성의 고리가 형성이 되는 것이다.

우주의 대부분이 수소라는 것에서 보면 수소는 곧 양성자만 있는 것에의 전자 껍질이다. 이는 소성괘로 볼 수 있는 것이고 소성괘 속에 있는 쿼크는 양성자 쿼크라 할 수 있다. 즉 중성자는 헬륨인 것에서 있는 것이니 곧 핵융합이 있고 난 다음에야 중성자가 있다는 것이다.

대성괘의 하나는 양성자 쿼크인 것이고 또 하나는 중성자 쿼크일 수 있다. 그러나 이는 본괘로서의 평등성으로 보면 양성자 쿼크 2개라고 할 수 있다. 중성자 쿼크 두 개가 4개의 융합, 간괘(間卦) 4개의 융합으로 양성자 2, 중성자 2로 쌍으로 하는 핵일 때, 이는 두 개를 합한 것이다. 즉 이중수소가 두 개로 합한 것을 헬륨인 것으로 쌍으로 하는 것이다.

그러면 곧 상하괘 대성괘가 곧 헬륨인 것이 된다. 즉 소성괘는 수소인 것인데 대성괘면 4인 헬륨이 된다. 그러면 곧 수소가 점인 것이면 헬륨은 그 수소 하나의 양성자 핵에 4방의 중성자가 둘러싼 것이 헬륨이다. 이는 수소와 헬륨이 양극성으로 주기율표를 보는 것이 아니라 수소에 네 개의 수소가 둘러싼 것이 헬륨인 것이다. 그러므로 수소는 족의 범위인 구심점이다. 하지만 헬륨은 주기율인 원심 굴레의 범위이다.

그리고 이 사방의 헬륨은 2주기율로 거듭되면 8방이 완성되는 것에서 이는 마치 행성이 구름덩어리이다. 당연히 태를 돌듯이 이 구름덩어리가 지구처럼 땅과 광물로 되는 것이다. 그러면 이는 곧 4족이 8족인 된 것과 같다.

헬륨은 4족인 구름인 기체가 2주기율부터 네온은 금속성으로 무거워지는 것과 같다. 그래서 주기율이 많아질수록 헬륨 쪽의 비금속 원소가 금속화가 된다. 이것 또한 헬륨족의 모음이 더 야물어져 자음으로 화하는 것인 금속이 되는 것과 같다.

헬륨족은 자음처럼 공간성과 기체로 보는 것으로 비전도성을 띤다. 그러면 수소족의 자음은 원소족 입자의 분명함과 같은 것이면 모음의 굴레가 응축이 되고 띠를 옭아매는 헬륨족, 즉 수소족은 벼라면 헬륨족은 그 벼를 한 단으로 묶은 단의 단위로 한다.

결국 자음이 벼요, 모음이 끈이다. 본래 입자가 알맹이라면 끈으로 자란 섬유성은 4족인이다. 그러면 왜 4족 또한 입자인 자음으로 치느냐 하면 입자가 파장이기 때문에 4족이 끈으로 치는 섬유성인 것이기 때문이다.

입자가 파장으로서 섬유성으로 치는 최고치가 4족까지인 것으로 하고 5족부터는 그 섬유성의 보푸라기가 얽힌 것으로서 매우 부드러운 면모를 갖춘다. 그러면 우주 팽창은 4족인 것으로서 전자기장으로 하는 것이다. 그리고 5족부터는 그 내면의 섬세성일 뿐 벗어나지 않은 것을 말한다.
 중성자별만이 자기장이 있는 것이냐 하면 그렇지 않다. 우리가 중력이라는 내외의 경계는 양성자 별의 전자기장이다. 우리가 중성자별에서만 자기장이 특별한 것은 그만큼 양성자가 줄어들어 중성자가 되어서야 중력권이 줄어들어 전자기장으로 보이는 것과 같은 것이다.
 결국 주기율표로서의 우주성은 모음이 흙과 같은 헬륨이고, 자음이 그 속에 금속류가 있음으로서 중심을 가지는 것에서 자음이 금속류가 되는 것과 같다. 그리고 머리가 되는 것으로 건금(乾金)이 된다.
 그러면 헬륨은 한 묶음을 만들 수 있는 한 단이라는 별의 단위를 말한다. 그 별 밖의 공간이 엄청나게 많은데 8족으로서 다 설명이 되는가 하는데, 밖의 공간도 또한 한 묶음이 되는 것이 산천대천(三千大千)인 것이다.
 이 산천대천이라는 것이 RNA적 우주라는 것인데 이 RNA를 DNA로 돌이키면 이는 곧 불타의 "나는 제도한 바가 없다"는 말씀과 같다.
 깨달음은 자신인 것이고 어딜 건널 때가 있단 말인가. 천하 우주가 DNA로 돌아가는데 우리는 RNA적 변방에서 주인인 척하지만 실제 제자리로 돌아가지 못한다. 허나 이 또한 믿으려 하지 않을 것이다.
 왜냐하면 RNA가 DNA로 역류하는 것에 은하단이 있고, 은하가 있고, 항성이 있고, 행성이 있고, 달이 있다. 결국 내 몸 안에 있다는 것을 깨달아야 한다. 이 깨달음은 단순한 것이 아니다. 나로서 천이통이 있고, 천안통이 있고, 숙명통이 있고, 타심통이 있다. 모두 육통6)이 구족할 수 있는데 이 모든 것에 이르는 것은 노력에 달린 문제인데 오히려 천당에서 게을러지는 신들의 관념성이 더 두려운 것이 아닌가?

수소점에 오탄당이 붙어 있는 발현점이 갖는 은하수 중에 수소를 보면 내 몸의 완성도를 알 수 있다. 즉 사방의 구심이 수소인이다. 이 수소 하나가 모든 기관의 중심에 있다.

수소점 하나가 갖는 정보력은 우주가 수소의 바다로 이뤄지는 한 그 이상의 우주 전체로 통하는 중계는 없다.

우주를 본다는 기점은 이 수소 점 하나가 원심으로 나와 오방으로 하면 오탄당이라는 것이 지구핵과 껍질을 의미한다. 이 모든 생물이 일어나는 것을 알아 생쥐도 바늘로 찌르면 눈 부라리는 것이 붓다라는 것을 알아야 할 것이다.

순서 115

주제
은하의 수소는 아주 유연한 약력으로 보이지만 아주 강력한 강력의 관계인 것이다

수소 하나들의 은하수 바다에 헬륨이 있는 것은 마치 바다에 나무가 떠 있는 형상이다. 이는 곧 수소가 일으키는 융합의 힘은 자기력의 태풍으로 핵융합의 시점인 것이 8중에 4의 부분에 해당이 되는 것이고 5에 해당이 된다.

---

6) 육통(六通) : 천안통·천이통·타심통·숙명통·신족통·누진통의 여섯 가지 신통력을 말함.

이 중에 5족은 곧 우주를 풍륜으로 만드는 것이 된다. 이는 우주가 목성과 같은 대기와 같은 것이다.

더 엄밀히 보자면 삼중수소의 결합이 네 개 수소의 결합인 핵융합으로 만든 헬륨보다 더 강력하다는 것이다. 헬륨은 양성자와 중성자의 결합에 있는 것으로 쿼크를 형성한다. 하지만 이미 그 전에 삼중수소가 3인 것에 사중수소가 핵융합으로 4가 되는 상수성을 띤다.

그런데 이 사중에서 5중수소는 없는 것은 핵융합이 4인 것에서 팽창은 +4인 것이면 융합적 수축은 -4이다. 이 4가 0인 중앙이 되는 것에서 좌우 합이 8인 것으로 헬륨이 된다.

즉 스텝은 이진법이지만 그 내용은 8이 +와 -로 이온성의 좌우로 헬륨이 원자 번호 2이지만, 2주기율이면 8족의 내면을 드러내는 것이다. 원소 4족까지는 +인 것으로 자기력을 양성으로 펼치는 것이면, 5족부터는 바람처럼 부드러워진 것으로서 곧 우주로 보면 우주풍이다.

행성계로 압축해 보면 목성과 같이 대기층으로만 볼 수 있는 것의 5족이다. 이것이 소행성 띠 밖의 외행성인 목성을 5족으로 하는 것이고 소행성은 4족에 속한다. 그리고 화성부터 태양 쪽인 내행성은 땅이 있으니 곧 물이 6족이고 산이 7족, 대륙이 8족이다.

여기서 5족이 풍륜인 것에 6족이 수륜으로 되는 것이고, 이 수륜이 거품을 7족과 8족이 없어진다. 이 8족의 거품이 없어지면 바로 1족의 수소족이 되는 것으로 금륜이 된다. 이는 곧 땅 밑에 금속이 있는 것으로 중심을 잡아주는 것에서 인간은 중력으로 지탱하는 것이다.

이는 곧 헬륨족이 땅인 것으로 떡돌과 같은 것이니 거품성이 사라지면 자연히 금속류처럼 밀착된다. 그러므로 그 전환된 점이 수소족인 것의 금속류로 하는 것이니 금륜이 되는 것이다.

　인간은 금륜이 정밀한 신경계를 갖고 있는 것이고 풍륜이 가장 행위성이 앞선다. 보통 구궁도로 보면 4방을 정방으로 하고 간방(間方)을 사방의 사이에 두는 방향인 것에서 8방이다. 그러니 이 간방은 중앙에 땅이 비치는 것에서 간방은 흙이 섞인 것으로 한다.

　즉 중궁이 헬륨족인 것이면 떡돌과 같은 것인데, 이 떡돌에 야물어지는 것이 곧 자궁에서 태의 머리가 야물어지는 것과 같다. 그 머리는 6인 건궁에 드러내는 것으로서 이것이 금륜의 탄생이 된다. 원소주기율의 수소족이 되는 것에서 주기율의 탄생이 되는 것이다.

　수소만하더라도 쿼크의 강력이 뭉쳐진 것인데 이것이 소성괘인 것이면 헬륨에 있는 중성자와 합한 대성괘로서 유기성을 보는 것이다. 그러면 우리에게 유기성이 보이는 것은 양성자, 중성자로 변하는 량이 만들어내는 먼지들 간의 공간에서 일어난 것이다. 여기서 1이 강력인 것이고 이 강력은 3인 것까지로 하는 것에서 4는 전자기장이 된다.

　또한 이 전자기장은 바람을 살찌운 것이니 풍륜과 같은 것이고, 원소 6족부터는 수륜인 것에서 물은 유기성의 시작으로 보고, 약력에 해당이 되는 것에서의 유기성으로 하는 것이다.

　1효와 6효는 대성괘의 가장자리인 것으로서 원심분리로 보면 거품이 모이는 자리이다. 이는 상하의 비중이 평등한 것에서 보는 것이다. 이것이 양성자적 비중과 중성자적 비중이 다른 것으로 보면 상괘는 무게가 가벼운 것이 되고 하괘는 무게가 무거워진 것으로 한다. 그러니 하괘는 무거운 바닥이 되는 것이고 위는 가벼운 공간이 된다.

그러면 1족과 6족이 같은 것으로 보면 이는 상의 가벼운 기체는 바닥에 있어도 위로 오르는 기운이 된다. 결국 같은 비중의 기운이기에 같은 기체의 공간으로 오른다. 이 기운을 따라감이 마치 바닥에는 광자인 것이 상효 꼭대기에 오르면 꽃이 피는 것과 같다. 그리고 그 중간의 효는 나무 기둥과 같은 것이다.

즉 1효는 상하괘로 보면 땅에 해당이 되는 것인 바닥이고, 실제 상하의 비중에 의한 상승율의 여섯 주기율적 성장이 아니면 그 1과 6족인 끝은 4와 5족인 중심에 언저리로서 거품이 모인다.

그러나 상하가 비중이 다른 것으로 보아 무거운 쪽에서 가벼운 것으로 보면 초효인 바닥은 무거운 것에 씨앗의 눈이 광자와 같다. 여기서 6효의 자리면 흙이 거품이 모이는 것 같고 씨앗의 눈이 꽃으로 핀 것과 같다.

중력의 내적 공간성과 외적 벽

우리가 중력의 내적 공간성을 고갱이라고 하고 외적 벽은 겉껍질인 것의 잎새라고 하다면, 이는 곧 1효와 6효의 자리는 겉껍질로 떨어져 나갈 자리인 것이고 흩어질 자리이다. 그리고 중앙인 4족과 3족의 사이에 고갱이가 나오는 것이면 뿌리는 고갱이가 나올 자리이다. 이러한 설명이 가정한 것은 풀줄기가 땅으로 기면 마디에 뿌리가 나는 것이고 물만 있어도 마디에 뿌리가 나는 것인데 이 뿌리만으로 다시 중심이 된다는 것이다.

곧 수소에서 눈이 나서 4족인 줄기가 나면 이 줄기가 핵융합적 번식을 한다. 이것이 4족인 것에서 5족인 것으로 더욱 섬세해진 줄기로 잎이 된다. 즉 4족의 줄기에서 5족의 잎이 부드러워진 것이 이온이 바람을 피게 한 것과 같은 것이다.

3과 4사이가 상하괘가 붙은 마디인 것이니 여기서 난 뿌리의 중심이 곧 고갱이가 나오는 지점이다. 이는 다른 차원에서는 관절 사이로 아이가 태어나는 것이다.

그래서 한 쪽은 양인 것으로 4효는 맵시 쿼크로 한다. 그래서 수컷은 폼생폼사 맵시를 뽐내는 것이고, 암컷은 기묘한 것이라 여자는 작아도 어미가 되는 것은 묘할 묘(妙)자의 아름다움인 것이다.

미학이란 보는 관점이 풍습이나 사회성에 좌우되는 편향이 있다. 아프리카 사람들이 여자가 굴곡이 크고 생산을 잘하는 것만으로 아름답게 보는 것은 훨씬 인간미가 있다는 것이다.

인간이 늙으면 풍풍해지고 느려 보이는 것이지만 이를 자연미로 보지 않는 성형의 세상은 세태 차이만으로 인간이 로봇을 상대하는 느낌으로 일생이 될 것이다.

1족이 6족과 같이 무게가 치우치지 않는 오직 핵에 있어 변방인 것으로 고르게 도는 것이면 굳이 초효에서 2효로 공기 방울이 위로 오르게 되지 않을 것이다. 하지만 초효는 자연 2효와 3효 쪽으로 나무의 빈 공간을 치받으며 결국 나무도 그렇게 자라는 것이면 그 방울은 광자의 눈이기에 눈은 동공이 있다. 그러니 이 동공이 방울인 것이 나무를 타고 올라 터지면 곧 꽃이 된다.
　이는 광자도 전자장을 타면 전자장의 방향에 따라 꽃으로 피어날 수 있는 것과 같다. 즉 블랙홀의 바닥에 광자가 있는 것이면 전자기력이 홀을 만들어 주면 웜 홀이 되는 것과 같다. 이렇게 생물학적으로 보면 표현이 된다.

　우주상으로 중력권이라는 것은 곧 우주 끝의 벽을 봐야 하는 것인데 이 끝은 우주 배경 복사라는 것에서 거울과 같은 것 그리고 반사적 복사라는 개념이다. 거울은 복사라는 것인 동시에 흡수가 있는 것이다.
　마치 한 주기율의 벽에 4족인 것이 비치는 것이 원소라면 다른 주기율의 4족이 같은 족의 성질을 갖는 동질성이라면 이는 앞의 주기율 벽에 반사된 것의 4족과 다음 주기율의 4족에 흡수되어 내미는 성질은 같다.
　그러나 그 순도나 투박성은 다르다는 것을 의미한다. 이것이 우주상의 벽인 중력권을 말한다. 지구만하더라도 땅은 금속을 싼 껍질인 벽과 같으니 땅에서의 생물은 우주 배경 복사처럼 유기성을 가진다. 또한 배경을 가진 복사이면 이는 한갓 미물에도 운명과 숙명성이 따르는 것과 같다.

중심은 금이 있고 중력이 있는 것이니 땅은 중력권인 흙이 싸고 있다. 그리고 금에는 파고들 수 없는 강력이 되지만 땅에는 약해진 것이니 마치 나무는 뿌리를 뻗을 수 있다.

헬륨이 수소를 밀어내는 것으로서의 주기율적 벽을 만든 시공성과 주기율 차의 시공벽 원자는 수소인 것으로 1족으로 한다. 그런데 이 원자를 헬륨의 견고함으로 수소를 받아들이지 못하는 것에서 중력벽 밖에서 문지방에 기거하면 융합한다. 그러므로 중력벽을 만드는 것에서 이는 헬륨의 과밀로 원자를 밀어내는 것이면 원자를 부정하겠다는 것이다. 그런데 이를 진공 속에 핵이 있다는 것이다.

이 중력벽이라는 것은 마치 통나무가 일정한 수심으로 들어가면 반으로 줄어드는데, 가라앉는 시점이 되는 것이라 한다. 중력이 그러한 것으로서 줄어드는 것만큼 질량이 가중된다.

이로서 양성자와 중성자의 차이로 빛의 끝과 암흑물질의 극으로 향하는 것이 이도 극으로 보면 블랙홀의 끝에는 광자가 있는 것이면 빛의 끝에는 암흑물질이 있는 것이다.

그리고 중력벽이 융합의 지점인 것이니 이 중력벽 밖에서 융합을 하는 것이면 이는 수소와 빛의 에너지와 순환하는 것에서의 발전성을 말한다.

중력벽은 진공성으로 빨아들이는 이허중(離虛中)이라 할 수 있다. 이러한 허한 중의 속에는 헬륨 덩어리가 있는 것이니 빈 중에 알맹이가 있다는 것이다. 그러면 주기율이 늘어나는 만큼 헬륨족이 늘어나는데 중량이 늘어난다고 본다. 과연 주기율의 두께가 진공을 더욱 갈무리하니 그 진공성의 흡인력이 강해서 당기는 힘이 세지는 만큼 질량의 무게로 강해진 것과 같은 것이니 그 응축력인 진공의 놓아버리면 질량의 중력도 사라질 수 있다.

　질량이란 가장 강한 진공성의 막이 당기는 힘이 강하니 오히려 무거운 것도 끌려오는 현상이 마치 가벼워서 끌려가는 현상으로 보일 수 있다. 그러면 그 진공 속에 헬륨이 되어 쌓이니 이 진공이 진짜 진공인데 질량의 최대치이니 공이라는 면은 부정하는 것이 된다.

　상대적 부정성이나 분명 태양은 헬륨이 있는 것이다. 그 헬륨이 중력을 이루는 것에서 수소를 막는 것이다. 이는 곧 원소 4족에서 헬륨이 만들어지는데 원소 4족 너머는 들어갈 수가 없다.

　왜냐하면 태양에서 행성이 만들어지는 헬륨이 있기 때문이다. 즉 핵융합은 4족에서 3족인 프라즈마로 수소를 자유스럽게 융합하도록 할 수 있는 터전이 되기 때문인데, 5족이 태양풍인 것으로 해서 8족인 헬륨인 것으로 하는 것에서 코로나의 3족인 열의 온도가 헬륨인 8천도의 온도로 낮아질 수 있는 것이다.

　즉 원소 3족까지가 온도의 최대치가 되는 것이고 4족이 울타리를 만드는 것인 전자장이 나이테처럼 둘러싸는 것으로 온도를 유지하는 것이 된다. 그런데 5족부터는 우주의 바람이 냉각성을 가진 것에서 6족이 물과 얼음이고, 7족이 내화벽돌, 8족이 사막의 모래와 같은 것이 헬륨이다. 곧 수 천만도의 열을 8천도로 한 것은 마치 모래의 사막과 같은 정도로 식은 것이 된다.

　태양만하더라도 자체적으로 열을 뿜었다가 자체적으로 식히는 과정이 8족적으로 전개가 된다는 것이다. 씨앗의 껍질은 땅처럼 떡돌과 같은 것인데, 이 씨앗에 과살의 섬유성이 길게 붙어 떼어지지 않는 것은 꼭 나무가 흙은 움켜쥐고 떨어지지 않으려는 의지와 같은 것이다.

씨앗에 붙은 과살의 의지력이나 땅에 붙어 떨어지지 않는 의지력은 곧 강력에 붙은 전자기력이 떨어지지 않으려는 의지와 같다. 그 중간에 중력이라는 것을 지나면 자연 내외가 연결이 되는 것이다.

즉 1족과 6족이 껍질인 흙과 같은 것이다. 그 사이의 간괘가 금속인 것으로 핵이 되는 것이면 그로서 원심분리가 되고 거품은 1과 6쪽으로 몰리고 알맹이는 4와 5족으로 몰리는 것이면, 곧 육효 중에 4와 5족이 중심이라는 뜻이다. 그래서 이도 RNA적 3층의 구조로 쿼크를 논하는 것이 된다.

RNA의 바탕이 이러한 육효적 원심분리로서 우주성을 드러내는 것이 세포의 정체를 드러내는 것과 같다. 1과 4족의 대칭으로 탑 쿼크와 바닥 쿼크를 논하는 것이 아니라, 1과 6족이 언저리로서 같은 층에 속하는 것이기에 1과 6족을 탑 쿼크와 바닥 쿼크로 논하는 것이 타당하다. 그런데 1과 4의 대칭성은 주역으로는 같이 결부되는 구성력을 지는 것으로 본다는 것도 유념해야 한다.

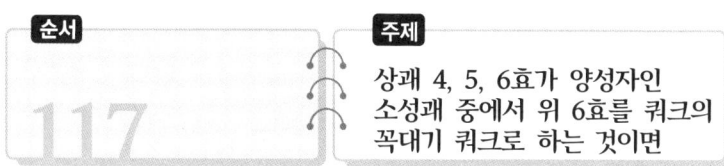

순서	주제
117	상괘 4, 5, 6효가 양성자인 소성괘 중에서 위 6효를 쿼크의 꼭대기 쿼크로 하는 것이면

이 상괘의 상효 6효만으로 비중이 2/3인 것으로 한다. 이 상효

가 꼭대기 쿼크인 양성자로 하는 것이면 그에 상대적 바닥 쿼크는 하괘 초효인 1효가 된다. 그러므로 1/3분이 되고 바깥은 언저리 쿼크인데도 3/3인 중에 2/3는 꼭대기에 치우고 1/3은 바닥 쿼크인 1효에 있는 것이 된다.

이는 1과 6이 대칭적 상대성인 것이고 중앙에 비해 언저리로서 같은 띠에 속하는 것이기 때문이다. 그러면 그 사이는 중앙은 1/3이 중심인 것에서 1/3만 양쪽으로 더하고 빠지고 하는 것이다.

즉 삼할 정도가 치우치면서 다시 원래대로의 중심으로 돌아간다. 그리고 5효와 2효가 대칭인 것에서 상괘 5효는 업쿼크인 것으로 2/3가 되고, 중성자 하괘 2효는 다운 쿼크로 1/3이 되는 것이다.

이는 상괘 양성자이면 하괘 중성자와 반반인 것으로 할 때, 양성자 쪽이 2/3인 것이면 상대적 중성자 쪽은 1/3이 된다. 중성자 하괘가 2/3인 것이면 상괘 양성자가 1/3이 된다는 것이다.

소송괘 전부 세 개의 효인 쿼크가 쌍으로 6인 상대성은 겉껍질에 속하든 고갱이에 속하든 그 중간에 속하든 이 세 겹의 쿼크는 어느 겹이든 속이나 겉이나 팽창과 응축의 기가 함께 한다.

여기서 각각의 반반인 분기점이 1/2이라고 할 때 한 편이 2/3인 것으로 치우치고 이 2/3가 1/3 상대편에 채워 2/3가 될 때까지로 시소 놀음과 같은 것이나 반인 중심에서 양쪽을 놓지 않는 것과 같다. 내려앉으면 다시 일어선다는 것과 같다.

중성자인 응축력은 양성자와의 반감기가 1/2 중에서 그 양성자의 반감이 중성자로 할 때 중성자 하괘가 1/3인 것이면 곧 1/2인 반감보다 훨씬 소모가 된 중성자라는 것이다. 이는 태양으로 보면 중성자가 된 헬륨의 량은 작아도 코로나의 열기는 2/3의 만큼이나 활발하다는 것이다. 곧 중량에 비해 태양의 부피는 더 크면서 에너지가 높다는 것이 된다.

1/3만 기력을 쓰는 것이라 응축이 딸리면서 증발이 된다. 이와 반대로 중성자가 강할 경우 응축력이 강해지는데 그러면 반대로 꼭대기 쿼크는 1/3이 된다. 그리고 바닥 쿼크는 2/3인 것으로 1/2보다 비중이 느는 만큼 중량이 무거워진다. 이것이 대성괘의 쿼크라는 것이다.

소성괘 즉 상괘나 하괘나 하나의 쿼크만으로 볼 때는

동(動)하는 괘는 양성자로 하고 변화한 괘는 중성자로 하는 것이다. 동하는 괘는 에너지를 소모한 것이니 양성자로 보고, 변한 괘는 소모된 나머지인 것이니 중성자이다. 즉 소성괘 3개의 효만으로 쿼크를 나눌 때도 그러한 이치와 같다.

양성자가 중성자가 되는 사이에는 공간으로 전체 공간에 미치듯이 미세하게 효가 동하는 것이 육신과 육친이 함께 움직이는 인연이 얽혀 오는 것이다.

이는 소성괘 하나가 수소 하나의 무게를 갖는 것이면 소수에서의 양성자인 것이 발생한다. 그러면 이 수소만으로 8괘를 내재하고 있다는 것이다. 건괘가 동(動)했다면 수소 안의 건괘 부분이 움직인 것이니 다 마모된 것이 아니다.

　수소는 양성자만 있다는 것에서 양성자의 팔괘로 하는 것이다. 그런데 변한 괘가 양성자가 소모된 것으로서 양성자의 어느 부분이 소모된 것이냐가 어느 괘상이 동했느냐가 되고 또 그 괘상의 어느 부분의 효가 동했느냐에 따라 변한 괘인 중성자의 괘상을 알 수 있다.

　양성자와 중성자의 관계가 64괘중에서 하나만 동해도 384개인 것이고, 두 개가 동해도 양성자 변화를 말하는 것에서 효가 하나만 변하는 것이 아닌 육효가 다 변하는 것으로 본다. 그러면 효가 하나만 변해도 64괘가 변하는 것이고 육효가 다 변해도 64괘가 변하는 것이니, 그 수는 헤아릴 수 없는 것이다.

　엄밀히 말하자면 상효 6은 꼭대기 쿼크인 것이고 5효는 업 쿼크이다. 4효는 맵시 쿼크인 것으로서 양성자 상괘로 하는 것이고 이로서 변한 괘는 중성자 쿼크로 넘어간 것이다.

　이것은 동효를 기점으로 하는 것이니 진행 중으로서의 쿼크를 말하는 것이고, 이미 진행된 것으로서 본괘만으로 보는 것이면 하괘를 중성자로 할 수 있다.

　여기서 하괘 3효는 기묘 쿼크인 것이고 2효는 다운 쿼크, 1효는 바닥 쿼크로 한다. 이는 6효가 꼭대기인 것에서 상대성 대칭을 세웅(世應)7)의 관계로 보면 3족이 바닥 쿼크인 것이고, 또한 5족이 업 쿼크인 것이면 2족이 다운 쿼크이다. 또한 4족이 맵시 쿼크인 것이면 1효가 기묘 쿼크가 되는 것이기도 하다.

　이는 양성자와 중성자는 하늘과 땅 차이가 있는 것에서 중량이

---

7)세웅(世應) : 민속 점괘의 육친 가운데 조상의 덕을 이르는 말이다.

나 에너지의 지향이 반대일 수 있다. 그러니 쿼크의 상대성을 이렇게 설명이 될 수 있는 것이다. 대성괘의 양성자적 구조로 본다고 할 때도 이는 천지가 구분이 된 것도 아니다. 그리고 상하가 없는 평등성에서 볼 때 쿼크의 비중이 치우칠 수 있는 것과는 상대성의 상하괘 육효가 합하면 3과 4효가 중앙인 심이 된다. 이는 1과 6이 언저리로 하는 구조의 심은 중성자적으로 중량을 늘리는 만큼 언저리는 에너지 파장을 늘리는 코로나와 같다.

즉 육효를 나무가 자라는 것으로 보면 초효가 무거운 것이니 사과도 초효로 떨어지는 것이다. 하지만 본래 나무의 물리학적 조상은 전기이다. 그 때문에 중력이 아닌 수평적일 때는 중앙인 3족과 4족이 중심이 되어 중력의 중량이 되는 것으로 다른 시각을 갖게 하는 것이다.

순서	주제
119	또 하나의 시각

이는 내가 죽어 거울처럼 반사되어 온 것인데 다른 나의 모습과 태어난 장소마저 다른 것에서, 어떤 때 반사된 나의 모습인가 하는 의문이다.

주역의 대성괘는 아래에서 위로 보는 것과 위에서 아래로 보는 괘가 다르다. 우리가 보는 주역은 아래에서 위로 본다. 그러면 이것이 복사되는 상대적 극은 상효 밖에서 보는 것이다. 즉 위에서 아래로 보는 괘상이 반사인 것인데, 간혹 우주를 보아 배경 복사를 6효로 보는 것은 마치 저승 벽에서 다시 오는 것과 배경 부분이 상효에 있기 때문이다. 이는 근본적으로 하나의 괘를 그 방향에 따라 다르다는 것인데 상효[8]는 조상의 무덤을 말하기도 하는 것은 이런 이유 때문이다.

　이러한 양극성의 복사는 마치 정류자의 반쪽인 한 쪽 끝으로 보는 것과 정류자 반대쪽에서 보는 것은 별다른 의미가 갈라지는 것은 아니다. 하지만 주역으로 보면 완전히 다른 택지췌괘(擇地萃卦)라는 것은 아래에서 위로 볼 때의 상이라는 것이고, 위에서 아래로 볼 때의 괘상은 지풍승괘(地風升卦)로 보인다는 것이다.

　정류자의 1/2이 서로 양극으로 스핀을 먹여 1이 되었을 때 한 쪽 반은 택지췌괘가 되는 것이고 한 쪽 반으로 돌 때는 지풍승괘로 보인다는 것이다.

　그런데 만일 이 1/2이 거울인 것이면 내가 거울에 들었을 때의 상은 택지췌괘인 것의 공간성으로 비춰진 것인데, 거울에서 굴절되어 나오는 영상과 괘상의 사물은 지풍승의 상형을 이룬 세상에 태어난 것이다. 이미 시공성이 다른 곳에 태어난 굴절성 반사인 것이나 우리는 다만 거울의 반성에서 내가 태어난 상이라는 것은 모르는 것과 같다.

　즉 대성괘의 괘상이 반대로 스핀이 도는 것에서 괘상이 바뀐다. 즉 아래에서 보는 괘를 위에서 보는 괘상과 다른 것에 있는 것에서 내가 있는 것에 불과한 것이다. 하지만 내가 스핀의 반대쪽에서 일어나는 탄생으로 살아가게 되는 것은 거울의 바닥을 돌

---

[8] 효(爻) : 역(易)의 괘(卦)를 나타내는 가로 그은 획. '-'을 양(陽)으로 하고 '--'을 음(陰)으로 하며 밑에서부터 세어 초효(初爻), 이효(二爻)라고 하고, 맨 위 여섯 번째의 것을 상효(上爻)라고 한다.

아 나오는 스핀과 같은 생을 산다는 것에 불과하다.

또한 중성자를 거울로 하는 것과 양성자를 유리로 하는 것의 차이, 거울의 흡수성과 반사성 그리고 주기율의 벽 사이의 흡수성과 헬륨의 벽을 거둬야 주기율의 차이 벽을 볼 수 있는 경계를 어떻게 알 수 있는가 하는 것이다.

순서 120

주제
이 상효를 뺀 4와 5효는 양성자 2/3가 되는 것

세 개의 효 중에 두 개 부분을 차지하는 4와 5부분인 소성괘가 3개의 효이다. 상괘 소성괘 3에 하괘와 부분 집합인 4와 5효가 간괘로서 2/3가 할당된 것이다. 그런데 하괘 소성괘 3효 중의 간괘가 2와 3효인 2/3 중에 1/3의 1부문만 상괘 4효를 더하여 세 개의 효가 되는 것으로서 괘를 이루는 소성괘가 상괘와 합한 간괘가 된다.

하괘 2/3와 상괘 1/3이 합한 소성괘가 상괘 2/3와 하괘 1/3인 소성괘를 합한 것으로 대성괘로 하는 것이 간괘의 대성괘라는 것이다. 즉 이 간괘는 결과적으로 양성자와 중성자가 접합된 핵으로 본다.

양성자인 본괘가 중성자로 화하는 것에서 중성자적 무게의 중심이 쏠리는 것이다. 이는 곧 4효가 맵시 쿼크인 것이니 괘의 중심에 있는 중성자성이 무게와 중력이 엄청나다는 것이다. 즉 중력이 4와 3족 사이에 몰리는 것으로 중성자 별이 되는 자리와 같은 것이다.

양성자 별과는 융합적 구조는 같다고 봐야 한다. 다만 쿼크의 기본은 소성괘가 세 개 효로 구성된 것에 기인하는 것이고, 이 소성괘 중에 1/3과 2/3가 합하여 1인 소성괘가 된다.

아래 풍괘를 보면,

양 ━
양 ━
음 ╌

형상인데 그러면 양이 두 개면 2/3에 해당되고 음에 속하는 효는 1/3에 해당이 된다.

그리고 수괘를 보면,

음 ╌
양 ━
음 ╌

형상인데 이는 음이 두 개인 것이니 2/3인 것이고 양이 하나니 1/3인 된다.

이는 하나인 1/3을 취용하고 2/3를 취용하지 않는데, 하나인 것이 음이면 음괘이고 양이면 양괘가 된다. 그러면 음과 양이 짝을 이루면 오히려 양이 하나가 남아야 하는 것이 움직이는 기운이지 않는가. 하지만 방향성이 다른 것은 동행할 수 없다.

양은 양 가는 길에 친구가 되는 것이고 음은 음이 가는 길에 친구가 된다. 그러다 보면 두 개는 서로 흡수가 되는 것인데 하나는 독립적이게 되는 것으로 기가 움직이는 것이다.

즉 자신도 두 개와 같은 것으로 흡수가 되는 것으로 2개를 따르는 것이 된다. 이는 쿼크가 3을 벗어나지 못하는 것에서 1/3에서 넓혀봐야 반을 넘은 2/3를 넘지 못한다. 이 2/3를 1로 채우려 넘으려 하면 마치 뒤의 1/3인 턱에 걸려 넘지 못한다는 것이다.

즉 양쪽이 트인 성냥갑을 앞뒤로 열 수 있으나 다 열 수 없어 2/3만 나오고 나머지는 못나오는 것은 뒤에 1/3인 턱에 걸려 넘지 못하는 것에서 쿼크는 강력 안에서만 놀아야 하는 것과 같다.

앞쪽으로 2/3를 넘어도 넘지 못하고 뒤쪽으로 2/3를 넘으려 해도 앞쪽의 1/3이 턱에 걸려 넘지 못하는 것이다.

순서 121 주제 입자와 파장과의 경계를 둘 때

원소 8족적 나열로 보자면 원자인 수소를 출발로 할 때 시작으로 보면 수소는 입자인 것으로 하고 이 입자가 점이면 이 점도 실질적으로 면이 있다. 이를 3족까지의 범주로 하는 것이다.

그리고 4주기율부터 선으로 하는 것이고 섬유질로 하는 것이니 곧 끈이론도 이 4족의 영역이 된다. 이 끈도 낡은 것이니 낡은 것은 부셔지고 가루가 되어 때가 되니 이것이 8족인 것이다. 그러니 4족까지는 팽창을 늘리는 섬유성을 가지는 것이고 이 끈의 힘이 다하면 그 때부터는 오므라드는 응축인 것으로 족으로는 5족에 해당된다.

4족까지는 탱탱한 끈이면 5족은 이 끈의 보푸라기가 이는 것이고 그래도 그 끈은 유지하니 4족인 나무에 5족이 의지하는 등나무와 같은 것이고 덤불과 같은 것이다.

또한 전자기장에 붙은 약력과 같은 입자성이 노는 것이고, 마치 옷의 섬유질에 서캐 씨가 사는 보금자리가 되는 것이다. 즉 털과 짚과 가지 등으로 보금자리를 만들어줌과 같다. 그래서 8족을 자궁이라고 하는 것인데 새들에게 있어 둥지는 자궁이다.

한 가지 연구해야 할 것은 포유류는 그래도 8족인 한 주기율을 수용하는 둥지인 것에서 1족인 머리를 6족으로 내미는 것이지만 조류는 그 머리가 3족으로 부화해 다시 다리를 갖는 것에서 하늘로 난다.

이는 마치 양성자 중성자로 퇴행하지 않고 그대로 날아간다는 것이다. 즉 양성자만의 진화를 뜻한다. 그래도 땅이 중성자 땅인 것이다. 땅에 둥지를 틀어야 하는 것에서 곧 자궁도 태반이 서야 잉태를 하는 것에서 수소족을 낳을 수 있는 것과 같은 것이다.

즉 난자인 알을 둥지로 만들기 위해서는 육지가 필요하듯이 자궁이 필요한 것에서 태반이 둥지가 되는 셈이다.

제9장

동괘(動卦)와 화괘(化卦)

순서	주제
122	동괘(動卦)와 화괘(化卦)

　본래 동하는 괘를 본괘로 하는 것이고 변한 괘를 지괘(之卦)라고 한다. 또한 동한 괘를 용(用)이라고 하고 정(靜)한 괘를 체(體)라고 한다. 이렇게 동한 본괘는 양성자인 것으로 하면 이 괘에는 세 개 중에 양과 음의 효가 각기 있게 된다.

　양효가 동하면 양성자, 음효가 동하면 중성자가 된다. 그러면 음효가 동하면 중성자 쿼크 중에 1/3이든가 2/3가 되는 것이고, 양효가 동하면 양성자 1/3이 2/3가 된다.

　그런데 이렇게 효가 발동하여 쿼크의 변화를 보기보다 무조건 동한 괘는 양성자고 변한 괘는 중성자라는 게 더 기본형으로 깔아야 한다. 실제 효의 음과 양은 전기를 양으로 하면 전자는 음이다. 이는 서로 반대로 흐르는 것이고, 전자가 바다에서 강줄기를 따라 연못으로 들어가듯이 전기를 타고 발전소로 올라가는 것과 같다. 즉 뱀장어를 보면 전자의 무리를 본다는 것이고 비타민이 전자의 활성이라고 보면, 그만큼 뱀장어는 잡아도 빠져나가는 힘과 같은 것이다.

　동하는 괘와 변한 괘로 머문 괘의 비율을 어떻게 1/3과 2/3로 할 수 있느냐와 소성괘 3개의 효 중에 상효가 업 쿼크가 된다. 또한 중간 효가 탑 쿼크가 되고 아래 효가 맵시 쿼크가 되는 것에서, 본괘인 것이 동하여 변괘인 중성자 쿼크로 이동하는 것으로 한다. 그러면 양성자만 소모되는 변화가 아니라 양성자의 소모 중에 중성자의 소모도 있다는 것이다.

마치 장작인 양성자가 타는 중에 숯인 중성자도 함께 탈 수 있다. 이런 중에 비율이 1/3일 수도 있고 2/3일 수 있는 것에서 양성자가 많으면 중성자가 적고, 중성자 많으면 양성자가 적을 수 있다. 어쨌든 음이 소모되어도 양으로 흡수되어 양기를 띨 수 있는 변괘가 되는 것이다.

이는 상괘만으로 화괘(化卦)인 지괘(之卦)로 변하면 동괘 3개의 효가 쿼크인 중에 상대적으로 다운이나 바닥이나 기묘가 된다. 여기서 상괘만으로 양성자 쿼크가 되는 것이고, 또한 하괘 3개의 효만으로 동하여 화괘(化卦)로 다운이나 바닥이나 기묘가 되는 것으로 화(化)하면, 이는 하괘만으로 중성자 쿼크가 되는 것이라는 것이다.

우리가 쿼크별을 각각의 개체성으로 논하듯이 하나의 소성괘가 일가를 이루는 것이 우주적으로 보면 별이 엄청 떨어져 있어도 하나의 가족이라는 것이다.

중성자 별을 하괘로 두면 이 여섯 개의 쿼크가 중성자 쿼크인 것으로 그 1/3과 2/3의 비율은 상괘 양성자 비율에 비해 시소의 반대편으로 기운 것이 된다.

이는 에너지가 많은 양성자의 자리에 전자가 몰리는 것은 결국 에너지가 2/3일 때는 양성자다. 하지만 이 소모성 중에 전자가 몰리는 것이면 양보다 음이 많아지니 양괘가 음괘로 변한다. 그리고 양효조차 음효로 비중이 높아져 중성자적 중량을 더하여 지는 것이다.

AT를 이중 수소로 하고 CG를 삼중수소로 한다. 여기에서 네 개의 염기 결합이 핵융합점으로 하는 것과 중앙에 수소가 결합시 킨다기보다 양쪽의 A와 T가 수소를 물고 떨어지려 한다. 그런데 오히려 수소가 더 질기니 떨어지질 못해 붙어 있는 형상이다.

태양이 크다고 해도 은하수를 못 벗어나듯이 이는 태양보다 수소가 접착력이 강하기에 있는 것이 핵심인 것이면 이중수소와 삼중수소가 떨어져 있는 것은 마치 물 위에 떠 있는 두 개의 배와 같은 것이다.

즉 C와 G의 결합이 삼중, 위아래 입술과 혀까지로 삼중이라고 할 때 이도 수소를 양쪽으로 찢어가지 못해 결국 수소가 결합하는 것처럼 보인다는 것이다.

이쪽도 아니고 저쪽도 아닌 것이니 어떤 힘의 영향력이 보이지 않는 것이니 정적으로 보일 수 있는 지점인 것이다. 이는 마치 중력이 이쪽도 저쪽도 아닌 것이니 그 에너지의 경계가 애매하다는 것이 된다. 이것은 DNA로는 이 AT, GC의 수소 중앙과의 힘겨루기가 중력이라는 것이다.

핵융합의 분기점이 4족인 것에서의 4개의 염기가 RNA인 우라실로 변하여 다시 결합하는 것이 인체의 핵융합점이라는 것이다. 즉 말의 네 다리가 첫발을 딛는 것이 우라실이라는 것이다.

그 다음부터는 RNA적 주마등을 실은 채 주변을 받아들이는 것으로 해서 다시 DNA로 환원이 된다.

순서	주제
123	DNA 열 마디를 선천수 9로 할 수 있는 것인가

　원의 굴레는 8방을 돈 8족인 것으로 한다. 이것이 다시 시작하는 것이 9인 것이고 10은 헬륨이다. 즉 원자 번호가 10인 것이 네온인 헬륨족인 것이다. 그러면 1주기율의 두 개의 족은 2주기율의 핵으로 들어가면 2주기율의 7족과 8족은 껍질에 해당된다.

　이는 원심력이 강하면 금속도 언저리에 쌓일 수 있다. 그러면 2주기율부터는 7족이 9인 것으로 이온의 기운이 물려 있다.

　10인 네온은 핵의 영향을 받지 않는다. 그러면 9인 7족부터는 핵과 붙는 이온인 것이니 선천수는 9에서부터 역류가 된다. 이는 곧 DNA의 한 바퀴가 열 마디인 것에서 그 열 마디를 역순으로 구조를 보면 결국 1족이 수소점인 DNA가 된다.

　즉 DNA는 열 마디 한 바퀴를 하나로 하는 것에서 8족을 구성하는 기본성을 보는 것이다. 선천수 9에서 역행으로 4에 도달하면 3은 없다. 이는 3족이 이허중(離虛中)이라는 것으로서 씨앗 껍질로서 속이 빈 것을 말한다.

　그 속에 1과 2족은 씨앗 속의 눈이라는 것으로 속에 실한 것이 있다. 이는 씨앗으로 독립적인 것이고 선천수 4~9는 과살로 떨어져 씨앗의 영양이 되니 모유 같은 거름이 된다는 것에서 후천적인 것이 아니라 선천적인 것이 된다.

　즉 RNA의 아미노산이 DNA의 모유가 되는 것이고 도리어 선천성을 갖는다. 이는 곧 지구인 행성보다 은하가 선천성을 갖는 것과 같은 맥락이 된다.

또한 은하를 달 공전으로 비유할 때 달 한 바퀴가 DNA 열 마디의 띠인 것으로 회전율은 말한다. 그러면 이는 인간이 열 달 만에 태어나는 회전율과 같은 것으로 가장 십진법의 구조와 일치성의 진보이다.

그리고 DNA의 중앙 수소1에서 A와 T가 이중수소가 되는 결합체가 되는 것이고, C와 G가 삼중수소적 결합체인 것으로 한다.

여기까지가 원소소주기율 상으로 1~3족까지로서 씨앗 속인 것으로 하는 것이니 선천수에서 제외된 것이다. 4족부터 선천수에 드는 것은 염기가 붙고 떨어져 서열을 맞추는 것으로서 DNA와 RNA의 결합과 분리 시점인 것이 된다.

4족을 세포분열의 자리라고 할 때 이 분열은 사방인 네 개의 원자를 말하는 것에서 4개의 염기가 된다. 이것은 폭발적으로 4인 것이 다시 융합적으로 4인 것으로 같다.

그래서 분열의 폭발은 DNA가 갈라져 RNA 상태로 조각인 것이고, 융합은 다시 RNA가 DNA로 돌아온 것이다. 우리가 입자로서 분열과 융합을 볼 것이 아니라 파장으로서의 형태는 DNA와 같다는 것이다.

폭탄 진공에 바람이 몰려들 듯이 이 진공성이 한쪽 라인은 유지한 채 한쪽 라인만 떨어지는 것과 같다는 것이다. 한 쪽 라인은 땅이 떨어져 나가도 땅이 있는 것과 같다.

인간에게 천기(天氣)누설은 아무것도 아니다. 문제는

순서	주제
124	중력살

 과살은 중력살이라는 것이고 중력 밖의 것은 살이 아니라는 것이다. 문제는 우리가 중력살에 있으나 과살 밖의 살을 찾으려니 정말 허공 중인 것과 같다.
 양쪽의 원소 3족까지가 핵심인 DNA인 것이고 원소 4족이 DNA 염기 4중에 하나가 떨어져 나가고, RNA염기 우라실이 더해져 4족인 것이 이렇게 3까지는 3으로 친다. 나머지 4족에서 분리가 되어 5족부터 8족까지는 다 5로 한다.
 여기서 우리가 중력이라는 것은 4족에서부터 9족까지의 선천수가 중력살이라는 것이다. 곧 태양의 중력살과 지구의 중력살이 다른 것을 의미한다. 같이 있다고 가정할 때는 진공성의 차이로 분해해 볼 수 있다. 그러므로 이는 내력과 외력의 경계가 3족인 씨껍질 것에 4족이 씨껍질에 질기게 붙어 있는 질긴 과살이 부분인 것이고, 족이 늘어나는 겉으로 갈수록 과살은 연해지는 것이고 하박해진다.
 외력과 내력의 완충지에 붙은 과살이 선천수가 질기게 붙은 것으로 이것은 떨어져 거름이 된다. 이는 과살은 RNA적인 것이고 씨앗은 DNA적이다.
 DNA쌍의 상호 역행성인 씨앗과 과살의 역행성으로 떨어질 수 있는 것이기도 하다. 이것이 서로 강하게 밀착하게 한다는 것이고 서로 줄다리기를 한다는 것이다. 또한 3족인 씨껍질에 중력이 가장 강한 편인 핵의 굴레인데, 그 언저리까지 미치는 얽힘이 9족까지 것으로 중력권이나 미세하다 할 것이다.

빛의 감수성은 태양빛인의 광섬유이다. 이 빛을 자기력으로 옷을 짠 것이 달인 것이다. 즉 빛은 거친 삼베와 같은 섬유성이면 달빛은 비단결과 같이 부드러운 것을 말한다. 먹는 밤은 몸의 멍울도 부셔지는 속없는 바보와 같은 것이 신선한 바람과 같을 때는 밤송이도 털과 같이 부드럽다.

그러나 거친 태양을 맞이해야 하는 것에는 바늘이 솟는다. 우리가 심장을 잘 다스리지 못하면 헛바늘이 돋는다. 지식이라는 태양도 경계해야 한다. 역사가 헛바늘이 돋는다.

순서	주제
125	여섯 개의 쿼크 중 하나인 바닥 쿼크만 해도 7개의 지(支)가 있다

이 육효 중에 초효가 바닥 쿼크이고, 상효가 꼭대기 쿼크로서 중앙 3과 4의 언저리로서 초효와 상효가 대칭에 해당이 되는 것으로 한다. 즉 여섯 효 중에 하나인 초효가 일곱 개의 지(支)가 있다는 것에서 나머지 효도 하나 하나 7개의 효가 있다는 것이다.

여덟 개의 괘마다 초효의 지(支)가 달라지는 것이 7개이다. 바닥 쿼크에 있는 지지(地支)인 7개를 보면, 자(子)와 축(丑)과 인(寅)과 묘(卯)와 진(辰)과 사(巳)와 미(未)를 더해 7개가 있다.

이는 자와 축은 바닥으로서 함께 합이 되어 돌 수 있는 것이 된다. 즉 자축인묘진사로서 12지지의 반인 6이 하괘로서 자리잡은 것이다. 이는 하괘가 중성자라는 구도가 있는 것에서 반을 의미한다.

한글로는 모음에 해당된다. 하괘가 중력으로 가두는 품이니 모음의 품 안이라는 것에서 하괘가 중성자가 되는 것을 말한다. 상괘가 자음이 되는 것은 상괘는 훨씬 하괘의 중력을 벗어나 약해진 중력 상태의 파장만 길어진 것으로 본다.

즉 외형으로 보면 하괘가 입자성이고 상괘가 파장성으로 보이지만 하괘가 중성자적으로 눌리면 그 눌리는 형태는 모음이다. 이것이 상괘 파장으로 보이나 입자성의 파장에서 자음이 보이는 것이다.

빛의 무지개란 자음인 것이고 양귀(陽貴)라고 한다. 이를 양성자의 극, 즉 정오를 양성자의 극으로 치는 것에서 자음을 뜻한다. 오후는 서서히 백색에서 흑색으로 무채색으로 하는 것에서 음귀의 극은 자정이라는 것이다.

무지개를 보면 중앙 허공의 껍질 부분이다. 우리가 광자가 색으로 연출되는 것이 곧 껍질처럼 늘어나고, 이 무지개 껍질이 거북이 등껍질처럼 갈라지고 그 입자가 가루처럼 보일 때에야 양성자의 극인 오시가 된다. 그 오시로서 분산되기 전에 사시에서 막을 유지하는 껍질은 있는 것이니, 가시가 거북 등의 무지개 껍질이 되는 것이다.

그리고 왜 정오를 분기점으로 오전과 오후가 되는가이다. 과학적 근거로 세포 분열은 왜 해야 하는 것인가의 해결점과 같다. 양성자의 극이 정오인 것이면 분열을 해야 하는데 그 지점이 오시라는 것이다.

만일 오시가 터져버리면 입자가 흩어진다. 터지기 전에 반으로 분할이 되어 다른 하나가 되는 것으로서 마디마디 이어가는 단계로 가는 질서를 갖추고 있다.

순서

주제

밥배는 축(丑)이요
술배는 미(未)라

초효 중에 미(未)은 본래 상괘에 있는 4효 자리가 되어야 한다. 양성자와 중성자 사이의 격리로서 중성자의 바닥까지 간 것은 오직 중성자 여섯 지지에 양성자 1개가 중성자의 고갱이인 초효에 있게 되었다는 것이다. 마치 중성자가 양성자가 되려면 미인 효소를 넣어야 다시 양성자로 발효가 되는 것이다.

처음 빅뱅이 갖는 몸뚱이는 소와 같은 덩치로 보면 곧 소의 위장이 네 개로 다시 8족이 핵융합적 4족이 되는 것에서 분쇄를 한다. 이 위장이 네 개인 소의 자리에 미가 들어서 있다는 것은 곡식에 다시 효소를 넣어 발효가 되는 것이 술밥이다. 그러므로 네 개의 위장은 작은 위장이 된다.

네 개의 염소 위장은 발효되는 단지와 같은 위장이 네 단계인 것과 같다. 초효의 미는 양성자 상괘에 있어야 하는 에너지이다. 이것인 숯이 땅에 묻힌 듯이 하는 곳에 비료라는 효소로서 양성자를 키우니, 중성자가 양성자로 타는 듯이 술이 익어가는 것을 말한다.

초효의 선상인 미(未)는 바닥인 동시에 상효의 선상인 미(未)와 같은 띠의 굴레의 회전에 상대적인 대칭이다. 여기서 상효인 탑 쿼크의 대칭을 초효인 바닥 쿼크로 하는 것이 있다.

반면에 하괘 바닥 쿼크를 초효로 하는 것에서 상괘 바닥 쿼크는 4효인 것으로 한다. 그러면 상괘 바닥 쿼크는 상이라고 꼭대기로 칭하고 하괘 바닥 쿼크는 그대로 바닥 쿼크로서 대칭으로 한다. 이는 곧 세의 변화에 따른 응과의 관계로 설정이 되는 쿼크라는 것이 있다.

자가 초효인 것은 중성자의 구심인 것으로 하면 나머지 육효는 이 구심을 둘러싼 반경으로 보면 된다. 그리고 효 하나 마다의 원주율이 있는 것은 이는 반지름 공전에서 그 공전인 주체의 자전에 의한 것이다.

그러면 자와 축의 합은 양성자와 중성자의 합인 되는 것으로 상하괘가 합하는 것이다. 또한 초효가 동하면 화효가 축인 것으로 동효와 화효가 합하는 것이다. 그러므로 양성자와 중성자를 합한 핵의 구성이 상하괘로 이루는 것과 동괘와 화괘로 이루지는 것이 있다는 것에서 그 구조의 설정이 다르다. 이는 어느 쪽도 일방적으로 취할 수 없다.

이런 상하나 동변이나 다 서로 섞여 희석이 되는 중간에 있는 인연들의 얽힘인 것이 효사와 괘사이다. 이런 과정의 에너지 소모가 중성자로서 막대별이 되는 것이 곧 간괘가 접인 것에 다시 펴는 기운인 것이다.

순서	주제
127	중력의 벽에 막혀 수소가 들지 못하는 태양 융합의 벽

　핵의 헬륨이 수소가 드는 것을 막으면 중력 밖에 다시 융합이 있는 것으로서의 융합을 선천수 융합이라고 한다. 그러면 중력 안에서 이 전에 불탔던 흔적은 후천수라는 시각은 과연 제정신으로 볼 수 있는가 하는 것이다.

　이것은 중력이 두꺼워지기 전에 융합이 먼저이기 때문이다. 그래서 중력 안의 1차적 융합은 씨앗 껍질 안을 말하는 것으로 중력벽을 말한다. 중력벽 밖에서의 핵융합은 속이 빈 이허중의 상태에서 중력의 벽 위에서 타는 불꽃이라는 것이다.

　괘상으로 지풍승괘가 된다. 이 지풍승괘는 하괘 초효가 응하는 것도 축인 것이고 4효가 나인 세효로도 중첩이 된 것이다. 이는 중력의 벽이 두 배로 두꺼워진 것으로 한쪽 면의 어두운 부분만 갖는 것에서 동쪽과 남쪽이 없는 방향성인 것에서 융합이 없다는 것이다. 곧 중력으로 융합이 막힌 것을 말한다.

　그리고 자가 축으로 변해 지풍승이 되면 이는 곧 완전히 수소 원자가 헬륨에 막혀 중력 안으로 들어 융합을 못하는 상황을 말한다. 그리고 지풍승괘의 초효가 동해 지천태가 되면 중력 밖에 수소가 있어 2차 융합을 이루든 안 이루든 우주 해방의 공간으로 형통하다. 또한 씨껍질은 중성자적 중력벽으로 할 때 과살의 껍질은 양성자적 껍질로 구분할 수 있다. 그러면 4효 상의 축(丑)이나 미(未)는 씨앗 껍질인 중력막으로 6효 상의 축(丑)과 미(未)는 과 살인 중력막인 것이다.

퀴크의 오행

퀴크는 효마다 7개의 오행이 있다. 이 중에 삼칠이 21인 양성자 상괘이고, 또한 삼칠이 21이 중성자 하괘로 하는 것에서 이는 아기도 태어나면 삼칠은 지나야 온전한 면모를 기본적으로 갖춘다는 것이다.

즉 중성자 괘가 하괘인 것으로 하면 초효에는 자축인묘진사미가 7개인 것이고, 그러면 중성자의 바닥 퀴크인 것이다. 또한 양성자의 바닥 퀴크이기도 하다. 상대적 양성자는 6효로 같은 언저리로 하는 것이 있고 4효를 성대성으로 초효인 바닥 퀴크의 중력권을 도는 상대적 원심 굴레로 응하는 범위로 할 수 있다.

이는 양성자 안에 중성자인 초효의 힘 쪽으로 몰리는 것에서 볼 수 있기 때문이다. 이 중성자적 응축력의 중간인 2효가 축인 진묘해오사인 7곱 지지가 있는 것이다. 이는 양성자 상괘 5효인 업 퀴크의 상대성으로서 중성자인 다운 퀴크에 해당된다.

또한 진오신유축해묘 일곱 개가 기묘 퀴크인 것으로 3효에 해당된다. 이 3효 하괘는 중성자 퀴크의 오행이라는 것이다. 이는 3효 기묘 퀴크로 하면 상대적인 효는 상괘가 맵시 퀴크가 되는 것이다. 또한 4효가 상대적으로 맵시 쿼크가 되어야 한다.

이렇게 두 가지의 길의 모형이 있는 것을 요약하자면 상괘와의 상대성이 하괘 상의 1효와 상괘 상의 4효로 바닥쿼크 탑 쿼크의 관계로 하고 2효와 5효를 다운 쿼크와 업 쿼크로 한다. 그리고 3효와 6효를 기묘 쿼크와 맵시 쿼크로서의 상대성으로 하는 것과 그보다는 1효와 상효인 양 끝을 탑과 바닥인 상대성으로 한다.

여기서 2효와 5효가 서로 상대성으로 하는 것에서 업 쿼크와 다운 쿼크의 관계로 하는 것과 3효와 4효 즉 상괘와 하괘가 붙은 것이 기묘와 맵시라는 것이 된다.

탑과 바닥은 머리와 발이 되는 것이고 업과 다운은 가슴과 엉덩이가 되고, 기묘와 맵시는 허리가 된다.

집합된 부분의 오묘한 기전

주역 간괘(間卦)의 집합성에서 일어나는 미완성과 결과적으로 간괘로 중성자로 면모를 드러낸 정체성이 곧 식물의 잎이 둘러싼 것에서의 고갱이로 자라는 정체와 같다.

오행의 쿼크와 사물의 변화로 간괘의 쿼크로 지지 오행의 육신은 겹치는 부분에서 육신이 하나가 되는 것과 겹치지 않은 것에서 육신 하나가 된다. 상효와 초효는 겹치는 부분에서 간괘가 되는 것인데 이 겹치는 부분이 따로 떨어지면 이 변화는 곧 간괘로 겹치는 부분은 2/3인 것이고 이 나머지 겉잎 부분인 초효와 상효

인간에게 천기(天氣)누설은 아무것도 아니다. 문제는

이다. 이 초효와 상효가 벗겨지고 다시 간괘인 중성자에서 드러내자면 곧 고갱이가 1/3인 것으로 나오면서 겉잎인 상효와 초효가 떨어져 나간 것을 대신하는 것을 말한다.

상하괘의 대칭은 정적인 것이고 그 정적인 것에서의 변화로 중성자로 볼 수 있으나 실제 양성자와 중성자 하나로 같은 동일체로 간괘가 중성자성을 띠는 융합체에서 확실히 양성자는 양성자대로 중성자는 중성자대로 서로 독립적으로 변화되어 간다는 것은 곧 화한 괘도 간괘가 있다. 이것은 결국 양성자와 중성자는 같이 변화를 한다는 것이다.

이러한 상대성 간의 교류는 양성자 쿼크의 업 쿼크가 2/3인 경우 중성자 쿼크면 1/3이 된다. 이는 곧 중성자의 2/3 중에 1/3이 양성자 쪽으로 소모가 되어 양성자를 보태준 것이고 중성자적일 때는 양성자의 2/3가 중성자 쪽으로 보태준 질량성이라고 봐야 한다.

1을 정수로 정해진 기준이라고 할 때 이 1이 쿼크라고 정의하면 모든 유기성은 1안에 있어야 한다. 그래서 쿼크는 1을 벗어나지 않는 2/3로서 찬 것으로 하는 것이고 이 2/3만 차면 포화된 상태이기에 유기성이 머문 것으로 한다.

그러면 1/3인 것은 자신을 채우기 위해 활동성을 높이니 이때부터 변화를 보는 것이다. 괘상은 양이 두 개면 정체로 보아 괘상의 동력으로 보지 않고 음이 하나인 것으로 유동성으로 본다.

그러므로 음괘로 하는 유동성인 것이고 또한 음이 두 개면 2/3인 것이니 나머지 양이 하나는 1/3인 것이면 양이 동력을 가진다. 즉 두 개면 이미 배가 찬 것이니 드러눕는 것이고 하나면 배를 채워야 하는 심신이 바빠야 한다.

이 효 하나의 움직이는 괘를 움직이게 하고 늘어지게 하는 것으로 길어지는 것이다. 그런데 단순한 음양의 변화지만 음괘는 12지를 역순하고 양괘는 12지를 순행으로 한다.

괘상의 음양이 찰나와 같아도 12지가 몇 바퀴가 돌았는지 모를 정도인데 영험하도다 주역이여!

순간에 드러내 놓는 지도가 수십 년 수백 년을 미리 드러낸 것과 같다.

음과 양이 1/3씩 더하는 것에서 음이 바쁜 배고픔이고 양이 바쁜 배고픔이다. 그러니 먹어가며 채우고 채우니 끝이 2/3에 닿아서 인생을 돌이켜 보니 어찌 쿼크 인생을 넘지 못 했는가 하는 것이다. 쿼크도 하루의 반과 같은 것이면 암흑물질의 세계는 또한 하루의 반이 열린 것이 아닌가.

이는 소성괘 세 개의 효로서 양성자가 양효가 2개이면 음효 하나는 중성자인 것으로 2/3인 양성자를 1/3인 중성자가 양성자를 2/3를 먹는 것이다. 그리고 중성자 음이 2/3인 것이면 양성자가 중성자를 먹으니 중성자의 질량을 에너지화로 가볍게 하는 것이 된다. 쿼크의 기본형은 소성괘 세 개의 효에서 보는 것이다.

업이 늘어나면 다운이 줄어드는 상대적인 것의 상하괘와 본괘와 지괘(之卦) 관계로 설정이 되는 것인 상대적 관계가 있는 대성괘에 반해, 소성괘로 이루는 것만으로 쿼크의 유동성을 본다.

즉 쿼크가 여섯 가지가 되기 전에 세 가지만의 쿼크적 기본 요소인 업이 다운과 상대적으로 떨어지지 않고 하나로 붙어 있는 상태에서의 쿼크의 본질을 보는 것이 소성괘 쿼크이다. 이것이 두 개로 만났을 때 상대적 업과 다운이 되는 것이다.

인체의 천간 합(天干 合)

갑기(甲己) 합토(合土)는 쓸개갑 갑(甲)과 소화기 기(己)가 합한 것을 말한다. 갑기 합은 콜레스테롤인 것이고, 갑기 배합이 잘 되면 콜레스테롤은 단백질의 질을 좋게 한다.

갑은 HDL로서 갑인 간으로 콜레스테롤을 이동하는 것을 말하는 것이고 기는 몸의 살인 세포와 그 세포에 밀어주는 창자를 통

틀어 몸기로 하는 것에서 갑을 기준으로 하는 전신의 몸을 말한다. 기토(己土)는 세포를 말하는 것이니 세포 형성에 중요한 것을 말하는 것이고 가장 중점적으로 끼는 뱃살이 갑의 역할이 줄어든 고지증이 되는 것과 같다.

그러니 갑이 많으면 콜레스테롤은 간으로 축적시키고 기가 많으면 콜레스테롤이 혈관을 막는 것이 된다. 이는 기는 소화기인 것이니 쓸개가 소화기로 통하는 창자와 한 몸이 되는 것이다. 그리고 을경(乙庚) 합금(合金)은 을은 간을 말하는 것이고 간은 대장과 찰싹 붙어 있어 대장의 물을 잘 흡수해야 하는 것이다.

이는 대장의 경락은 민감성 있게 보아야 하는 것이 우주적으로 보면 경인 양금은 전선과 같고 을인 음목은 전자와 같다. 그런데 이는 경이 을을 합하여 마치 전자파를 흡수하는 것이고 전선과 같아도 전자파는 흡수하는 편이니 주변에 해가 없다는 것이다.

건금인 경은 하늘인 것이나 전자는 은하수에 붙어 있으나 해를 주지 않는 것과 같다. 그리고 갑과 기는 갑은 전기인 것이나 기는 흙에 부도체인 것을 합이 되는 것이니 흙 속으로 방전이 되면 무사하다는 것의 합이다.

을경합금으로 인사(人事)를 보면 경(庚)을 나로 했을 때 만일 을일(乙日)이나 을시(乙時)에 나를 찾아오는 사람이면 나와 동업할 사람이거나 짝이 될 사람이다.

만일 일지나 시지가 사(巳)가 되면 그 동업자와 함께 관재를 당하거나 부부도 함께 관재를 당하는 꼴이 된다. 즉 일의 징조가 몸의 우주나 하늘의 우주인 전신으로 타고 오는 것이니 예감이 있는 것이다.

그리고 병신(丙辛) 합수(合水)는 병은 심장이고 신은 폐다. 즉 병신합수는 태양에 서리가 녹으면 물이 되는 형상으로 곧 심장은 폐와 바로 통해야 남북극의 얼음을 녹여 적도 뜨거운 바다를 식히는 것과 같은 것이다.

폐는 오줌이 어는 땅에도 숨을 쉰다. 이는 곧 폐는 하늘인 허공의 병(丙)이 서리를 녹이면 물이 되는 것과 같은데, 이 신이라는 폐는 눈처럼 꽈리형으로 벌집처럼 빈 거푸집을 말하는 것과 같다. 아무리 추워도 공기가 통하는 미세관은 오직 금속류만 통하는 틈이다. 이 합수는 인간이 북극에 내몰려도 다른 기관은 드러내면 안 되지만 숨구멍은 내놓아야 하는 것에서도 그 숨구멍은 얼어도 유지하는 것에서 코는 내밀어도 되는 것이다. 머리와 폐는 차가워야 신선해지는가도 다 이런 이치가 있는 것이다.

아무리 폐를 얼려도 심장은 얼음을 불로 만드는 것이고, 몸 중에 코는 시베리아 극지방의 온도로 얼려 막힐 듯이 해도, 폐는 심장에 의해 물과 같이 물렁하게 되어 있는 것이다.

그리고 정임합목(丁壬合木)인 것은 임은 신장으로 이 신장은 편도선을 통해 목을 세우고 갑상선을 두게 된다. 무엇보다 목은 뜨거워도 안 되고 차가워도 안 되는 중간을 유지해야 하는 목에서 갑상선이 목에서 기능성을 발휘하는 것, 즉 정인 화와 임인 냉기를 합해 정상적인 갑상선의 기능을 한다는 것이다.

이는 목으로서 냉온을 극을 온대로서 견디는 기준을 세운 것과 같은 구실로 있는 것이다. 그리고 바다가 임수인 것에서 정화가 낙조인 것으로 합을 보니 그 위에 배가 떠있는 형상이 화(化)하여 목인 풍경이니 별은 가만히 있어도 흔들리는 바람은 은하수에 풍류를 즐기는 거룻배와 같은 것이다. 어쩌면 우주상의 굴절이 일렁이는 것이 바람의 마음인 것이고, 전자기장이 핵이 붙들려 있으면서 전자의 자유로움에 꿈을 펼치는 것이다.

그리고 무계(戊癸) 합화(合火)이라는 것인데, 무계는 원만하게 질척이는 물은 흙으로 덮으면 건조해지는 것으로 젖은 나뭇잎도 땅에 들면 화석이 되어 말라 있는 것이다.

무계화는 약리로는 설사를 멈추게 하는 것이고, 위하수로 냉해지는 방지 효과를 말한다. 그에 반해 병신합수는 체온을 떨어지게 하는 약리를 말하는 것이다.

순서	주제
133	삼중수소와 헬륨3

우리가 한 주기율은 괘상 중에 하나인 것이니 곧 한 주기율의 총체는 헬륨족인 8족인 것이다. 그러면 당연히 1주기율을 뺀 2, 3, 4주기율이 세 개의 효인 소성괘 상괘가 되는 것이고 5, 6, 7주기율이 하괘인 것으로 소성괘가 된다. 그러면 이는 헬륨 3개가 두개인 것이 대성괘인 것이다.

그리고 한 주기율 안에 삼중수소가 있는 것은 이는 곧 어미의 자궁이 빈자리인 것으로 알의 자리이다. 즉 선천수 9인 전신에서 4까지의 신경으로 섬세해진 것에서 이 1, 2, 3족이 비는 것은 바로 알의 자리는 독립적인 것이고, 그 태생이 허공성의 정기이기 때문에 선천수의 시발점이 아니고 선천수가 유전적으로 이어받으며 채우는 것이 된다.

주기율은 쿼크인 것으로 여섯 개의 주기율이 곧 여섯 개의 쿼크이다. 이것이 헬륨족에 해당되는 것이다. 그 여섯 쿼크 중의 하나 하나마다 한 주기율의 1, 2, 3족의 빈 것이 있으니 곧 쿼크 하나 하나마다 임신을 하는 시스템이 있다는 것이다.

이는 쿼크가 쿼크를 낳는 시스템이라는 것이고, 헬륨3인 두 개가 쿼크의 상대성이다. 그 안에 삼중수소가 자궁에 차는 알이라는 것에서 5효가 업 쿼크인 것에서 3주기율에 해당된다. 그 3주기율에 1, 2, 3족은 업 쿼크인 중에 알을 밴 것이 되는 것이다.

다시 파열인 4족의 융합이 다시 8이 되어도 다시 융합하는 헬륨3인 경우 이것이 핵융합으로 파열이 되면 8족까지 흩어져 다시 헬륨3(He3)은 또 다른 주기율의 시작된다. 이는 우주적으로는 거인의 몸으로 별자리를 걷는 것과 같은 것이다.

즉 헬륨족이 다시 수소족으로 넘어가는 차단력이 있는 것이 아니라 헬륨3이 핵융합을 하면 헬륨이 8이라면 3×8= 24인 것이니 한 절기가 24절기만한 1년의 크기이다. 그러면 1년은 태양이 크기요 한 절기는 보름의 기운이다. 사람이 지구만 하다면 헬륨3으로 융합한 물질은 태양만한 거인으로 진공 속을 걷고 있을지 모르는 것이다.

공은 이미 지구의 대기보다 투명성이 장애를 받지 않는 것이니 진공에서 생성하는 시야 밖인 유기성을 띨 수 있는 것이다.

순서	주제
134	태양계 진공과 헬륨3

헬륨3은 태양계 진공에서 생성이 된다. 이는 태양의 행성이 진공에서 전파되기 때문이다. 즉 12지지의 언저리 달 궤도가 공망인 것을 거두며 돌고 있는 것, 우리가 1/6만의 진공을 거두어도 헬륨3을 진공에 있는 달이 갖고 있다. 이것이 간접적으로 출공(出空)을 하면 지상의 물질로 드러나서 육십갑자 안에 든다는 것이 된다. 지구에 달 한 바퀴가 12달로 중력이 미치기 때문이다.

결국 우리가 지상에서 헬륨을 가져올 수 있다면 이는 인위적이어도 공망인 우주 진공의 헬륨이 공망을 벗어난 지상으로 옮겨올 수 있는 작위(作爲)가 되는 것이다.

이것으로 실한 것에서 공망이 드러나는 부분이라는 것이 아니라 오히려 큰 우주 진공인 공망에서 지구 원심의 일부로서 거두는 것이 1/6인 것이다.

태양계 진공부터 소천인 것이니 지구는 소천 중에 백 단위이다. 결국 천 단위인 우주에서 백 단위의 지구로 헬륨이 된 것과 같다.

순서	주제
135	태극기의 본질을 우리는 얼마나 알까?

    이 문제는 태극기의 네 가장자리의 괘상인 건곤감리(乾坤坎離)의 설정에서 해석이 가능하다. 그런데 이 태극기의 도표로서 먼저 1 막대기 셋이 건인 것으로 이는 수소족으로 하는 것이다.

    그 반대로 상대적인 것이 세 개의 막대기가 갈라진 것으로 여섯이 되어 있는 것이 헬륨 8족인 것이 곤이다. 그리고 감은 6족인 것으로 하면 상대적으로 리는 3족인 것으로 1과 8의 상대성 안에 3과 6의 상대성이 있는 것에서 건곤은 겉껍질의 굴레인 것이고 3과 6은 속이 찬 굴레를 뜻한다.

    즉 2와 7인 상대석 괘는 태극기에 없는 것은 없는 것이 아니라, 네 개로 간결하다 보니 제외된 것이다. 왜 2와 7이 대칭이 되는가 하면 2는 마치 고갱지가 날 자리처럼 그릇이 비는 자기로 하는 것인데, 이 그릇이 비는 진공이 외적으로 압력을 받으면 고갱이가 위로 솟는다. 이것이 배추 중앙이 비는 사이가 2족인 중에 고갱이 나는 것으로 산을 이루는 것을 말한다.

    배추를 통째로 지구가 둥근 것으로 뭉쳐진 것으로 보면 그 속에서 고갱이가 나는 것이 산인 것처럼 하는데 이것은 태극기에 나타는 것이 아니다. 태양과 수심의 관계로 깊은 것만 감리인 6과 3의 관계로 태극기에 드러난 것을 말한다.

순서	주제
136	반감기와 쿼크의 1/2

건곤(乾坤)은 반반으로 1/2과 1/2, 두 개가 만나서 1인 것으로서 원소 1주기율이 찬 것으로 한다. 즉 건곤을 뺀 나머지 여섯 괘는 1로 하는 것에 반해 건곤만 반반으로 1/2씩 한다. 그러니 건곤과 가른 괘는 1이 다해야 2로 넘어가는 것이면 건곤은 1/2만 되어도 1/2으로 넘어 간다.

이것이 곧 반으로서 음양이 넘어가는 것이니, 1회전 중에도 반인 정류자의 스핀으로 하는 것이다. 즉 효가 건이나 곤이 되면 마치 동전의 세 면이 양이면 동효가 되고 세 면이 음이면 동효가 되는 것은 곧 다른 효는 움직이지 않는 사이, 건곤의 괘는 반으로 동하기 때문이다. 그리고 우리가 물질을 논할 때 반감기로 하는 것은 곧 반감기를 지나면 그 분기점으로 양성자와 중성자가 되는 것이다.

헬륨을 보면 양성자 2개와 중성자 2개로 짝을 이루는데 이 음과 양으로 갈라진 것은 1/2의 분기점으로 두 개인 것으로 1인 것이다. 예를 들어 우라늄이 1인 것이 하나의 7주기율인 것이면 반감기를 거치면 납이 된다는 것이다. 즉 이 우라늄과 납의 관계는 1/2의 관계이다. 7주기율이 1/2인 것이면 6주기율인 납은 1/2의 관계로 1인 우라늄이 반감기로 납이 된 것이니 7주기율이 양성자이면 납이 중성자이다. 그러므로 란탄, 악티늄족의 짝이 된다.

이 변화는 반감기의 경계를 넘어온 것이니 실제 우라늄의 변화일 뿐 다른 것이 아니니 이를 반감기의 관계로 하는 것이다. 이는 쿼크의 1/2도 이런 정류자적 관계로 음과 양의 관계가 된다.

이 1/2인 소성괘 안의 세 개 효 중에 하나 1/3이 괘의 주체가 되는 것에서 이 1/3에서 양효면 양괘, 음효면 음괘이다. 거기에 두 개 효를 가진 2/3가 합해 1이면 이것이 상괘나 하괘만으로 이룰 수 있다. 이는 상괘와 하괘로 6이 되기도 하고 동괘와 변괘로 6이 되기도 한다.

즉 소성괘 3이 다시 소성괘와 만나거나 변화된 것인 3과 합해 6이 되는 것이다. 그리고 이 상하괘가 6인 것에서 다시 변괘가 6인 것으로 함께 치면 36이 된다.

이는 상하괘가 36개의 효가 눈금을 나타내는데 이 한 효 마다 10인 것으로 하면 360이라는 분도가 나온다.

순서 137

주제
쿼크 주기율의 1/2과 1/3의 차이

3은 차면 건이나 곤이다. 이는 양효가 3으로 찼든가 음효가 3으로 찼든가 하는 것으로 소성괘 건곤이 된 것을 말한다. 그래서 건곤이 쉽게 바뀌는 것이고 2주기율부터는 1을 추가한 분수이기 때문에 무거운 것에서 그 움직임이 반감이 된다. 그 때문에 주기율만 변해도 물질은 반감기로서의 분기점이 되는 것으로 1/2인 관계가 되는 것이다. 즉 전형원소는 두 줄의 병행인 것이나 또한 서로 1/2의 짝인 것으로서 반감기의 기점으로 양극의 짝이다.

수소와 헬륨은 음양은 달라도 1에 1/2의 관계로 반반으로 하는 1주기율에만 해당된다. 그러면 이 분기점 안에서 놀아야 하니 곧 1/3은 넘지 못하고 2/3만 찬다. 실제 8과 1족의 벽은 넘지 못하고 그 껍질 안의 7족과 2족 사이로서 각기 2/3가 차면 1/3이 모자라 건곤의 벽을 넘지 못한다. 이는 2/3만 1/2의 분기점인 중앙선만 넘나드는 유동성이 간태(艮兌) 상대성인 것이다.

이렇게 넘나드는 양극이 감리(坎離)인 3과 6의 대칭 사이로 넘나든다는 것이다. 이는 곧 수직으로 보면 블랙홀의 끝에 가는 것이 6이다. 그러나 바닥을 넘지 못하는 것에서 떠 있는 것이다.

하지만 태양의 흡입력으로 빨아들이나 태양의 극은 초신성인 3인 것으로 대칭성을 갖는다. 이것은 감리의 대칭성으로 태극기에 있는 것이다. 그리고 4와 5족의 대칭성이 태극기에는 나타나 있지 않지만 태극기에 없는 것이 아니고 표시를 안 한 것이다.

이는 우주풍이라는 것이 5족인 것이다. 그래도 자기장이 기둥이 강한 나무이니 행성이나 위성으로 버티는 것인 진손(震巽) 대칭이다. 이는 나무가 접 붙은 것과 같아 이 대칭은 자전 하나에 붙어 있는 형상이다. 또한 행성이나 위성에 맞는 나무가 자기를 갖춘 것에 자라면 우주 풀이 아니라 지구 중력에 붙은 대기의 바람이 따로 부는 것이다. 이 이치는 태극기에 4와 5족, 즉 진손의 대칭은 드러내지 않은 것이다.

이것을 알아야 한다. 중앙의 둥근 색깔이 팔방을 나타낸 것이 아니라 팔방이 아침과 낮을 키운다는 것에서 언제나 심지는 단단한 것이다.

인간에게 천기(天氣)누설은 아무것도 아니다. 문제는

순서	주제
138	우주가 진공인 것과 공망의 품격

　12지(支) 중에 2개가 부분적이라고 하나 공망(空亡)은 작은 것이나 그 본질은 광대한 우주의 진공인 것이다. 이는 마치 큰 체적 등에 작은 방울과 같을 수 있다. 즉 독 속에 물을 채우는 것 같으나 빈 독을 호수에 던져 놓은 것으로 보면 이 독으로 은하수를 담으려면 어떻게 하면 되는가 하는 것인데 결국 이는 독을 은하수에 던져야 한다는 것이다.

　은하수는 곧 지구 대기가 빈 것으로 채우는 것이니 결국 대기권을 벗어나야 은하수를 채우는 것이니 이 은하풍에 올려놓은 독이 공망이라는 것이다.

　왜 이런 구조론이 있는 것인가 하면 물질이 우주의 진공에서만이 생산되는 것이 있다. 이는 곧 공망이 물리는 것이 대기권의 경계에서 일어나는 합성이다. 여기서 공망이 나가는 출공(出空)이 된다는 것이다. 그러니 은하수보다 지상의 물은 주기율의 족이 커진 허풍선과 같은 것이니 도리어 수소만의 은하수가 더 물질성인 것의 진실인 것이다. 그리고 물인 H_2O는 오히려 공이 두꺼워진 것이 되는 것이다.

　대기권 안에서 보는 시각과 밖에 보는 시각은 서로 간에 실한 것이 공이 되고 공한 것이 실한 것으로 여기는 것이 된다. 이는 가장 가까운 원에서의 내외를 뜻하는 것이고, 멀게는 태양계의 경계 안과 밖의 은하계의 은하수로 실한 것과 공한 것이고, 서로 반대로 여기면서 볼 수 있다.

어쩌면 태양계와 지구계 사이는 12지 공망이 일어나는 것이고, 은하와 태양계 간에는 절로공망이라는 것으로 내외벽으로 하는 것, 즉 절로공망은 은하수가 없어 공망이다. 그러면 은하단을 담은 공간은 은하수가 없는 상태를 말하는 것의 절로공망이다. 이 하나 하나의 은하는 곧 은하수가 있는 상태가 절로공망이라는 것이니, 절로공망이 있는 것은 우주에도 물이 없는 상태가 은하단의 공망인 것이 은하 단위의 낱개로 보면 은하수가 찬 것이다. 그것을 담은 은하단의 그릇은 물이 없는 것이니, 이도 은하수 밖이라는 것이다. 오직 개개의 은하만이 은하수라는 것으로 수소가 찬 시작점으로 보는 것이다.

즉 은하단을 담은 그릇은 물이 없는 절로공망이니 은하수가 없는 것이고, 각각의 은하만이 수소가 찬 은하수라는 것이 시작이라는 것이다. 우리는 은하수 속에 12지 공망만으로 물질성의 내외로 하는 것이다.

순서 139

주제 성간(星間) 중에 어디든 입자 하나만 자리를 잡아도 우주의 최대 진공의 핵인 것이다

온도가 기체의 공간성과 함께 많아진 입자와 수량을 말하는 것이면, 온도가 낮아지는 것만큼 고체가 되는 덩어리만큼 부피는 줄어든다. 하지만 무게는 늘어나는 동시에 입자가 작아져 단일체

가 되는 것이면 그 많은 기체의 수량은 질량이 느는 만큼의 수량으로 하나가 된 것을 말한다.

즉 질량이 늘어난 만큼 수량은 줄고 궁극에는 하나의 입자가 되는 것만으로 질량의 배가는 곧 입자의 수량이 하나로 뭉쳐 하나의 중량 치수와 같이 늘어나는 비례와 같다. 이는 마치 우주의 절대 온도에서 기체의 수많은 입자들이 하나로 응축이 되어 그 입자성이 기체 상태의 입자와 같은 크기라고 해도, 이미 그 중량은 지구를 차고 나가는 중량일 수 있다. 별과 별 사이 공간에 성간 물질이라는 것이 겨우 하나 정도가 있다고 해도 그 하나는 지구를 관통하는 무게가 된다.

우주의 실질적 진공이 빨아들이는 힘은 성간 사이의 입자 하나가 모든 별들을 응축시키는 진공성의 힘을 가진다. 이것이 곧 블랙홀이 항성을 삼킬 수 있다는 것이다. 먼저 우주의 진공을 온도의 변화로 보는 것이면 진공은 응결의 축소성을 말하는 것에서 그 축소되어도 공간은 남는 것에서 진공이 발생한다고 본다.

그러니 절대 온도로 가면 갈수록 진공은 더욱 강해진다. 이도 양성자가 중성자로 가는 진공성과는 그 냉각성을 따르지 못하니 중성자는 질량으로 상상을 초월하는 것이고 점 하나에 빅뱅이 도사리는 것이다.

즉 절대 온도 상으로 가면 공간의 파장이 입자성으로 응축되어 전자도 바위틈에 숨고 바다로 새끼를 낳으려 가지 않는다. 자기력도 모이지 않고 겨울잠을 자는 듯이 요지부동이다. 우주의 절로공망(截路空亡)이 물이다. 그런데 절대 온도가 남북극인 것에서 절로공망이 역할을 못하는 것이다. 임수와 계수가 절로공망인 것으로 바다에 막히니 우주로 보면 은하수에 막히는 것이다.

절대 온도 상과 1도 사이에서 얼음이 언다. 이것은 절대온도가 절로공망을 쥐고 있는 상태라 이 절로공망보다 더 얼어버리면 깨져 버리는 것이 물이 얼음으로서 잡아 둘 수 있는 한계이다.

이 냉각성의 얼음을 넘어버리면 흩어진다. 그러면 이는 응축력만의 절대 온도가 가지는 우주 진공의 흡인력보다 중성자가 갖는 질량의 가중성이 더 엄청나서 항성의 무게마저 빨아들이고 말 것이다. 이는 곧 3족이 아무리 큰 별이라도 큰 별일수록 더 모래 같은 입자가 지구 중심을 파고들 듯이 항성마저 빨아들여 그 중심에 들 것이다.

순서 140 **주제** 육십갑자 납음 오행의 발로점

갑자 을축이 생기는 시점은 건인 하늘에 갑과 임이 있는 것에서 해중금이라고 하는 이는 갑자 을축의 대정수를 합한 수가 금에 숫자이기 때문이다. 말하자면 물질을 숫자적 입자로 나누니 나머지가 그 물질의 오행이란 이야기이다.

그 과정에 해중의 금처럼 보이는 동태를 갖고 있더라는 것이다. 그러나 좀 더 형상학적으로 보면 갑은 은하의 전자인 것이고 양전자를 뜻하는 것이고 을은 전자인 것인데 음전자인 것이다.

갑목은 마른 목이라 빛을 발할 수 있지만 을은 타기는 하나 을보다 촉발하기가 어려우니 빛이 안 나는 것이 된다. 그리고 임은 은하수인 것이니 해중금이 된다.

   은하 중의 전극 갑은 은하수에 녹아 금이 되는 것이다. 즉 은하만이 수소인 것으로서 양전자가 있다. 그런데 이 양전자가 전자의 은하수를 적시면 금이 된다. 이것이 물질이고, 음전자 을(乙)이 계수(癸水)를 적시면 검봉금이 된다. 마치 새의 부리가 물에 담기는 듯이 쇠붙이 담금질되는 것을 말한다.

   은하가 있는 건곤은 납갑이 갑과 임이 있는 것에서 건은 수소가 있는 것만으로 우주를 덮고 곤은 헬륨만으로 우주를 덮은 것으로 이는 곧 납음 오행은 은하의 중심에서 시작된다. 이는 임과 계가 있는 십간을 말하는 것이 이 은하가 모인 은하단의 그릇엔 임계가 없는 절로공망이 있다.

   이때는 이미 은하수가 없는 상태였다는 것이 된다. 그러니 은하의 임계는 공망으로 제외된 것이라 봐야 한다. 이 은하 안에 항성에는 이 은하수가 있는 것이니 12지(支) 상의 공망은 있어도 절로공망은 취용하지 않는다. 만일 취용한다면 우주는 은하수라고 할 수 없고 우주에 물이 존재했었다는 가설도 없는 것이다.

141. 부두의 머리로 난자에 드는 법칙

   상원과 중원과 하원으로서의 15일이 든 것과 이 두 개면 한 달이 된다. 그리고 여섯 개의 쿼크가 되는 것은 양달이면 양성자 쿼크 중이다. 음달이면 중성자 쿼크인 것을 볼 수 있다.

한 달 안에 양의 기운이면 남자고 음이면 여자이다. 그런 주에 한 달의 반이 음과 양으로 지난다. 그러니 남녀가 다르게 될 수 있다. 그런데 이는 양의 부두면 양의 정자가 강한 면이 있는 것이라 음달이라도 음이 되질 못한다. 양과 양이 만나고 음이 음을 만나는 것이면 태양과 태음인이 되는 것이다.

한 달은 난자인 하나인 것에서 두 개의 정자를 거두는 것으로 한다. 즉 한 달 안에 두 개의 보름이 있는 것에서 보름마다 있는 정자의 머리가 둘이 있는데 오직 두 번만 있는 부두이다. 이 중에 하나만 난자를 두 개로 쪼개 세포분열의 시작이 된다. 그리고 두 달이 60갑자 하나가 되니 네 개로 쪼개져야 하는 것이 성세포이기도 하다.

142. 천지에 대한 선입견

우리는 지구를 땅으로 하고 하늘을 천으로 한다. 이는 곧 지구를 헬륨 8족으로 하고 수소를 하늘로 하는 것과 같다. 즉 지구인 헬륨의 시선으로 하늘을 보아 상대적으로 수소라는 것이다. 이는 헬륨보다 더 작은 입자를 본다기보다 하늘에 수소가 덮고 있다는 것에서 수소 속의 양자 우주에 있는 것으로 깔면, 수소족이 가진 비단은 엄청난 우주를 펼치는 것 같이 상대적이다.

수소 한 점만 떼어도 수소가 껍딱지와 같으나 실상은 내가 그 껍딱지에 붙어 있는 것이 DNA에서부터 덕지덕지 붙어 있는 것과 같다. 그러니 지구 위에서 바라본다는 것은 오탕당에서 중앙 수소를 바라보는 것과 같다. 이를 오탄당으로 보면 중앙의 수소는 무한히 차오르는 은하수 물과 같은 것이다.

그러면 지구의 중심으로서는 인식이 빠른 것이지만 태양을 중심으로 하여 내가 태양 중심에서 하늘을 보면 마찬가지로 태양은 헬륨인 땅이다. 그러니 태양으로 봐도 중력으로 당기는 땅에 하늘의 수소가 쏟아지는 것이다.

곧 하늘의 은하수는 수소족인 것에서 광자의 바다를 보이는 은하수의 블랙홀로 바다를 보이는 것이다. 오히려 헬륨은 코로나로 태양계를 부풀리나 결국 암흑물질을 보이는 것으로 태양은 까마귀와 같은 것이다.

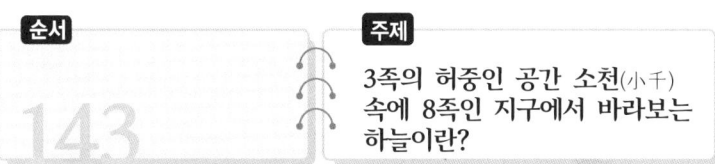

순서 143

주제
3족의 허중인 공간 소천(小千) 속에 8족인 지구에서 바라보는 하늘이란?

하늘은 실질적으로 허공이라고 가정하면 그리고 8족이 지구고 수소가 은하수인 것으로 한다. 그러면 이 수소에서부터 3족까지는 하늘로서 빈 공간을 말하는 것이다.

우리의 DNA는 원소 4족의 자기장적 섬유성의 끝으로 이루진 유기성의 결합이라면 4주기율부터 인간의 선천성으로서 하는 것이고 3주기율부터 만물의 보급원이 되는 것으로 한다. 그리고 씨앗인 것으로 하면 역으로 3족이 소천이고 2족이 중천이고 1족이 대천이다.

이는 수소 우주가 깔린 은하수에 양자공학적 사물이 역이며 얽히는 것이다. 즉 우리의 시각을 돌려 보면서 생각할 필요가 있다는 것이다.

　태양도 융합하고 지구도 융합하고 이것은 소천인 3족의 중력 밖에서 충분이 수소를 끌어 모아 융합할 수 있는 2차적 대뇌피질과 같다.

　이것을 우리의 육안으로 3족의 막이 소천인 것이면 2족이 양두엽인 것과 이목구비도 이미 양쪽의 짝이었던 것에 중천의 영혼이 자유로운 것이다. 이는 1인 수소의 이마의 천정에는 대천을 보는 것에서 적멸궁과 같은 것이다.